Fritz Kammermeyer
Roland Zerpies

Mathe

Pocket Teacher ABI

Cornelsen
Power Learning

Die Autoren
Fritz Kammermeyer und Roland Zerpies unterrichten Mathematik an einem Gymnasium. R. Zerpies ist außerdem schulpsychologischer Berater.

Cornelsen online http://www.cornelsen.de

Gedruckt auf chlorfrei gebleichtem Papier
ohne Dioxinbelastung der Gewässer.

Bibliografische Information
Die Deutsche Bibliothek verzeichnet diese
Publikation in der Deutschen Nationalbibliografie;
detaillierte bibliografische Angaben sind im Internet
über http://dnb.ddb.de abrufbar.

Dieses Werk berücksichtigt die Regeln der reformierten
Rechtschreibung und Zeichensetzung.

7. 6. 5. 4. € Die letzten Ziffern bezeichnen
07 06 05 04 Zahl und Jahr der Auflage.

Redaktion: Stefan Giertzsch, Berlin
Reihengestaltung: Julia Walch, Bad Soden
Umschlagentwurf: Vera Bauer, Berlin
Sachzeichnungen: Stefan Giertzsch, Berlin
Satz: druckhaus köthen GmbH, Köthen
Druck und Bindearbeiten: Clausen & Bosse, Leck
Printed in Germany
ISBN 3-589-21359-0
Bestellnummer 213590

Inhalt

Wahrscheinlichkeitsrechnung und Statistik 183

Stichwortverzeichnis 227

Vorwort

Liebe Leserin, lieber Leser!
Der Pocket Teacher Abi Mathe eignet sich als Wegbegleiter von der 11. Klasse bis zum Abitur. Er hilft nicht nur beim Schluss-Spurt vor dem Abitur, sondern ebenso gut bei Hausaufgaben und Referaten, bei der Vorbereitung von Klausuren und Tests. Selbst wer glaubt, schon fit zu sein, kann hier mit Gewinn noch mal ein Kapitel quer lesen und sein Wissen auffrischen. Vor allem aber werden die Zusammenhänge übersichtlich und anschaulich präsentiert. Dazu tragen auch die zahlreichen Grafiken und Schaubilder bei.

Gewünschte Infos können am schnellsten über das Stichwortverzeichnis am Ende des Bandes gefunden werden. – Stichwort vergessen? Macht nichts. Am besten ins Inhaltsverzeichnis schauen und im entsprechenden Kapitel nach dem Begriff suchen! Stichwörter sind hier durch Fettdruck hervorgehoben. Farbige Pfeile ↗ verweisen auf andere Stellen im Buch zum gleichen Thema.

Beispiel: Umkehrfunktion (↗ S. 17)
Geht man den Pfeilen nach, bekommt man zu diesen Fachbegriffen weitere Informationen.

Randsymbole machen auf
Definitionen und
Beispiele aufmerksam.

- Mehrere Beispielaufgaben zu einem Thema sind meist durch Rauten am Rand übersichtlich gegliedert.

Das Symbol „Augen auf!“ weist auf mögliche Fehlerquellen, Denkfallen und Problemstellen hin.

Sätze sind ganz leicht an ihrer farbigen Unterlegung zu erkennen.

Dieses Symbol weist auf besonders zu beachtende Eigenschaften hin.

Funktionen

1 Grundbegriffe

1.1 Definitionen

Zuordnungen

Eine ***Zuordnung*** ordnet den Elementen einer Menge X Elemente einer Menge Y durch eine ***Zuordnungsvorschrift*** zu. Eine ***Wertetabelle***, ein ***Pfeilgraph***, eine ***Paarmenge*** mit Zahlenpaaren (x, y) mit $x \in X$ und $y \in Y$ oder ein ***Graph*** im Koordinatensystem veranschaulicht eine Zuordnung.

Eine Zuordnung, bei der ...

... mindestens einem $x \in X$ mehr als ein $y \in Y$ zugeordnet wird, heißt ***mehrdeutig***.	... jedem $x \in X$ **genau ein** $y \in Y$ zugeordnet wird, nennt man ***eindeutig***.	... jedem $x \in X$ **genau ein** $y \in Y$ zugeordnet ist und darüber hinaus auch jedes $y \in Y$ **zu genau einem** $x \in X$ gehört, heißt ***eineindeutig***.
	Eindeutige Zuordnungen heißen ***Funktionen***.	

Beispiele:

$X = \{1, 2\}$, $Y = \{1, 2\}$, „x teilt y" Paarmenge: $\{(1; 1), (1; 2), (2; 2)\}$	$X = Y = \mathbb{R}$ $y = x^2$	$X = Y = \mathbb{R}$ $y = 2x$

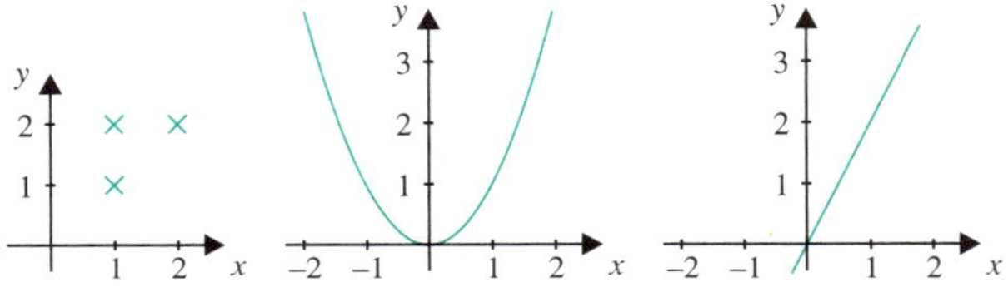

Im Koordinatensystem wird die Ausgangsmenge X i. A. auf der horizontalen Achse und die Zielmenge Y auf der vertikalen Achse angetragen. Zum Graphen der Zuordnung gehören alle Punkte, deren Koordinaten $(x|y)$ die Zuordnung erfüllen. Der x-Wert heißt auch ***Abszisse***, der y-Wert ***Ordinate***.

Beachte: Am Graphen erkennt man den Unterschied so: Gibt es eine Parallele zur y-Achse, die den Graphen in mehr als einem Punkt schneidet, so ist die Zuordnung mehrdeutig. Schneidet jede mögliche Parallele zur y-Achse den Graphen höchstens einmal, so liegt eine Funktion vor. Schneidet auch jede mögliche Parallele zur x-Achse den Graphen höchstens einmal, so ist die Funktion sogar eineindeutig.

Beachte: Eine eineindeutige Funktion besitzt zu verschiedenen Argumenten auch unterschiedliche Funktionswerte.

Funktionen

Eine ***Funktion*** ist eine eindeutige Zuordnung zwischen einer Ausgangsmenge X, dem ***Definitionsbereich D***, und der Menge Y, dem ***Wertebereich W***. Ist bei Funktionen der Definitionsbereich nicht extra angegeben, wird vom größtmöglichen Bereich ausgegangen.
Jedes Element x des Definitionsbereiches D heißt ***Argument*** von f. Das dem Argument x zugeordnete Element y aus dem Wertebereich W heißt ***Funktionswert*** $f(x)$ (sprich: „f von x") von f. Kurz: $y = f(x)$. Der Term $f(x)$ heißt ***Funktionsterm,*** die Gleichung $y = f(x)$ ***Funktionsgleichung*** der Funktion f. Schreibweise: $f\colon x \mapsto y$ oder $f\colon x \mapsto y = f(x)$.
Der ***Graph*** der Funktion f ist die Menge aller Punkte $P(x \mid f(x))$ mit $x \in D$ und wird mit G_f bezeichnet.

Beispiel: $f\colon x \mapsto y = 2x$ mit Definitionsbereich $D = [0; 4]$.
Funktionsterm $f(x) = 2x$, Funktionsgleichung: $y = 2x$.
Funktionswert zu $x = 1{,}5$ ist $y = f(1{,}5) = 2 \cdot 1{,}5 = 3$.
Alle Funktionswerte bilden die Wertemenge: $W = [0; 8]$.
Paarmenge: $f = \{(x; y) \mid x \in D,\ y = 2x \in W\}$,
Graph: (↗ S. 10).

1.2 Eigenschaften von Funktionen und ihrer Graphen

Gleichheit von Funktionen

Zwei Funktionen f und g sind gleich, wenn ihre Definitionsbereiche D_f und D_g übereinstimmen, also $D_f = D_g = D$, und wenn für alle $x \in D$ gilt $f(x) = g(x)$.

Beispiele:

- $f\colon x \mapsto f(x) = (x-2)^2$, $D_f = \mathbb{R}$ und
  $g\colon x \mapsto g(x) = x^2 - 4x + 4$, $D_g = \mathbb{R}$ sind gleich, da
  $D_f = D_g = \mathbb{R}$ und $f(x) = (x-2)^2 = x^2 - 4x + 4 = g(x)$.
- $f\colon x \mapsto f(x) = \dfrac{(x-1)x}{x}$, $D_f = \mathbb{R}\backslash\{0\}$ und
  $g\colon x \mapsto g(x) = x - 1$, $D_g = \mathbb{R}$: Hier gilt zwar nach dem Kürzen: $f(x) = g(x)$. Da aber $D_f \neq D_g$, sind f und g nicht gleich.

Fortsetzung und Einschränkung

Eine Funktion g heißt ***Fortsetzung*** der Funktion f, wenn der Definitionsbereich D_f von f im Definitionsbereich D_g von g enthalten ist, also $D_f \subseteq D_g$ und wenn für alle $x \in D_f$ gilt: $g(x) = f(x)$. Umgekehrt heißt f ***Einschränkung*** von g.

Beispiel: Im obigen zweiten Beispiel ist g eine Fortsetzung von f.

Nullstellen einer Funktion

Ist x_0 eine Zahl aus dem Definitionsbereich D der Funktion f und gilt $f(x_0) = 0$, so heißt x_0 ***Nullstelle*** von f. Man findet die Nullstellen der Funktion f durch Lösen der Gleichung $f(x) = 0$.
Geometrische Bedeutung: Bei den Nullstellen schneidet oder berührt der Graph einer Funktion die x-Achse.

Beispiel: $f\colon x \mapsto x+1,\ x \in \mathbb{R}$
$f(x) = 0 \Leftrightarrow x + 1 = 0 \Leftrightarrow x = -1$
f besitzt also eine Nullstelle: -1.
Der Graph G_f schneidet die x-Achse in $(-1 \mid 0)$.

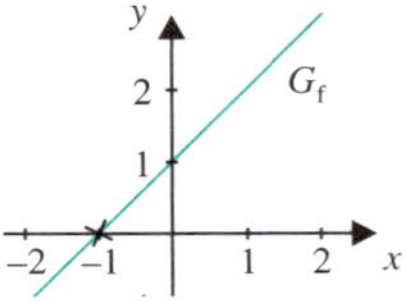

Gerade und ungerade Funktionen, Symmetrie des Graphen

Eine Funktion $f\colon x \mapsto f(x)$ heißt genau dann ***gerade Funktion***, wenn für alle x aus dem Definitionsbereich D gilt: es ist auch $-x \in D$ und $f(-x) = f(x)$.

Beispiel: $f\colon x \mapsto x^2,\ x \in \mathbb{R}$
Wegen $D = \mathbb{R}$ ist mit $x \in \mathbb{R}$ auch $-x \in \mathbb{R}$. Weiter gilt:
$f(-x) = (-x)^2 = x^2 = f(x)$.

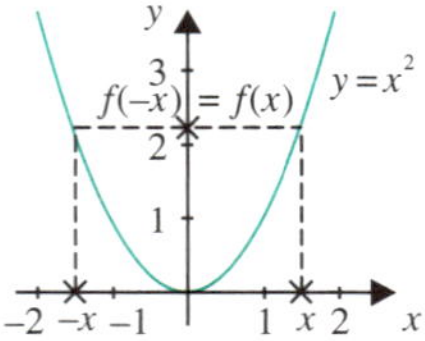

Der Graph einer geraden Funktion ist ***symmetrisch*** zur y-Achse.

Eine Funktion $f\colon x \mapsto f(x)$ heißt genau dann ***ungerade Funktion***, wenn für alle x aus dem Definitionsbereich D gilt: es ist auch $-x \in D$ und $f(-x) = -f(x)$.

Beispiel: $f\colon x \mapsto x^3,\ x \in \mathbb{R}$
Wegen $D = \mathbb{R}$ ist mit $x \in \mathbb{R}$ auch $-x \in \mathbb{R}$.
Weiter gilt:
$f(-x) = (-x)^3 = -x^3 = -f(x)$.

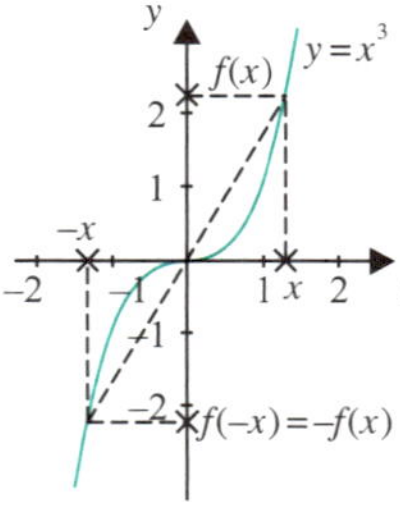

Der Graph einer ungeraden Funktion ist ***punktsymmetrisch*** zum Ursprung des Koordinatensystems.

Allgemeine Symmetrie

Der Graph einer Funktion f ist achsensymmetrisch zur senkrechten Geraden $x_0 = a$, wenn stets gilt:
$f(a-x) = f(a+x)$.
Der Graph einer Funktion f ist punktsymmetrisch bezüglich des Punkts $P(a \mid b)$, wenn stets gilt:
$b - f(a-x) = f(a+x) - b$.

Beispiele:

- $f\colon x \mapsto (x-2)^2,\ x \in \mathbb{R}$, ist achsensymmetrisch bezüglich $x = 2$.
  Es gilt:
  $f(2-x) = ((2-x)-2)^2 = x^2$ und
  $f(2+x) = ((2+x)-2)^2 = x^2$.

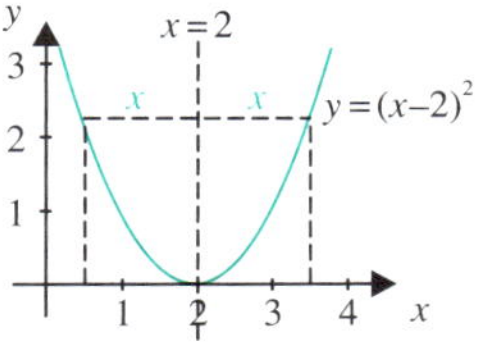

- $f\colon x \mapsto x-2,\ x \in \mathbb{R}$, ist punktsymmetrisch bezüglich $P(3 \mid 1)$.
  Es gilt: $1 - f(3-x) =$
  $1 - ((3-x)-2) = x$ und
  $f(3+x) - 1 =$
  $((3+x)-2) - 1 = x$.

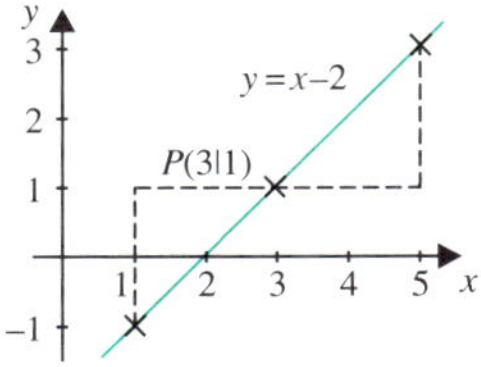

Monotonie

Eine Funktion $f\colon x \mapsto f(x)$ heißt auf einer Teilmenge M des Definitionsbereichs D genau dann

monoton zunehmend (oder steigend)	***monoton abnehmend*** (oder fallend)
wenn für alle $x_1, x_2 \in M$ gilt:	
Aus $x_1 < x_2$ folgt $f(x_1) \leq f(x_2)$.	Aus $x_1 < x_2$ folgt $f(x_1) \geq f(x_2)$.
D. h. bei wachsendem Argument bleibt der Funktionswert $f(x)$	
gleich oder nimmt zu.	gleich oder nimmt ab.
Gilt sogar für alle $x_1, x_2 \in M$:	
Aus $x_1 < x_2$ folgt $f(x_1) < f(x_2)$	Aus $x_1 < x_2$ folgt $f(x_1) > f(x_2)$
so heißt die Funktion f auf M	
streng (oder ***echt***) ***monoton zunehmend*** (oder steigend).	***streng*** (oder ***echt***) ***monoton abnehmend*** (oder fallend).

Beispiele:

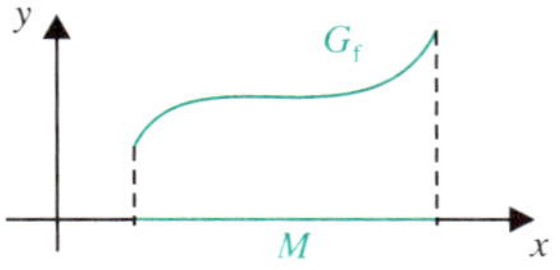

f monoton zunehmend

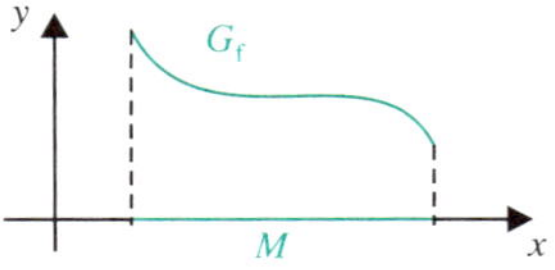

f monoton abnehmend

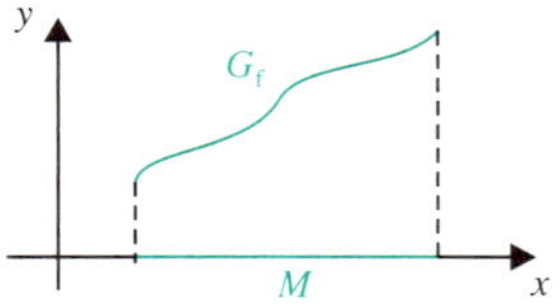

f streng monoton zunehmend

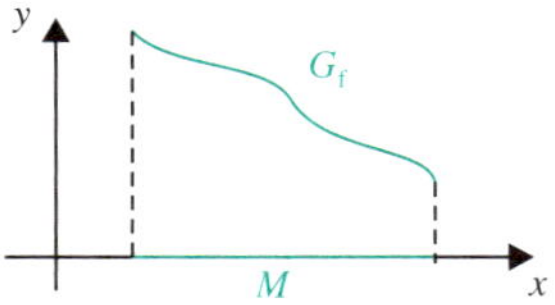

f streng monoton abnehmend

Der Graph G_f heißt in solchen Fällen (streng) monoton steigend (fallend).

Zum Nachweis der Monotonie untersucht man für $x_1 < x_2$ das Vorzeichen der Differenz $f(x_2) - f(x_1)$.

Beispiel: f: $x \mapsto x^2 - 1,\ x \in \mathbb{R}$. Sei $x_1, x_2 \in \mathbb{R}$ mit $x_1 < x_2$, so ist $f(x_2) - f(x_1) = (x_2^2 - 1) - (x_1^2 - 1) = x_2^2 - x_1^2$.
Es gilt nun: $f(x_2) - f(x_1) = x_2^2 - x_1^2 < 0$, wenn $x_1 < x_2 \leq 0$ und $f(x_2) - f(x_1) = x_2^2 - x_1^2 > 0$, wenn $0 \leq x_1 < x_2$.

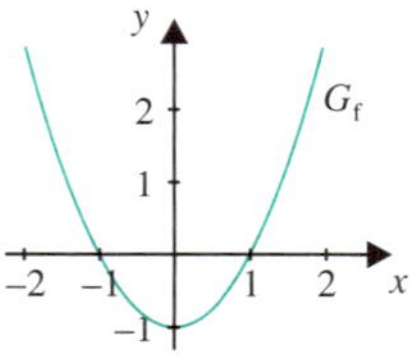

f ist also streng monoton abnehmend im Intervall $]-\infty; 0]$ und streng monoton zunehmend im Intervall $[0; +\infty[$.

Beschränktheit

Eine Funktion $f\colon x \mapsto f(x),\ x \in D$, nennt man

nach unten beschränkt, wenn es eine Zahl $s \in \mathbb{R}$ gibt, so dass $f(x) \geq s$ für alle $x \in D$. s heißt ***untere Schranke*** von f.

nach oben beschränkt, wenn es eine Zahl $S \in \mathbb{R}$ gibt, so dass $f(x) \leq S$ für alle $x \in D$. S heißt ***obere Schranke*** von f.

Geometrische Bedeutung für den Graphen:
Ist s eine untere Schranke, so liegen alle Punkte des Graphen oberhalb der Parallelen zur x-Achse mit der Gleichung $y = s$. Ist S obere Schranke, so liegt der Graph unterhalb von $y = S$.

Beispiel:
$f\colon x \mapsto 0{,}5x^2 + 1,\ x \in \mathbb{R}$
ist nach unten beschränkt, da z. B. gilt: $x^2 + 1 \geq 0{,}5$ für alle $x \in \mathbb{R}$.

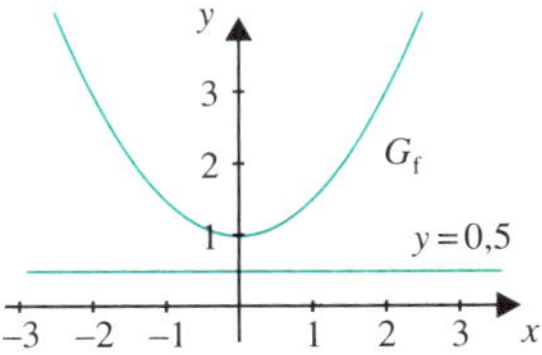

Beachte: Hat f eine untere Schranke s, so ist jede Zahl kleiner als s ebenfalls eine untere Schranke. Eine nach unten beschränkte Funktion f hat somit unendlich viele untere Schranken. Die größte untere Schranke heißt ***Infimum*** von f.
Analog besitzt eine nach oben beschränkte Funktion f unendlich viele obere Schranken. Deren kleinste nennt man das ***Supremum*** von f.

Gibt es eine positive Zahl $r \in \mathbb{R}^+$, so dass gilt: $|f(x)| \leq r$, für alle $x \in D$, so heißt die Funktion f ***beschränkt***.

Beispiel: Die Funktionen $x \mapsto \sin x$ und $x \mapsto \cos x$ sind beschränkt mit $r = 1$. (Graphen ↗ S. 47)

Extremwerte

Eine Funktion f besitzt an einer Stelle x_0 ein

lokales Maximum | ***lokales Minimum***

genau dann, wenn es eine Umgebung (↗ S. 54) von x_0 gibt, in der für die Funktionswerte $f(x)$ für $x \neq x_0$ gilt:

$f(x) \leq f(x_0)$. | $f(x) \geq f(x_0)$.

Der Graph der Funktion hat dann in $(x_0 \mid f(x_0))$ einen

relativen Hochpunkt. | ***relativen Tiefpunkt.***

Anmerkung: Der größte (kleinste) Funktionswert im Definitionsbereich heißt ***globales Maximum (Minimum)***. Der zugehörige Punkt des Graphen wird als ***Hochpunkt*** bzw. ***Tiefpunkt*** bezeichnet.

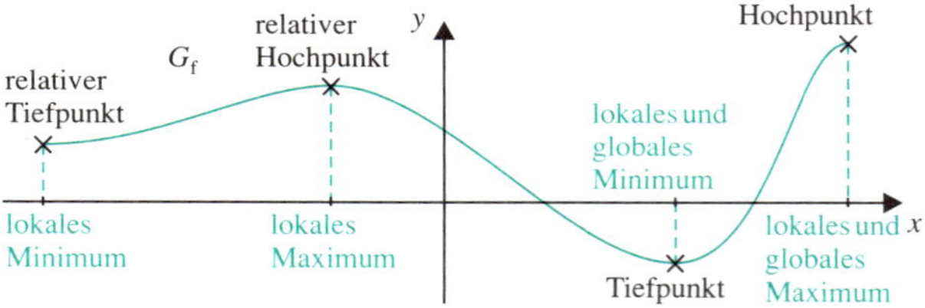

Periodizität

Eine Funktion $f\colon x \mapsto f(x),\ x \in D$, nennt man genau dann ***periodisch***, wenn es eine von Null verschiedene Zahl p gibt, so dass für alle $x \in D$ gilt: Mit x ist auch $x + p \in D$ und $f(x+p) = f(x)$. Die Zahl $p \neq 0$ heißt ***Periode*** von f.

Beachte: Mit der Periode p ist auch jede Zahl $k \cdot p$ mit $k \in \mathbb{Z}$ eine Periode von f. Jede periodische Funktion besitzt somit unendlich viele Perioden. Meist gibt man zu einer Funktion ihre kleinste (positive) Periode an.

Beispiel: $f\colon x \mapsto \sin x,\ x \in \mathbb{R}$ ist periodisch mit der Periode $p = 2\pi$: $\sin(x + 2\pi) = \sin x$ für alle $x \in \mathbb{R}$.
4π ist ebenfalls eine Periode von f: $\sin(x + 4\pi) = \sin x$.

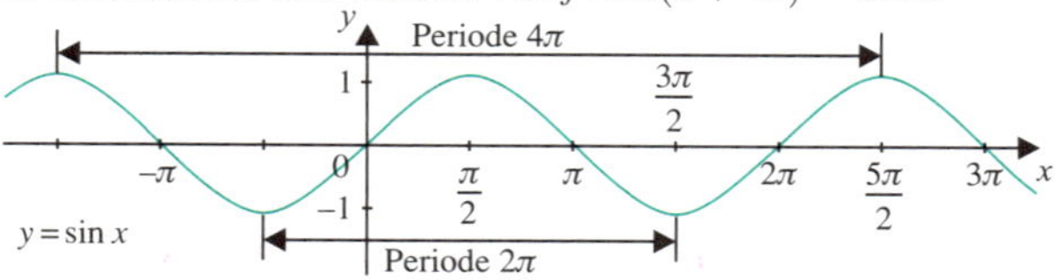

Umkehrfunktion

Eine Funktion $f\colon x \mapsto y = f(x),\ x \in D$, heißt ***umkehrbar***, wenn auch die umgekehrte Zuordnung $y \mapsto x$ eindeutig ist, d. h., dass zu jedem y aus der Wertemenge genau ein x aus dem Definitionsbereich gehört. Die Funktion mit der Vorschrift $f^{-1}\colon y \mapsto x = f^{-1}(x)$ heißt ***Umkehrfunktion*** von f.

Die Wertemenge von f ist damit der Definitionsbereich von f^{-1}, der Definitionsbereich von f ist die Wertemenge von f^{-1}. Die Paarmenge für f^{-1} ist die Menge aller Zahlenpaare $(y; x)$, die aus den Zahlenpaaren $(x; y)$ zu f durch Vertauschen der Zahlen eines jeden Paares entstehen.

- **Kriterien für die Umkehrbarkeit einer Funktion**

Eine Funktion f ist genau dann umkehrbar, wenn für alle $x_1,\ x_2 \in D$ gilt: Aus $x_1 \neq x_2$ folgt $f(x_1) \neq f(x_2)$.

D. h. eineindeutige Funktionen sind umkehrbar.
Geometrische Bedeutung: Jede Parallele zur x-Achse schneidet den Graphen von g höchstens einmal.

Folgerung: Streng monotone Funktionen sind umkehrbar.

- **Bestimmung des Funktionsterms der Umkehrfunktion**

Man erhält den Funktionsterm von f^{-1}, indem man die Funktionsgleichung $y = f(x)$ von f nach x auflöst und anschließend die Bezeichnungen y und x miteinander vertauscht.

Beispiel: $f\colon x \mapsto y = 0{,}5x + 1$, $x \in \mathbb{R}$, ist umkehrbar, da streng monoton. Bestimmung der Funktionsvorschrift für f^{-1}:

1. Es gilt
   $D_f^{-1} = W_f = \mathbb{R}$
   und $W_f^{-1} = D_f = \mathbb{R}$.

Graphen zu f und f^{-1}:

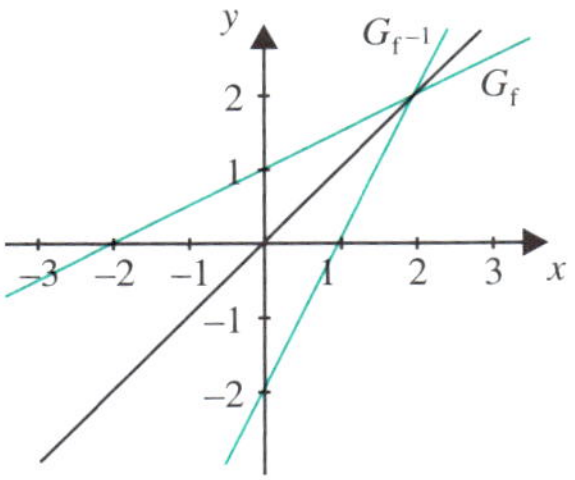

2. Gleichung $y = f(x)$ nach x auflösen:
   $y = 0,5x + 1 \Leftrightarrow 2 \cdot (y-1) = x \Leftrightarrow x = 2y - 2$
3. Tausch der Variablen x und y: $y = 2x - 2$

Ergebnis: Die Umkehrfunktion hat den Term
$f^{-1}(x) = 2x - 2$. Es gilt also:
$f^{-1}\colon x \mapsto 2x - 2,\ x \in D_f^{-1} = W_f = \mathbb{R}$.

Beachte: Die Graphen zu f und zu f^{-1} liegen zueinander achsensymmetrisch bezüglich der Geraden mit der Gleichung $y = x$, die Winkelhalbierende des I. und III. Quadranten des Koordinatensystems ist. Weiter gilt: f^{-1} besitzt dieselben Monotonieeigenschaften wie die Funktion f. Ist also z. B. f (streng) monoton zunehmend, so auch f^{-1}.

Weitere Eigenschaften von Funktionen und ihrer Graphen werden an anderer Stelle behandelt: Krümmung eines Graphen (↗ S. 81), Asymptoten eines Graphen (↗ S. 42) und allgemeine Beschreibung des Verlaufs eines Graphen (↗ S. 82) .

1.3 Verknüpfungen von Funktionen

Rationale Operationen

Funktionen f und g mit einem gemeinsamen Definitionsbereich D lassen sich zu neuen Funktionen verknüpfen:

Summe	$f + g\colon x \mapsto f(x) + g(x),\ x \in D$
Differenz	$f - g\colon x \mapsto f(x) - g(x),\ x \in D$
Produkt	$f \cdot g\colon x \mapsto f(x) \cdot g(x),\ x \in D$
Quotient	$\frac{f}{g}\colon x \mapsto \frac{f(x)}{g(x)},\ x \in D$ mit $g(x) \neq 0$

Beispiele: $f\colon x \mapsto f(x) = x^2,\ x \in \mathbb{R}$ und $g\colon x \mapsto g(x) = x,\ x \in \mathbb{R}$. Dann ist:

- die Summe $f + g\colon x \mapsto x^2 + x,\ x \in \mathbb{R}$;
- die Differenz $f - g\colon x \mapsto x^2 - x,\ x \in \mathbb{R}$;
- das Produkt $f \cdot g\colon x \mapsto x^3,\ x \in \mathbb{R}$;
- der Quotient $\frac{f}{g}\colon x \mapsto x,\ x \in \mathbb{R}\backslash\{0\}$.

Verkettung

Bei einer ***Verkettung*** von Funktionen u und v werden diese nacheinander ausgeführt. Damit dies möglich ist, muss der Definitionsbereich D_v so gewählt werden, dass die Wertemenge W_v der zuerst ausgeführten Funktion v ganz im Definitionsbereich D_u der als zweites ausgeführten Funktion u liegt.
Schreibweise: $f = u \circ v\colon x \mapsto f(x) = u(v(x)),\ x \in D_v$.
Die zuerst ausgeführte Funktion v heißt ***innere Funktion***, die Funktion u ***äußere Funktion***.

Beispiel: Aus $v\colon x \mapsto z = x + 2,\ x \in D_v = [-2; \infty[$ und $u\colon z \mapsto y = \sqrt{z},\ z \in D_u = \mathbb{R}_0^+$, wird die Verkettung $f = u \circ v\colon x \mapsto f(x) = u(v(x)) = \sqrt{x+2},\ x \in D_v$.

Beachte: Bei Vertauschung der Reihenfolge der Funktionen ist das Ergebnis der Verkettung i. A. verschieden.

Beispiel: Mit den Funktionstermen $u(x) = \sqrt{x} = z$ und $v(z) = z + 2 = y$ wie oben erhält man nach Veränderung der Reihenfolge: $g = v \circ u\colon x \mapsto g(x) = v(u(x)) = \sqrt{x} + 2$, $x \in D_u$. Es gilt $g \neq f$.

2 Form- und Lageänderung von Funktionsgraphen

2.1 Addition einer Konstanten zum Funktionsterm

$g(x) = f(x) + a,\ a \in \mathbb{R}\backslash\{0\}$: Der Graph G_g der Funktion g entsteht durch Verschiebung des Graphen G_f um $|a|$ in positive y-Richtung (also nach oben) für $a > 0$, und in negative y-Richtung (also nach unten) für $a < 0$.

Beispiele:
$f(x) = x^2$
- $g_1(x) = x^2 + 1{,}5$
- $g_2(x) = x^2 - 1$

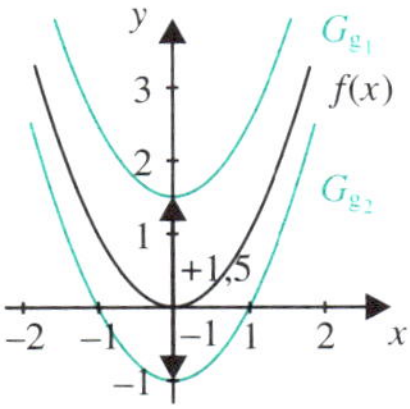

2.2 Addition einer Konstanten zum Argument der Funktion

$g(x) = f(x+b),\ b \in \mathbb{R}\setminus\{0\}$: Der Graph G_g der Funktion g entsteht durch Verschiebung des Graphen G_f um $|b|$ in negative x-Richtung (also nach links) für $b > 0$, und in positive x-Richtung (also nach rechts) für $b < 0$.

Beispiele:

$f(x) = x^2$

- $g_1(x) = (x + 1{,}5)^2$
- $g_2(x) = (x - 1)^2$

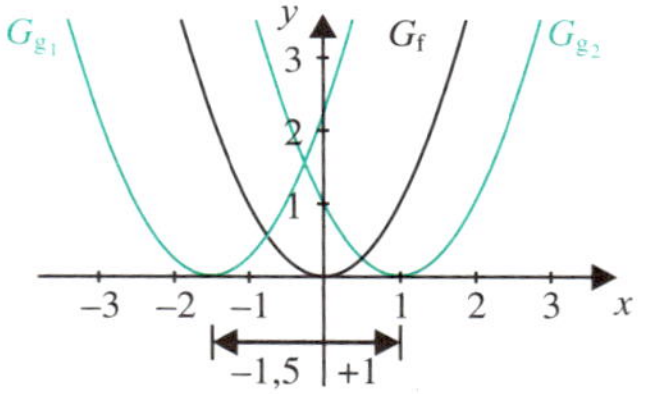

2.3 Multiplikation des Funktionsterms mit einer Konstanten

$g(x) = c \cdot f(x),\ c \in \mathbb{R}\setminus\{0\}$: Der Graph G_g der Funktion g entsteht durch eine Streckung oder Stauchung des Graphen G_f in y-Richtung. Dabei bleiben die Schnittpunkte mit der x-Achse (↗ Nullstellen, S. 11) erhalten. Fallunterscheidung:

$c > 1$:	Streckung parallel zur y-Achse; Streckfaktor c
$c = 1$:	identische Abbildung
$0 < c < 1$:	Stauchung parallel zur y-Achse; Streckfaktor c
$-1 < c < 0$:	Spiegelung an der x-Achse und anschließende Stauchung parallel zur y-Achse; Streckfaktor $\|c\|$
$c = -1$:	Spiegelung an der x-Achse: $g(x) = -f(x)$
$c < -1$:	Spiegelung an der x-Achse und anschließende Streckung parallel zur y-Achse; Streckfaktor $\|c\|$

Beispiele:

$f(x) = (x - 1)^2$

- $g_1(x) = 2(x - 1)^2$
- $g_2(x) = 0{,}5(x - 1)^2$
- $g_3(x) = -0{,}5(x - 1)^2$
- $g_4(x) = -(x - 1)^2$

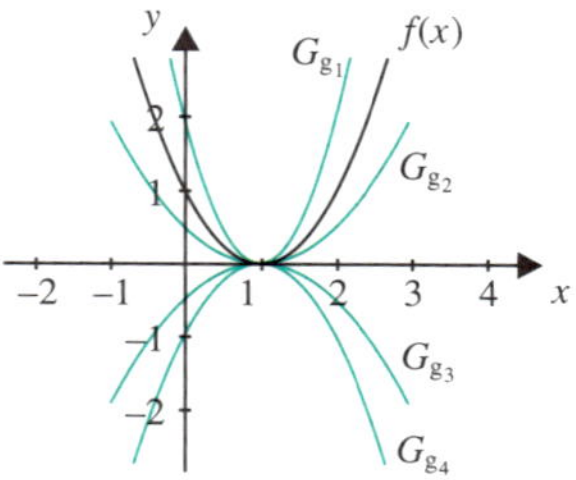

Beachte: Die Graphen zu den Funktionstermen $c \cdot f(x)$ und $-c \cdot f(x)$ liegen zueinander symmetrisch bezüglich der x-Achse.

2.4 Multiplikation des Arguments mit einer Konstanten

$g(x) = f(d \cdot x)$, $d \in \mathbb{R}\setminus\{0\}$: Der Graph G_g der Funktion g entsteht durch eine Streckung oder Stauchung des Graphen G_f in x-Richtung. Dabei bleibt der Schnittpunkt mit der y-Achse $(x = 0)$ erhalten. Fallunterscheidung:

$d > 1$:	Stauchung parallel zur x-Achse; Streckfaktor $\frac{1}{d}$
$d = 1$:	identische Abbildung
$0 < d < 1$:	Streckung parallel zur x-Achse; Streckfaktor $\frac{1}{d}$
$-1 < d < 0$:	Spiegelung an der y-Achse und anschließende Streckung parallel zur x-Achse; Streckfaktor $\left\lvert\frac{1}{d}\right\rvert$
$d = -1$:	Spiegelung an der y-Achse: $g(x) = f(-1 \cdot x) = f(-x)$
$d < -1$:	Spiegelung an der y-Achse und anschließende Stauchung parallel zur x-Achse; Streckfaktor $\left\lvert\frac{1}{d}\right\rvert$

Beispiele:

$f(x) = (x-1)^2$

- $g_1(x) = (-2x-1)^2$
- $g_2(x) = (0{,}5x-1)^2$

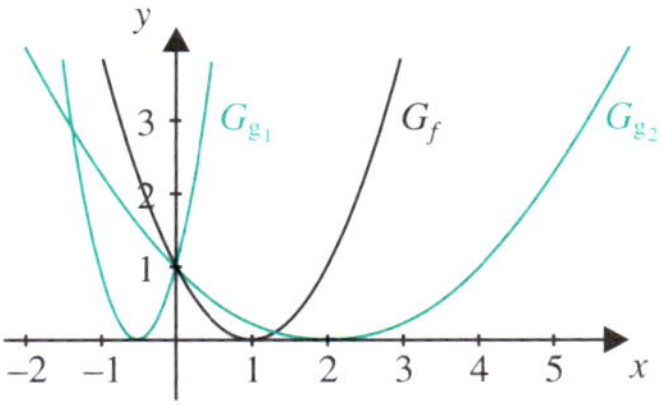

Beachte: Die Graphen zu den Funktionstermen $f(d \cdot x)$ und $f(-d \cdot x)$ liegen zueinander symmetrisch bezüglich der y-Achse.

2.5 Betrag und Funktionsterm

Betrag des Funktionsterms: $g(x) = |f(x)|$

Der Graph G_g der Funktion g entsteht durch eine Spiegelung der unter der x-Achse liegenden Teile des Graphen G_f an der x-Achse. Dabei bleiben die Schnittpunkte mit der x-Achse (↗ Nullstellen, S. 11) erhalten.

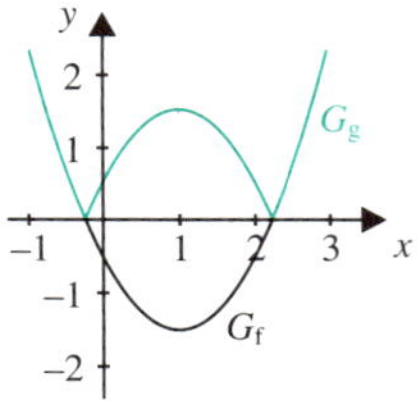

Beispiel:
$f(x) = x^2 - 2x - 0{,}5$
$g(x) = |x^2 - 2x - 0{,}5|$

Betrag des Arguments: $g(x) = f(|x|)$

Den Argumenten x und $-x$ wird nun derselbe Funktionswert zugeordnet, der Graph G_g liegt symmetrisch zur y-Achse. Entstehung des Graphen G_g aus dem Graphen G_f: Die links von der y-Achse liegenden Teile von G_f werden durch die Spiegelbilder der rechts von der y-Achse liegenden Teile von G_f ersetzt. Der Schnittpunkt mit der y-Achse bleibt erhalten.

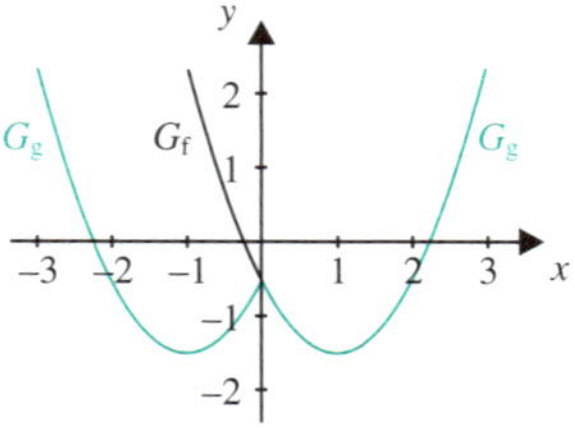

Beispiel:
$f(x) = x^2 - 2x - 0{,}5$
$g(x) = |x|^2 - 2|x| - 0{,}5$

3 Lineare Funktionen

3.1 Definition und Eigenschaften

Eine Funktion $f\colon x \mapsto m \cdot x + t$ $(m, t \in \mathbb{R})$ heißt ***lineare Funktion***. Maximaler Definitionsbereich ist $\mathbb{R}$, der Graph ist eine Gerade g mit der Gleichung $g\colon y = m \cdot x + t$.

Geometrische Bedeutung der Parameter t und m:
t ist der Abschnitt auf der y-Achse (***y-Abschnitt***): Die Gerade schneidet die y-Achse im Punkt $T(0 \mid t)$. Ist $t = 0$, so liegt eine Ursprungsgerade vor.

m ist die ***Steigung*** (oder der Anstieg) der Geraden. Es gilt:
$m > 0$: Die Gerade steigt. f ist streng monoton zunehmend.
$m = 0$: Die Gerade verläuft parallel zur x-Achse. f ist konstant.
$m < 0$: Die Gerade fällt. f ist streng monoton abnehmend.
Im rechtwinkligen ***Steigungsdreieck*** mit der horizontalen Kathete der Länge 1 hat die vertikale Kathete die Länge $|m|$.
Zusammenhang mit dem ***Neigungswinkel*** α (Winkel zwischen der x-Achse und der Geraden):

$$m = \tan\alpha = \frac{f(x_2) - f(x_1)}{x_2 - x_1} \quad (x_1 \neq x_2);$$ (↗ S. 68).

Beispiele:

- $f\colon x \mapsto 2x$
  $m = 2;\ t = 0$
- $g\colon x \mapsto -x - 2$
  $m = -1;\ t = -2$
- $h\colon x \mapsto -2$
  $m = 0;\ t = -2$

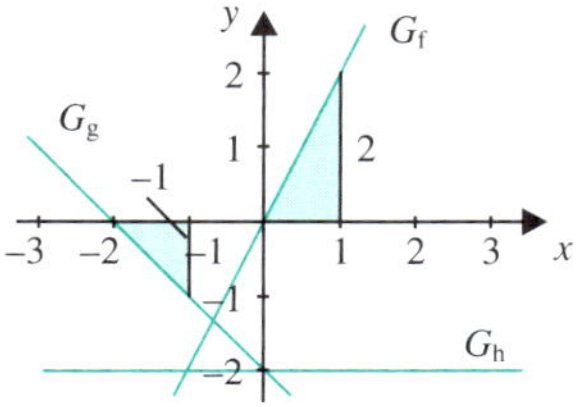

Ist $m \neq 0$, so ist für $D = \mathbb{R}$ auch die Wertemenge $\mathbb{R}$. Weiter hat eine solche Funktion genau eine Nullstelle: $x_0 = -\dfrac{t}{m}$.
Ist $m = 0$, so ist die Wertemenge $W = \{t\}$.

Explizite und implizite Form der Geradengleichung

Die Form $y = mx + t$ heißt ***explizite Form*** der Geradengleichung. An ihr sind die Kenngrößen m und t direkt ablesbar.
Die Form $ax + by + c = 0$ mit $a, b, c \in \mathbb{R}$ heißt ***implizite Form*** der Geradengleichung. a und b dürfen dabei nicht gleichzeitig Null sein.

Beispiel: Implizite Form: $3x + 0{,}5y - 2 = 0$.
Auflösen nach y ergibt die explizite Form: $y = -6x + 4$.

Sonderfall: vertikale Geraden

Eine zur x-Achse senkrechte Gerade kann nicht durch eine Funktionsvorschrift beschrieben werden. Sie hat den Neigungswinkel $\alpha = 90°$, eine Steigung ist für sie nicht definiert. Schneidet eine solche Gerade die x-Achse an der Stelle a, so haben alle ihre Punkte die x-Koordinate a. Die Gerade wird deshalb durch die Gleichung $x = a$ beschrieben.

Beispiel: $x = 1{,}5$

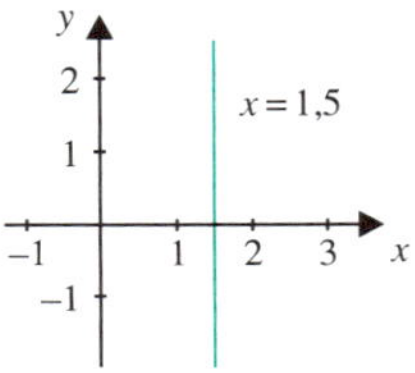

Die Gleichung für die y-Achse ist $x = 0$.

Umkehrfunktion

Lineare Funktionen $f\colon x \mapsto mx + t$ mit $m \neq 0$ sind streng monoton und deshalb umkehrbar.

Die Umkehrfunktion (↗ S. 17) hat die Vorschrift:

$$f^{-1}\colon x \mapsto \frac{1}{m}x - \frac{t}{m},\quad x \in \mathbb{R}.$$

Beispiel:

$f\colon x \mapsto 4x + 3$

$$f^{-1}\colon x \mapsto \frac{1}{4}x - \frac{3}{4}$$

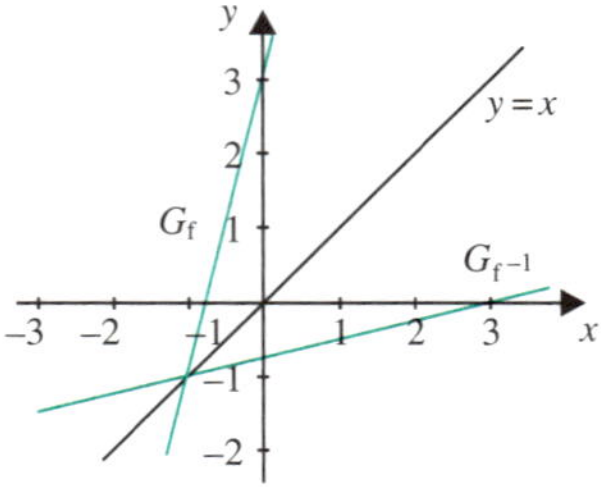

Schnittwinkel zweier Geraden

Schneiden sich die Geraden g_1 und g_2 an einer Stelle x_0, so wird der ***Schnittwinkel*** der beiden Geraden definiert als der nichtstumpfe Winkel φ, den die beiden Geraden im Schnittpunkt einschließen. Sind m_1 und m_2 die zugehörigen Geradensteigungen, so gilt für φ: $\tan\varphi = \left|\frac{m_1 - m_2}{1 + m_1 \cdot m_2}\right|$ (↗ S. 77).

Spezialfall: Zwei Geraden schneiden sich genau dann senkrecht, wenn gilt: $m_1 \cdot m_2 = -1$.

Beispiel: g_1: $y = 0{,}5x + 0{,}5$,
g_2: $y = -x + 0{,}5$

Schnittpunkt: (0|0,5). Es gilt:

$$\tan\varphi = \left|\frac{0{,}5 - (-1)}{1 + 0{,}5 \cdot (-1)}\right| = 3$$

und damit $\varphi = 71{,}57°$.

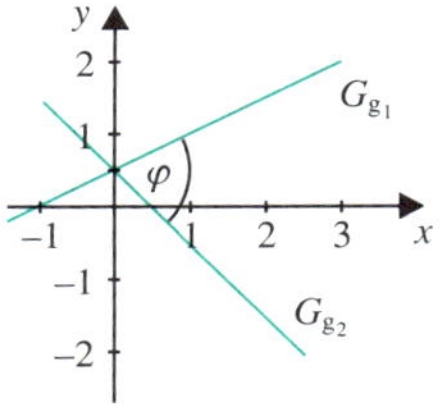

3.2 Bestimmung von Geradengleichungen

Die Gleichung einer Geraden $y = mx + t$ lässt sich aus der Angabe von zwei Bestimmungsstücken ermitteln.

Gerade durch $P_0(x_0|y_0)$ mit der Steigung m

Beispiel: Es ist $m = 1{,}5$ und $P_0(2|4)$ gegeben. Einsetzen in den allgemeinen Ansatz $y = mx + t$ ergibt: $4 = 1{,}5 \cdot 2 + t$.
Daraus: $t = 1$.
Ergebnis der Geradengleichung: g: $y = 1{,}5x + 1$.

Allgemeine Formel: g: $y = m(x - x_0) + y_0$

Gerade durch die Punkte $P_1(x_1|y_1)$ und $P_2(x_2|y_2)$

Beispiel: Es sind $P_1(1|-2)$ und $P_2(3|1)$ gegeben. Berechnung der Steigung m (mit $x_1 \neq x_2$): $m = \dfrac{y_2 - y_1}{x_2 - x_1} = \dfrac{1 - (-2)}{3 - 1} = \dfrac{3}{2}$.
Damit g: $y = 1{,}5x + t$.
Durch Einsetzen der Koordinaten eines Punktes (z. B. P_1) kann t ermittelt werden: $-2 = 1{,}5 \cdot 1 + t$. Damit $t = -3{,}5$.
Ergebnis der Geradengleichung: g: $y = 1{,}5x - 3{,}5$.

Allgemeine Formel: g: $y = \dfrac{y_2 - y_1}{x_2 - x_1}(x - x_1) + y_1$.

4. Die Betragsfunktion

Die Funktion $f\colon x \mapsto |x|$ mit dem Definitionsbereich $\mathbb{R}$ und der Wertemenge $\mathbb{R}_0^+$ heißt ***Betragsfunktion***.

Mit der Definition des Betrags

gilt: $f(x) = |x| = \begin{cases} x & \text{für } x \geq 0 \\ -x & \text{für } x < 0 \end{cases}$

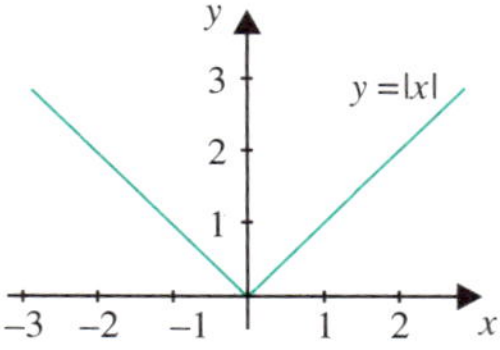

Eigenschaften

Die Betragsfunktion hat eine Nullstelle bei $x = 0$, ihr Graph ist symmetrisch zur y-Achse. Da $f(x) = |x| \geq 0$ für alle $x \in \mathbb{R}$ ist die Betragsfunktion nach unten beschränkt (↗ S. 15). Die größte untere Schranke (das Infimum) ist 0.

Funktionen mit Beträgen

Ein Betrag im Funktionsterm wird durch abschnittsweises Definieren beseitigt. Die Abschnitte ergeben sich aus den Bereichen, in denen der Term zwischen den Betragsstrichen größer oder gleich bzw. kleiner Null ist.

Beispiel:

$f\colon x \mapsto |x-1| + 1,\ x \in \mathbb{R}.$

Es gilt $x - 1 \geq 0 \Leftrightarrow x \geq 1.$

Weiter ist

$|x-1| = \begin{cases} x-1 & \text{für } x \geq 1 \\ -(x-1) & \text{für } x < 1 \end{cases}$

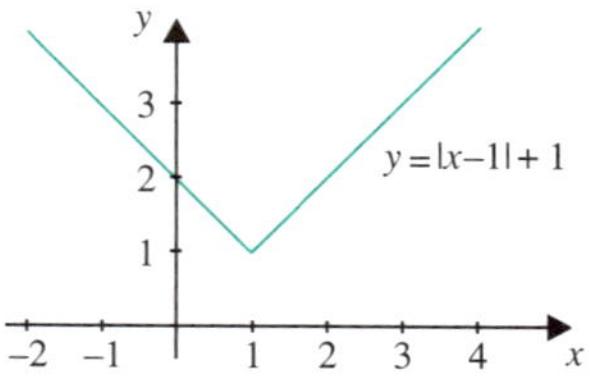

Damit ergibt sich $f(x) = \begin{cases} x & \text{für } x \geq 1 \\ -x+2 & \text{für } x < 1 \end{cases}$

Zum Einfluss des Betrags auf die Form des Graphen: (↗ S. 22).

5 Quadratische Funktionen und Wurzelfunktionen

5.1 Die quadratischen Funktionen

Eine Funktion $f\colon x \mapsto ax^2 + bx + c$, mit $a, b, c \in \mathbb{R}$ und $a \neq 0$ heißt ***quadratische Funktion***.
Ihr maximaler Definitionsbereich ist $D = \mathbb{R}$. Die Wertemenge ist dann $W = \left[c - \frac{b^2}{4a}; \infty\right[$ für $a > 0$

bzw. $W = \left]-\infty;\ c - \frac{b^2}{4a}\right[$ für $a < 0$.

Nullstellen

Eine quadratische Funktion f hat entweder keine, eine oder zwei Nullstellen (↗ S. 11). Die Anzahl der Nullstellen hängt vom Wert der ***Diskriminante*** $D = b^2 - 4ac$ der zugehörigen quadratischen Gleichungen $ax^2 + bx + c = 0$ ab.
Für $D < 0$ besitzt f keine Nullstelle.

Für $D = 0$ hat f genau eine Nullstelle: $x_0 = -\frac{b}{2a}$.

Für $D > 0$ gibt es genau zwei Nullstellen:

$$x_1 = \frac{-b + \sqrt{b^2 - 4ac}}{2a} \text{ und } x_2 = \frac{-b - \sqrt{b^2 - 4ac}}{2a}.$$

Besitzt f Nullstellen, so lässt sich $f(x)$ in Faktoren zerlegen:
$f(x) = a \cdot (x - x_0)^2$ bei einer (doppelten) Nullstelle x_0,
$f(x) = a \cdot (x - x_1) \cdot (x - x_2)$ bei zwei Nullstellen x_1 und x_2.

Beispiele:

- $f(x) = x^2 + 2$; $D = 0^2 - 4 \cdot 1 \cdot 2 = -8 < 0 \Rightarrow f$ hat keine Nullstelle.
- $f(x) = 2x^2 - 4x + 2$; $D = 16 - 4 \cdot 2 \cdot 2 = 0 \Rightarrow$ Genau eine Nullstelle bei $x_0 = -\frac{-4}{2 \cdot 2} = 1$. Faktorzerlegung: $f(x) = 2 \cdot (x - 1)^2$.
- $f(x) = 3x^2 - 3$; $D = 0 - 4 \cdot 3 \cdot (-3) = 36 > 0 \Rightarrow$ Genau zwei Nullstellen: $x_1 = 1$ und $x_2 = -1$. Faktorzerlegung: $f(x) = 3 \cdot (x - 1) \cdot (x + 1)$.

Graph

Der Graph ist eine Parabel mit $y = ax^2 + bx + c$. Für $a > 0$ ist die Parabel nach oben geöffnet, für $a < 0$ nach unten geöffnet. Je kleiner $|a|$, desto flacher verläuft sie. Der höchste (für $a < 0$) bzw. tiefste (für $a > 0$) Punkt der Parabel heißt ***Scheitel*** $S(s|t)$. Es gilt: $S\left(-\frac{b}{2a}\middle|c - \frac{b^2}{4a}\right)$. Der Graph ist symmetrisch zur Geraden $x = s$ durch den Scheitel. Liegt der Scheitel auf der x-Achse, d. h. $t = 0$, dann hat f genau eine Nullstelle.

Jede quadratische Funktion $f\colon x \mapsto ax^2 + bx + c$, mit $a, b, c \in \mathbb{R}$ und $a \neq 0$ lässt sich auf die ***Scheitelform*** $f\colon x \mapsto a(x - s)^2 + t$, mit $s, t \in \mathbb{R}$ bringen (↗ S. 29 f.).

Der Graph G_f zu $f\colon x \mapsto a(x - s)^2 + t$ entsteht aus der Normalparabel durch eine Streckung oder Stauchung mit dem Faktor $|a|$ in y-Richtung (↗ S. 20) und für $a < 0$ einer anschließenden Spiegelung an der x-Achse. Weiter folgt eine Verschiebung um $|s|$ in positive x-Richtung (also nach rechts) für $s > 0$ bzw. in negative x-Richtung (also nach links) für $s < 0$ (↗ S. 20), und um $|t|$ in positive y-Richtung (also nach oben) für $t > 0$ bzw. in negative y-Richtung (also nach unten) für $t < 0$ (↗ S. 19).

Beispiele:

- $f_1\colon x \mapsto 0{,}5x^2 + 4x + 8$
- $f_2\colon x \mapsto x^2 + 1{,}5$
- $f_3\colon x \mapsto -2x^2 + 16x - 29$

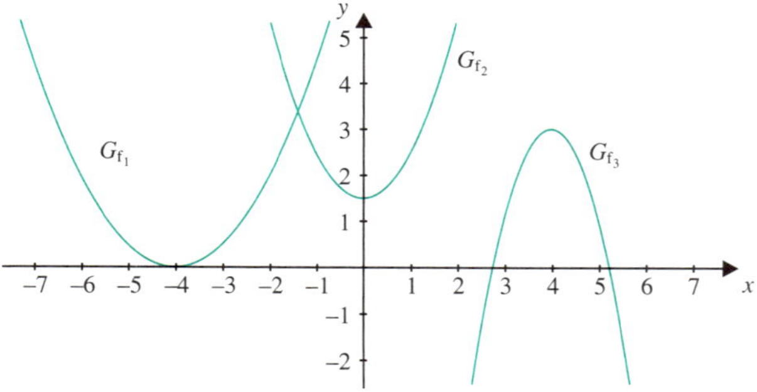

Zugehörige Scheitelformen:

f_1: $x \mapsto 0{,}5(x+4)^2$	f_2: $x \mapsto x^2 + 1{,}5$	f_3: $x \mapsto -2(x-4)^2 + 3$
$S(-4\|0)$	$S(0\|1{,}5)$	$S(4\|3)$
$W = [0; \infty[$	$W = [1{,}5; \infty[$	$W =]-\infty; 3]$
1 Nullstelle	keine Nullstelle	2 Nullstellen

Bestimmung der Koordinaten des Scheitels $S(s\,|\,t)$

1. Möglichkeit: Einsetzen der Koeffizienten a, b und c in die allgemeine Form der Scheitelkoordinaten.

Beispiel: $y = -2x^2 + 16x - 29$ (↗ 3. Beispiel oben):

$$s = -\frac{b}{2a} = -\frac{16}{2 \cdot (-2)} = 4,\quad t = c - \frac{b^2}{4a} = -29 - \frac{16^2}{4 \cdot (-2)} = 3;$$

$S(4|3)$.

2. Möglichkeit: Aus der ***Scheitelform*** $y = a \cdot (x-s)^2 + t$ sind die Scheitelkoordinaten $S(s|t)$ ablesbar. Die Scheitelform erhält man aus der Normalform durch ***quadratische Ergänzung***.

Beispiel:

$y = -2x^2 + 16x - 29 =$ $-2 \cdot (x^2 - 8x + 14{,}5) =$	Ausklammern von –2.
$-2 \cdot \left(x^2 - 8x + \left(\frac{8}{2}\right)^2 - \left(\frac{8}{2}\right)^2 + 14{,}5\right) =$	Quadratische Ergänzung
$-2 \cdot [(x-4)^2 - 1{,}5] =$	Zusammenfassen des Binoms
$-2 \cdot (x-4)^2 + 3.$ Somit: $S(4\|3)$.	Ausmultiplizieren

3. Möglichkeit: Bestimmung der 1. Scheitelkoordinate s als Nullstelle der Ableitung f' von f (↗ S. 71). Für die 2. Scheitelkoordinate t gilt: $t = f(s)$.

Beispiel:
$y = x^2 + 1{,}5;\; y' = 2x;\; y' = 0 \Rightarrow s = 0;\; t = f(0) = 1{,}5.$

Diskussion der Funktion $f: x \mapsto a(x-s)^2 + t$

Es gilt: $D = \mathbb{R}$, $W = [t;\ \infty[$ für $a > 0$ und $W =]-\infty;\ t]$ für $a < 0$.

- Nullstellen:

$a > 0$: $t > 0 \Rightarrow$ keine Nullstelle; $t < 0 \Rightarrow$ zwei Nullstellen.
$a < 0$: $t < 0 \Rightarrow$ keine Nullstelle; $t > 0 \Rightarrow$ zwei Nullstellen.

- Monotonieverhalten:

$a > 0$: f streng monoton abnehmend in $]-\infty; s]$ und streng monoton zunehmend in $[s; \infty[$
$a < 0$: f streng monoton zunehmend in $]-\infty; s]$ und streng monoton abnehmend in $[s; \infty[$

- Extremwert:

$a > 0$: Die 2. Scheitelkoordinate t ist globales Minimum.
$a < 0$: Die 2. Scheitelkoordinate t ist globales Maximum.

5.2 Die Wurzelfunktionen

Quadratische Funktionen sind auf $\mathbb{R}$ nicht umkehrbar (↗ S. 17), da sie nicht eineindeutig sind. Durch Einschränkung des Definitionsbereichs auf Bereiche, in denen strenge Monotonie vorliegt, können für quadratische Funktionen abschnittsweise Umkehrfunktionen bestimmt werden.

Umkehrung der Quadratfunktion

Die Quadratfunktion $f: x \mapsto x^2$ ist für die Einschränkungen (↗ S. 11) auf $D_1 = [0; \infty[$ bzw. $D_2 =]-\infty; 0]$ umkehrbar.
$\boldsymbol{f_1: \mapsto x^2, D_1 = [0; \infty[}$**:** Die Umkehrfunktion ist die ***Wurzelfunktion*** $g_1: x \mapsto \sqrt{x}$ mit $D = \mathbb{R}_0^+$ und $W = \mathbb{R}_0^+$. Die Wurzelfunktion ist streng monoton zunehmend, ihr globales Minimum ist am Rand von D bei $x = 0$.
$\boldsymbol{f_2: \mapsto x^2, D_2 =]-\infty; 0]}$**:** Die Umkehrfunktion ist hier die Funktion $g_2: x \mapsto -\sqrt{x}$, mit $D = \mathbb{R}_0^+$ und $W = \mathbb{R}_0^-$. Sie ist streng monoton abnehmend, ihr globales Maximum ist am Rand von D bei $x = 0$. Ihr Graph entsteht aus dem Graphen der Wurzelfunktion durch Spiegelung an der x-Achse.

Die Graphen von

$f\colon x \mapsto x^2,$

$g_1\colon x \mapsto \sqrt{x},$

$g_2\colon x \mapsto -\sqrt{x}.$

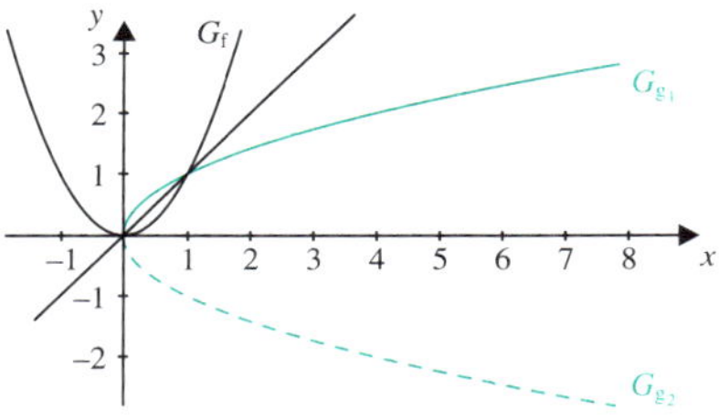

Umkehrungen quadratischer Funktionen

Die allgemeine quadratische Funktion $f\colon x \mapsto ax^2 + bx + c$, mit $a, b, c \in \mathbb{R}$ und $a \neq 0$ ist für die Einschränkungen auf die Bereiche $D_1 = \left[-\frac{b}{2a}; \infty\right[$ bzw. $D_2 = \left]-\infty;\ -\frac{b}{2a}\right]$ umkehrbar.
(Das sind die Bereiche jeweils „links bzw. rechts vom Scheitel".)
Die Vorschriften für die jeweilige Umkehrfunktion erhält man aus der Funktionsgleichung $y = ax^2 + bx + c$ durch Auflösen nach x und anschließendem Variablentausch (↗ S. 17).

Beispiel: $f\colon x \mapsto x^2 - 6x + 7,\ x \in \mathbb{R};\ W_f = [-2; \infty[$, Scheitel $(3|-2)$. f ist streng monoton zunehmend in $D_1 = [3; \infty[$ und streng monoton abnehmend in $D_2 =]-\infty; 3]$.
Bestimmung der Terme der Umkehrungen:

$$y = x^2 - 6x + 7 \Leftrightarrow x^2 - 6x + 7 - y = 0$$

Die Lösungen dieser quadratischen Gleichung sind:
$x = 3 + \sqrt{2 + y}$ oder
$x = 3 - \sqrt{2 + y}$.

Nach Variablentausch und Zuordnung zu den Bereichen D_1 und D_2 erhält man:
$f_1^{-1}\colon x \mapsto 3 + \sqrt{2 + x}$,
$x \in D = W_f = [-2; \infty[$
und $W = D_1 = [3; \infty[$.
$f_2^{-1}\colon x \mapsto 3 - \sqrt{2 + x}$,
$x \in D = W_f = [-2; \infty[$
und $W = D_2 =]-\infty; 3]$.

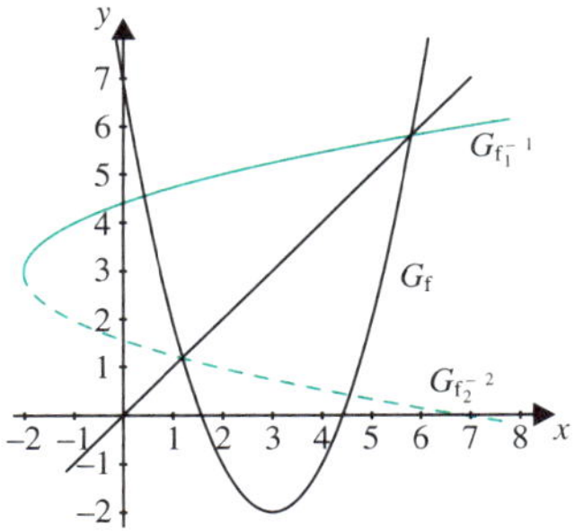

6 Potenzfunktionen

6.1 Potenzfunktionen mit natürlichen Exponenten

Eine Funktion $f\colon x \mapsto x^n$, $n \in \mathbb{N}$, heißt ***Potenzfunktion***. Ihr Graph heißt ***Parabel n-ter Ordnung***.
Der maximale Definitionsbereich ist $D = \mathbb{R}$.

Beispiele:

- $f\colon x \mapsto x^2$; $f\colon x \mapsto x^4$

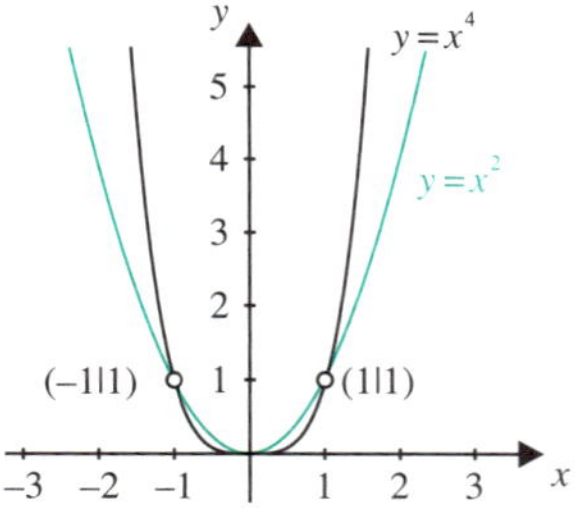

- $f\colon x \mapsto x^1$, $f\colon x \mapsto x^3$, $f\colon x \mapsto x^5$

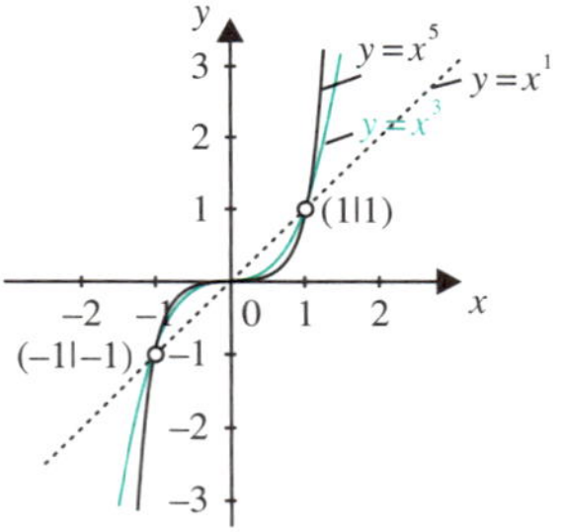

Eigenschaften

Für gerades n:
$(n = 2m, m \in \mathbb{N})$.

Wertemenge $W = \mathbb{R}_0^+$.

$x = 0$ ist Nullstelle gerader Ordnung ohne Vorzeichenwechsel. (↗ S. 39)

Gerade Funktion:
Mit $x \in D$ ist auch $-x \in D$ und
$(-x)^n = (-x)^{2m} = x^{2m} = x^n$.

Parabeln gerader Ordnung sind symmetrisch zur y-Achse.

f ist in $]-\infty; 0]$ streng monoton abnehmend, in $[0; \infty[$ streng monoton zunehmend.

Für ungerades n:
$(n = 2m - 1, m \in \mathbb{N})$.

Wertemenge $W = \mathbb{R}$.

$x = 0$ ist Nullstelle ungerader Ordnung mit Vorzeichenwechsel. (↗ S. 39)

Ungerade Funktion:
Mit $x \in D$ ist auch $-x \in D$ und
$(-x)^n = (-x)^{2m-1} = -x^{2m-1} = -x^n$.

Parabeln ungerader Ordnung sind punktsymmetrisch zum Ursprung.

f ist in $\mathbb{R}$ streng monoton zunehmend.

Globales Minimum bei $x = 0$.

Gemeinsame Punkte: (0|0), (−1|1), (1|1).

Kein Extremum.

Gemeinsame Punkte: (0|0), (−1|−1), (1|1).

6.2 Potenzfunktionen mit ganzzahligen negativen Exponenten

Eine Funktion $f\colon x \mapsto x^{-n}$, $n \in \mathbb{N}$, heißt ebenfalls ***Potenzfunktion***. Ihr Graph heißt ***Hyperbel n-ter Ordnung***. Eine Hyperbel besteht jeweils aus zwei Teilen, den Hyperbelästen.
Der maximale Definitionsbereich ist $D = \mathbb{R}\backslash\{0\}$.

Beispiele:

- $f\colon x \mapsto x^{-2}$; $f\colon x \mapsto x^{-4}$,

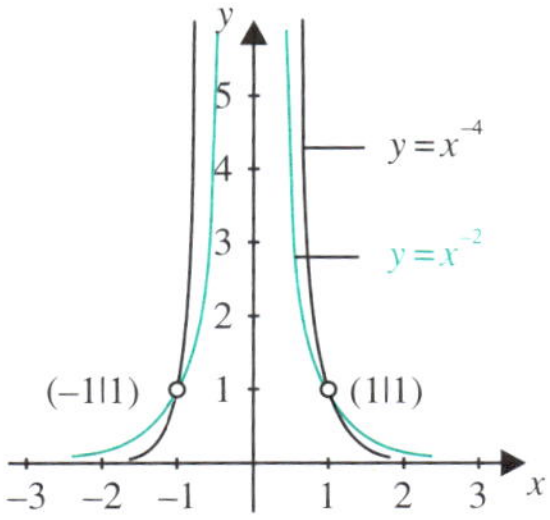

- $f\colon x \mapsto x^{-3}$; $f\colon x \mapsto x^{-5}$

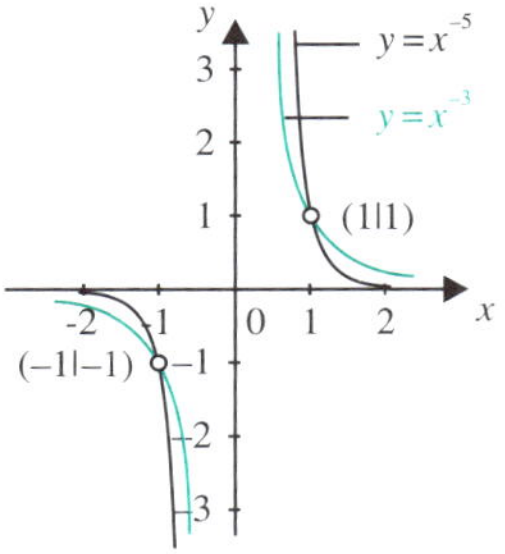

Eigenschaften

Für gerades n: ($n = 2m, m \in \mathbb{N}$).

Wertemenge $W = \mathbb{R}^+$.

Keine Nullstelle.

Gerade Funktion:
Mit $x \in D$ ist auch $-x \in D$ und
$(-x)^{-m} = (-x)^{-2m} = x^{-2m} = x^{-n}$.

Für ungerades n: ($n = 2m - 1, m \in \mathbb{N}$).

Wertemenge $W = \mathbb{R}\backslash\{0\}$.

Keine Nullstelle.

Ungerade Funktion:
Mit $x \in D$ ist auch $-x \in D$ und
$(-x)^{-n} = (-x)^{-2m-1} = -x^{-2m-1} = -x^{-n}$.

Eine Hyperbel gerader Ordnung ist symmetrisch zur y-Achse.

f ist in $]-\infty; 0[$ streng monoton zunehmend, in $]0; \infty[$ streng monoton abnehmend.

Gemeinsame Punkte: $(-1|1)$, $(1|1)$.

Eine Hyperbel ungerader Ordnung ist punktsymmetrisch zum Ursprung.

f ist in $]-\infty; 0[$ und in $]0; \infty[$ jeweils streng monoton abnehmend.

Gemeinsame Punkte: $(-1|-1)$, $(1|1)$.

Für die Hyperbeln ist die x-Achse Asymptote für $x \to \pm\infty$, die y-Achse vertikale Asymptote für $x \to 0$ (↗ S. 42).

6.3 Allgemeine Wurzelfunktion

Eine Potenzfunktion $f\colon x \mapsto x^{\frac{1}{n}}$, mit $n \in \mathbb{N}$ und $n > 1$, heißt wegen $x^{\frac{1}{n}} = \sqrt[n]{x}$ (allgemeine) ***Wurzelfunktion***. Ihr maximaler Definitionsbereich ist $D = \mathbb{R}_0^+$, die Wertemenge $W = \mathbb{R}_0^+$. Die Funktion ist in $\mathbb{R}_0^+$ streng monoton zunehmend. An der Nullstelle $x = 0$ befindet sich auch das globale Minimum. Die Graphen der Wurzelfunktionen sind Parabeläste und gehen alle durch die Punkte $(0|0)$ und $(1|1)$.

Beispiele:

- $y = x^{\frac{1}{2}}$,
- $y = x^{\frac{1}{3}}$,
- $y = x^{\frac{1}{4}}$,

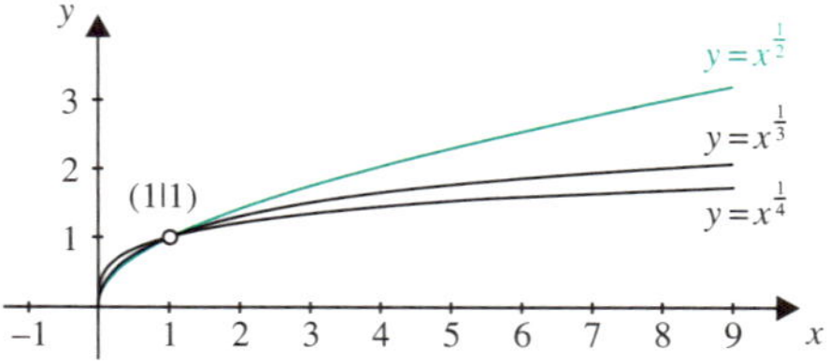

6.4 Umkehrbarkeit der Potenzfunktion $x \mapsto x^n$

Die Potenzfunktionen $f\colon x \mapsto x^n$ mit **geradem Exponenten** $n \in \mathbb{N}$ sind nicht eineindeutig auf $D = \mathbb{R}$. Sie sind deshalb nur abschnittsweise in den Bereichen strenger Monotonie umkehrbar. Für die Umkehrung gilt:

Bereich:	Potenzfunktion f	Umkehrfunktion f^{-1}	$D_{f^{-1}}$
$]-\infty; 0]$	$x \mapsto x^n$	$x \mapsto -x^{\frac{1}{n}} = -\sqrt[n]{x}$	$[0; \infty[$
$[0; \infty[$	$x \mapsto x^n$	$x \mapsto x^{\frac{1}{n}} = \sqrt[n]{x}$	$[0; \infty[$

Beispiel:

$[0; \infty[$ $\quad f: x \mapsto x^4$ $\quad f^{-1}: x \mapsto x^{\frac{1}{4}} = \sqrt[4]{x}$ $\quad [0; \infty[$

Graph siehe oben.

Analog gilt bei negativen Exponenten für $f: x \mapsto x^{-n}$, $n \in \mathbb{N}$:

Bereich	Potenzfunktion f	Umkehrfunktion f^{-1}	$D_{f^{-1}}$
$]-\infty; 0[$	$x \mapsto x^{-n}$	$x \mapsto -x^{-\frac{1}{n}} = -\frac{1}{\sqrt[n]{x}}$	$]0; \infty[$
$]0; \infty[$	$x \mapsto x^{-n}$	$x \mapsto x^{-\frac{1}{n}} = \frac{1}{\sqrt[n]{x}}$	$]0; \infty[$

Beispiel:

$]0; \infty[$ $\quad f: x \mapsto x^{-4}$ $\quad f^{-1}: x \mapsto x^{-\frac{1}{4}} = \frac{1}{\sqrt[4]{x}}$ $\quad]0; \infty[$

Graph ↗ S. 37 (rechte Abbildung)

Die Potenzfunktionen $f: x \mapsto x^n$ mit **ungeradem Exponenten** n sind eineindeutig auf $D = \mathbb{R}$. Sie sind deshalb in ganz $\mathbb{R}$ umkehrbar. Es gilt

für positive Exponenten:

$$f^{-1}: x \mapsto \begin{cases} \sqrt[n]{x}, & x \geq 0 \\ -\sqrt[n]{|x|}, & x < 0 \end{cases}$$

für negative Exponenten:

$$f^{-1}: x \mapsto \begin{cases} x^{-\frac{1}{n}} = \frac{1}{\sqrt[n]{x}}, & x > 0 \\ -|x|^{-\frac{1}{n}} = -\frac{1}{\sqrt[n]{|x|}}, & x < 0 \end{cases}$$

Beispiel: $f: x \mapsto x^3$,

$f^{-1}: x \mapsto \begin{cases} \sqrt[3]{x} & \text{für } x \geq 0 \\ -\sqrt[3]{|x|} & \text{für } x < 0 \end{cases}$

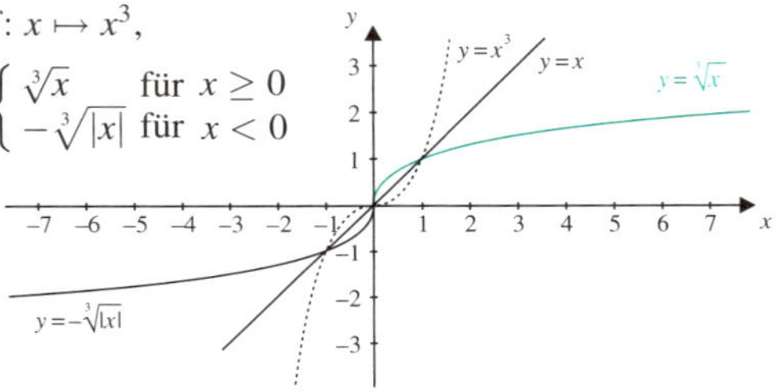

6.5 Potenzfunktionen mit rationalen Exponenten

$f: x \mapsto x^{\frac{m}{n}}$, $\frac{m}{n}$ ist ein gekürzter Bruch ($m \in \mathbb{Z}$, $n \in \mathbb{N}$).

Eigenschaften	für $\frac{m}{n} > 0$	für $\frac{m}{n} < 0$
Maximaler Definitionsbereich	$D = \mathbb{R}_0^+$	$D = \mathbb{R}^+$
Wertemenge	$W = \mathbb{R}_0^+$	$W = \mathbb{R}^+$
Graph	Parabel $\frac{m}{n}$-ter Ordnung	Hyperbel $\frac{m}{n}$-ter Ordnung
Nullstelle	$x = 0$	keine
Globales Minimum	$x = 0$	keines
Monotonie	in $\mathbb{R}_0^+$ streng monoton zunehmend	in $\mathbb{R}^+$ streng monoton abnehmend
Gemeinsame Punkte	$(0\|0)$, $(1\|1)$	$(1\|1)$
Asymptote	keine	x- und y-Achse
Die Funktionen $f: x \mapsto x^{\frac{m}{n}}$ und $g: x \mapsto x^{\frac{n}{m}}$ sind zueinander Umkehrfunktionen. Ihre Graphen liegen daher symmetrisch zur Geraden $y = x$.		

Beispiele:

- $y = x^{\frac{5}{2}}$ und $y = x^{\frac{2}{5}}$,
- $y = x^{6}$ und $y = x^{\frac{1}{6}}$,
- $y = x^{-\frac{2}{3}}$ und $y = x^{-\frac{3}{2}}$
- $y = x^{-4}$ und $y = x^{-\frac{1}{4}}$,

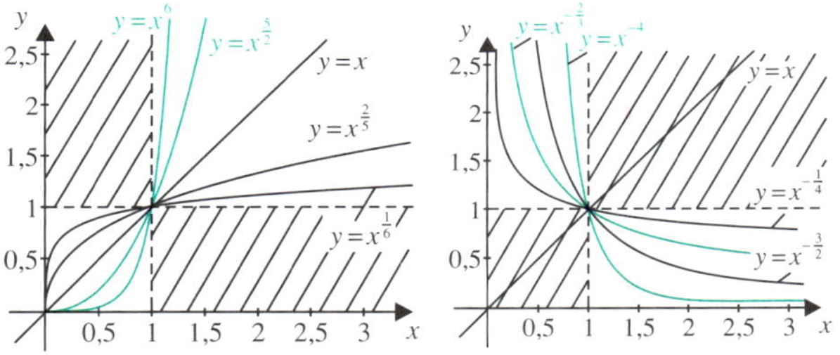

Die Graphen verlaufen jeweils in den nicht schraffierten Bereichen.

Weitergehend lassen sich Potenzfunktionen $f\colon x \mapsto x^{r}$, $r \in \mathbb{R}$, definieren. Deren Funktionswerte werden z. B. durch Intervallschachtelung durch Potenzen mit rationalen Exponenten dargestellt. Es gilt: $D = \mathbb{R}^{+}$ und $W = \mathbb{R}^{+}$. Auf Grund der Monotonieregel $\frac{m_1}{n_1} < r < \frac{m_2}{n_2} \Rightarrow x^{\frac{m_1}{n_1}} < x^{r} < x^{\frac{m_2}{n_2}}$ liegt der Graph der Potenzfunktion $f\colon x \mapsto x^{r}$ im I. Quadranten zwischen den Graphen mit $y = x^{\frac{m_1}{n_1}}$ und $y = x^{\frac{m_2}{n_2}}$.
Der I. Quadrant wird mit Ausnahme der Geraden x = 1 durch die Graphenschar der Potenzfunktionen $f\colon x \mapsto x^{r}$, $r \in \mathbb{R}$, vollständig überdeckt.

7 Polynomfunktionen

Ein Term $a_n x^n + a_{n-1}x^{n-1} + \ldots + a_1 x + a_0$, $n \in \mathbb{N}$, mit reellen Koeffizienten a_n, $a_{n-1}, \ldots, a_1$, a_0 heißt ***Polynom***. Ist $a_n \neq 0$, so hat das Polynom den ***Grad*** n.
Eine Funktion $f\colon x \mapsto f(x)$, $D = \mathbb{R}$, mit dem Funktionsterm $f(x) = a_n x^n + a_{n-1}x^{n-1} + \ldots + a_1 x + a_0$ nennt man ***Polynomfunktion*** oder ***ganz-rationale Funktion*** n-ten Grades. (Grad $f = n$ mit $a_n \neq 0$).

Beispiele:

- Grad $f = 0$: Die konstante Funktion $f\colon x \mapsto a,\ \ a \in \mathbb{R}$.
- Grad $f = 1$: Lineare Funktion: $f\colon x \mapsto 3x + 4$
- Grad $f = 5$: $f\colon x \mapsto -2x^5 + 4x^2 + 5x$

7.1 Eigenschaften von Polynomfunktionen

Symmetrie

Besitzt eine Polynomfunktion f mit $D = \mathbb{R}$ nur

- **geradzahlige Exponenten** (hierzu zählt auch die 0), dann gilt $f(-x) = f(x)$ für alle $x \in \mathbb{R}$. f ist eine gerade Funktion, ihr Graph ist achsensymmetrisch zur y-Achse.
- **ungeradzahlige Exponenten** und kein konstantes Glied a_0, dann gilt $f(-x) = -f(x)$ für alle $x \in \mathbb{R}$. f ist eine ungerade Funktion, ihr Graph ist punktsymmetrisch zum Ursprung.

Beispiele:

- Gerade Funktion: $f\colon x \mapsto 2x^6 - x^2 + 1$.
- Ungerade Funktion: $f\colon x \mapsto -1,5x^7 + 4x^5 - 2x^3$.

Beschränktheit, Verhalten für $x \to \pm\infty$

Ist eine Polynomfunktion f **gerade**, dann ist sie entweder nach oben oder unten beschränkt. Ist die Polynomfunktion f **ungerade**, dann ist sie nach oben und unten unbeschränkt.

Das Verhalten von f für $x \to \pm\infty$ wird allein durch das Glied $a_n x^n$ mit dem höchsten Exponenten von x bestimmt.
Merkregel: Es ist $\lim\limits_{x\to\pm\infty} f(x) =$ „Vorzeichen von a_n“ $\cdot \lim\limits_{x\to\pm\infty} x^n$.

Beispiele:

- Die gerade Funktion: $f\colon x \mapsto 2x^6 - x^2 + 2$ ist nach unten beschränkt, z. B. ist Null eine untere Schranke. Für $x \to -\infty$ bzw. $x \to \infty$ gilt: $\lim\limits_{x\to\infty} f(x) = \lim\limits_{x\to-\infty} f(x) = +\infty$.
- Die ungerade Funktion: $g\colon x \mapsto -1,5x^7 + 4x^5 - 2x^3$ ist unbeschränkt. Es gilt: $\lim\limits_{x\to-\infty} g(x) = +\infty$ und $\lim\limits_{x\to\infty} g(x) = -\infty$.

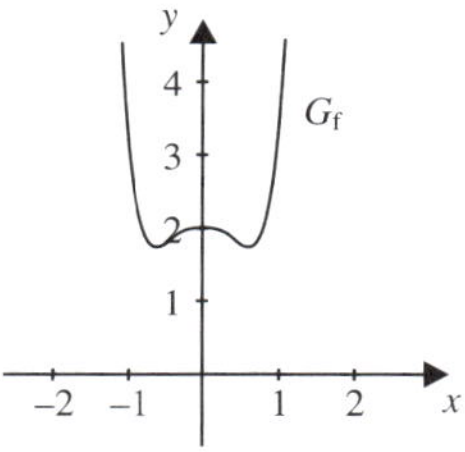

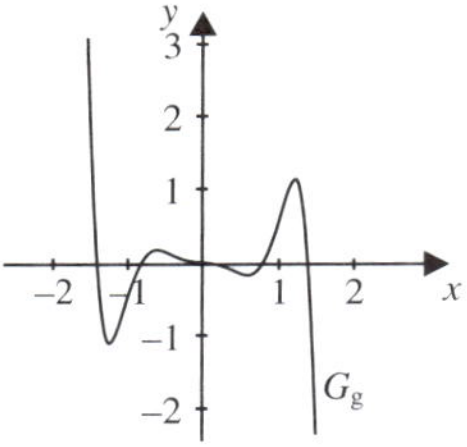

Nullstellen

Eine Polynomfunktion f mit dem Grad $f = n > 0$ hat höchstens n verschiedene Nullstellen.
Die Polynomfunktion $f\colon x \mapsto f(x) = a_n x^n + \ldots + a_1 x + a_0$ mit $x \in \mathbb{R}$ hat bei x_0 genau dann eine Nullstelle, wenn das Polynom $f(x)$ durch $(x - x_0)$ teilbar ist.
Das heißt, es gibt eine Zerlegung des Polynoms $f(x) = (x - x_0) \cdot (b_{n-1} x^{n-1} + \ldots + b_1 x + b_0)$ mit $b_{n-1} \neq 0$.

Lässt sich der Faktor $(x - x_0)$ k-mal ($k \in \mathbb{N}$) ausklammern, so heißt x_0 eine k-fache Nullstelle von f oder Nullstelle k-ter Ordnung von f.

Anwendung zur Nullstellenbestimmung: Ist eine Nullstelle von f bekannt, so kann der Term $f(x)$ durch ***Polynomdivision*** im Grad reduziert werden. Dadurch lassen sich eventuell weitere Nullstellen leichter ermitteln.

Beispiel: Für $f\colon x \mapsto x^3 + x^2 - 5x + 3,\ x \in \mathbb{R}$ ist die Nullstelle $x_0 = 1$ bekannt. Die Polynomdivision ergibt:

$$
\begin{array}{l}
(x^3 + x^2 - 5x + 3) : (x - 1) = x^2 + 2x - 3 \\
\underline{-(x^3 - x^2)} \\
\qquad 2x^2 - 5x \\
\quad \underline{-(2x^2 - 2x)} \\
\qquad\qquad -3x + 3 \\
\qquad\quad \underline{-(-3x + 3)} \\
\qquad\qquad\qquad 0
\end{array}
$$

Somit: $f(x) = (x - 1) \cdot (x^2 + 2x - 3)$.

Der Term $x^2 + 2x - 3$ besitzt die Nullstellen $x_1 = 1$ und $x_2 = -3$.
(Lösungen der quadratischen Gleichung: $x^2 + 2x - 3 = 0$.)

Damit ergibt sich als Zerlegung: $f(x) = (x - 1)^2 \cdot (x + 3)$.
$x = 1$ ist also doppelte Nullstelle, $x = -3$ einfache Nullstelle.

Vorzeichenbereiche und grober Verlauf des Graphen

Kennt man die Nullstellen einer Polynomfunktion f und damit die Faktorzerlegung von $f(x)$, so lassen sich die ***Vorzeichenbereiche*** für $f(x)$ aus den Vorzeichen der einzelnen Faktoren bestimmen. Dabei gilt: Ein Vorzeichenwechsel von $f(x)$ tritt nur bei Nullstellen ungerader Vielfachheit auf.

Durch Kennzeichnung der entsprechenden Bereiche im Koordinatensystem erhält man die Felder, in denen der Graph G_f nicht verlaufen kann. Überlegungen zum Grenzverhalten und zu Extremwerten geben weitere Anhaltspunkte zum groben Verlauf von G_f. Ein genauere Untersuchung erfolgt durch eine Kurvendiskussion (↗ S. 82).

Beispiel: $f\colon x \mapsto x^3 + x^2 - 5x + 3 = (x-1)^2 \cdot (x+3)$.

Vorzeichentabelle:	$x < -3$	$-3 < x < 1$	$1 < x$
Vorzeichen von $(x - 1)^2$:	+	+	+
Vorzeichen von $(x + 3)$:	–	+	+
Vorzeichen von $f(x)$:	–	+	+

$f(x)$ kann sein Vorzeichen nur an der einfachen Nullstelle $x = -3$ wechseln.

Verhalten für $x \mapsto \pm\infty$: $\lim\limits_{x\to-\infty} f(x) = -\infty$, $\lim\limits_{x\to\infty} f(x) = +\infty$.

Extrema: Da f bei $x = -3$ und $x = 1$ eine Nullstelle besitzt und dazwischen positiv ist, muss f im Intervall $]-3;1[$ ein lokales Maximum besitzen. Weiter ist f in einer Umgebung (↗ S. 54) von $x = 1$ positiv, daher besitzt f bei $x = 1$ ein lokales Minimum.

Durch ergänzende Berechnung einiger Funktionswerte erhält man den groben Verlauf des Graphen.

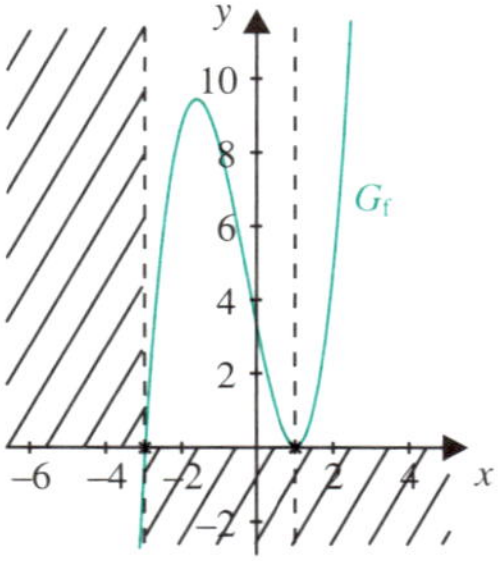

8 Rationale Funktionen

Sind $u(x)$ und $v(x)$ Polynome, dann heißt die Funktion

$f\colon x \mapsto \frac{u(x)}{v(x)}$ ***rationale Funktion***. (Dabei darf $v(x)$ nicht konstant Null sein.)

Ihr maximaler Definitionsbereich ist $\mathbb{R}$ mit Ausnahme der Nullstellen des Nennerpolynoms $v(x)$: $D = \mathbb{R}\setminus\{x | v(x) = 0\}$.

Beispiele:

- $f\colon x \mapsto \frac{x-1}{x+1}$; $D = \mathbb{R}\setminus\{-1\}$
- $f\colon x \mapsto \frac{x-3}{(x-2)(x-1)}$; $D = \mathbb{R}\setminus\{1; 2\}$
- $f\colon x \mapsto \frac{4x^2+6x-3}{2} = 2x^2 + 3x - 1{,}5$; $D = \mathbb{R}$

Ist $v(x)$ eine Konstante, so ist f eine Polynomfunktion. Die Polynomfunktionen gehören also zu den rationalen Funktionen, daher auch deren Bezeichnung ***ganz-rationale Funktion***. Ist eine rationale Funktion nicht ganz-rational, nennt man sie ***gebrochen-rational***.

8.1 Eigenschaften rationaler Funktionen

Nullstellen

$f\colon x \mapsto \frac{u(x)}{v(x)}$ hat an der Stelle $x_0 \in D$ (d. h. $v(x_0) \neq 0$) genau dann eine Nullstelle, wenn $u(x_0) = 0$.

Definitionslücken

An den Nullstellen des Nennerpolynoms $v(x)$ ist eine rationale Funktion nicht definiert. An einer solchen Definitionslücke x_0 besitzt f entweder eine ***Polstelle*** (oder ***Unendlichkeitsstelle***) (↗ S. 60) oder eine ***stetig hebbare Definitionslücke*** (↗ S. 65), wenn $\lim\limits_{x \to x_0} f(x) = c$, $c \in \mathbb{R}$.

Ist x_0 sowohl eine Nullstelle des Nenners $v(x)$ als auch des Zählers $u(x)$, so kann der Funktionsterm $f(x)$ durch Kürzen des Faktors $(x - x_0)$ vereinfacht werden. Nach wie vor ist aber $x_0 \notin D$.

Polstellen

x_0 ist genau dann eine ***Polstelle*** von f, wenn nach dem vollständigen Kürzen gilt: x_0 ist Nullstelle des Nenners, aber keine Nullstelle des Zählers. Ist x_0 k-fache ($k \in \mathbb{N}$) Nullstelle des gekürzten Nenners, so heißt x_0 k-fache Polstelle.

Die Funktion f wechselt an Polstellen ungerader Vielfachheit (k ist ungerade) ihr Vorzeichen, d. h. insbesondere:
An Polstellen ungerader Vielfachheit haben die einseitigen Grenzwerte für $x \to x_0$ verschiedene Vorzeichen, an Polstellen gerader Vielfachheit gleiche Vorzeichen.

Asymptoten

„Vertikale" Asymptote: An einer Polstelle x_0 hat der Graph G_f von f die vertikale Asymptote $x = x_0$ (↗ S. 60).
Für $x \to \pm\infty$ werden Asymptoten folgendermaßen bestimmt:
„Horizontale" Asymptote: Gilt $\lim\limits_{x \to \pm\infty} f(x) = c$, so hat G_f die horizontale Asymptote $x = c$ (↗ S. 61). Erkennungsmerkmal:

Zähler- und Nennerpolynom haben den gleichen Grad.
„Schräge" Asymptote: Divergiert f für $x \to \pm\infty$, so kann $f(x)$ evtl. durch Polynomdivision in einen ganzrationalen Teil $g(x)$ und einen gebrochen-rationalen Restteil $r(x)$ zerlegt werden: $f(x) = g(x) + r(x)$. Für die Funktion $g: x \mapsto g(x)$ gilt dann: $\lim\limits_{x \to \pm\infty} [f(x) - g(x)] = 0$. Ist g eine lineare Funktion, dann heißt die Gerade $y = g(x)$ (schräge) Asymptote von G_f.

Erkennungsmerkmal: Der Grad des Zählerpolynoms ist genau um 1 größer als der Grad des Nennerpolynoms.

Zusammenfassendes Beispiel: $f\colon x \mapsto \dfrac{x^3 - x^2 - x + 1}{4x^2 + 16x + 12}$

- Bestimmung der Nullstellen des Zählers und des Nenners: $u(x) = x^3 - x^2 - x + 1 = 0 \Leftrightarrow x = -1$ oder $x = 1$ (doppelte Nullstelle); $v(x) = 4x^2 + 16x + 12 = 0 \Leftrightarrow x = -3$ oder $x = -1$.

Damit erhält man: $D = \mathbb{R}\setminus\{-3; -1\}$.
$x = 1$ ist (doppelte) Nullstelle von f, da $u(1) = 0$ und $v(1) \neq 0$. Vereinfachen von $f(x)$: Für $x \in \mathbb{R}\setminus\{-3; -1\}$ ist

$$f(x) = \frac{x^3 - x^2 - x + 1}{4x^2 + 16x + 12} = \frac{(x+1)(x-1)^2}{4(x+3)(x+1)} = \frac{(x-1)^2}{4(x+3)}.$$

- Verhalten an den Definitionslücken:

$x = -3$: (Einfache) Polstelle, da $x = -3$ (einfache) Nullstelle des Nenners $4(x+3)$ ist, jedoch keine Nullstelle des Zählers $(x-1)^2$.

- Verhalten an der Polstelle:

$\lim\limits_{\substack{x \to -3 \\ x < -3}} f(x) = -\infty$ und $\lim\limits_{\substack{x \to -3 \\ x > -3}} f(x) = +\infty$

$x = -1$: Stetig hebbare Definitionslücke (↗ S. 65 f.), da $\lim\limits_{\substack{x \to -1 \\ x < -1}} f(x) = \lim\limits_{\substack{x \to -1 \\ x > -1}} f(x) = -0{,}5$. Bei $x = -1$ hat der Graph G_f eine Lücke.

- Bestimmung der Asymptoten:

„Vertikale" Asymptote $x = -3$ (Polstelle).
Die „schräge" Asymptote erhält man durch Polynomdivision:
$(x-1)^2 : [4(x+3)] = (x^2 - 2x + 1) : (4x + 12) =$

$$\frac{1}{4}x - \frac{5}{4} + \frac{16}{4x + 12}.$$

Es gilt also für f: $f(x) = \frac{1}{4}x - \frac{5}{4} + \frac{16}{4x + 12} = g(x) + r(x)$ mit $g(x) = \frac{1}{4}x - \frac{5}{4}$ und $r(x) = \frac{16}{4x + 12}$.

Wegen $\lim\limits_{x \to \pm\infty} [f(x) - g(x)] = \lim\limits_{x \to \pm\infty} [r(x)] = \lim\limits_{x \to \pm\infty} \frac{16}{4x + 12} = 0$ ist die Gerade g: $y = \frac{1}{4}x - \frac{5}{4}$ schräge Asymptote von G_f.

Durch ergänzende Berechnung einiger Funktionswerte erhält man den groben Verlauf des Graphen. Genauere Untersuchungen erfolgen in einer Kurvendiskussion (↗ S. 82).

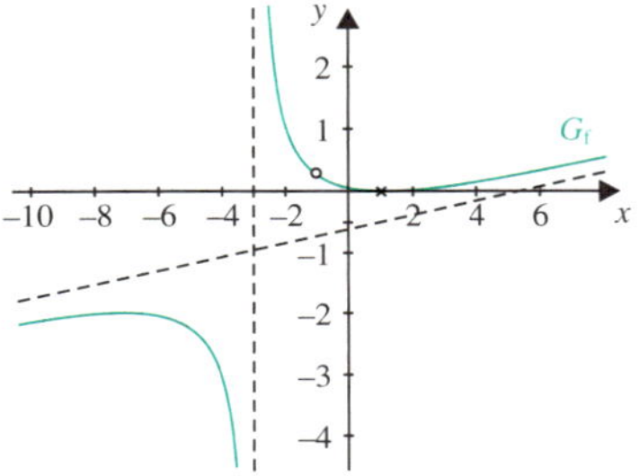

9 Exponential- und Logarithmusfunktionen

9.1 Exponentialfunktionen

Eine Funktion f: $x \mapsto a^x$, mit $a \in \mathbb{R}^+ \setminus \{1\}$ heißt ***Exponentialfunktion***. Der maximale Definitionsbereich ist $D = \mathbb{R}$, die Wertemenge ist dann $W = \mathbb{R}^+$.

Beispiele:

- $y = 2^x$
- $y = 8^x$
- $y = \left(\frac{1}{2}\right)^x$
- $y = \left(\frac{1}{8}\right)^x$

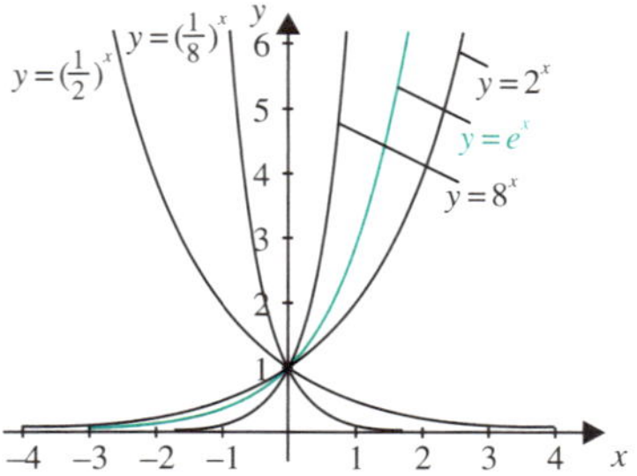

Natürliche Exponentialfunktion oder *e*-Funktion

- f: $x \mapsto e^x$ mit $e = 2{,}7182818\ldots$ (Eulersche Zahl)

Eigenschaften von Exponentialfunktionen

Nullstellen: Exponentialfunktionen besitzen keine Nullstelle.
Gemeinsamer Punkt aller Exponentialkurven ist (0|1).
Monotonie: Die Exponentialfunktionen sind in ganz $\mathbb{R}$ für $0 < a < 1$ streng monoton abnehmend, für $a > 1$ streng monoton zunehmend. Es existieren keine Extrema.

Asymptote: Die x-Achse ist Asymptote der Exponentialkurven. Es gilt für $0 < a < 1$: $\lim\limits_{x \to \infty} a^x = 0$ und für $a > 1$: $\lim\limits_{x \to -\infty} a^x = 0$.

Uneigentliche Grenzwerte: Es ist für $0 < a < 1$: $\lim\limits_{x \to -\infty} a^x = \infty$ und für $a > 1$: $\lim\limits_{x \to \infty} a^x = \infty$.

Zusammenhang von Graphen: Die Graphen mit den Funktionsgleichungen $y = a^x$ und $y = \left(\frac{1}{a}\right)^x = a^{-x}$ sind zueinander achsensymmetrisch bezüglich der y-Achse.

Zusammenhang mit der *e*-Funktion: Wegen $a^x = (e^{\ln a})^x = e^{x \cdot \ln a}$ lässt sich jede Exponentialfunktion $x \mapsto a^x$ auf die *e*-Funktion zurückführen.

Anwendung der Exponentialfunktionen: Wachstumsprozesse (z. B. bei Bakterienkulturen) oder Abklingprozesse (z. B. beim radioaktiven Zerfall), bei denen die Veränderungsrate zu jedem Zeitpunkt (zumindest annähernd) konstant ist, können durch Exponentialfunktionen beschrieben werden.

9.2 Logarithmusfunktionen

Eine Funktion $f: x \mapsto \log_a x$, mit $a \in \mathbb{R}^+ \setminus \{1\}$ heißt ***Logarithmusfunktion***. Der maximale Definitionsbereich ist $D = \mathbb{R}^+$, die Wertemenge ist dann $W = \mathbb{R}$.

Beispiele:

- $y = \log_2 x$
- $y = \log_{10} x$
- $y = \log_{\frac{1}{2}} x$

Natürliche Logarithmusfunktion

- $f: x \mapsto \log_e x = \ln x$ mit der Basis $e = 2{,}7182818\ \ldots$ (Eulersche Zahl)

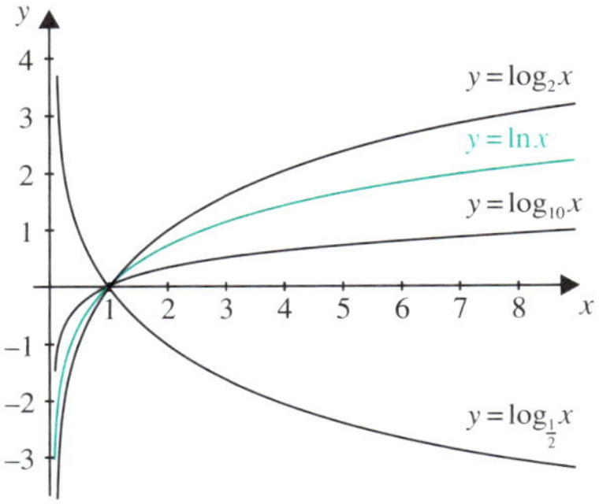

Eigenschaften von Logarithmusfunktionen

Nullstellen: Alle Logarithmusfunktionen besitzen die Nullstelle $x_0 = 1$.

Gemeinsamer Punkt aller Logarithmuskurven ist $(1|0)$.

Monotonie: Die Logarithmusfunktionen sind im ganzen Definitionsbereich $\mathbb{R}^+$ für $0 < a < 1$ streng monoton abnehmend, für $a > 1$ streng monoton zunehmend. Es existieren keine Extrema.

Asymptote: Die y-Achse ist vertikale Asymptote der Logarithmuskurven. Es gilt für $0 < a < 1$: $\lim\limits_{\substack{x \to 0 \\ x>0}} \log_a x = +\infty$ und für $a > 1$: $\lim\limits_{\substack{x \to 0 \\ x>0}} \log_a x = -\infty$.

Uneigentliche Grenzwerte: Es ist für $0 < a < 1$: $\lim\limits_{x \to \infty} \log_a x = -\infty$ und für $a > 1$: $\lim\limits_{x \to \infty} \log_a x = \infty$.

Zusammenhang von Graphen: Die Graphen mit den Funktionsgleichungen $y = \log_a x$ und $y = \log_{\frac{1}{a}} x$ sind zueinander symmetrisch bezüglich der x-Achse.

Zusammenhang mit der ln-Funktion: Wegen

$\log_a x = \frac{1}{\ln a} \cdot \ln x$ (Basiswechsel) lässt sich jede Logarithmusfunktion $x \mapsto \log_a x$ auf die ln-Funktion zurückführen.

9.3 Zusammenhang zwischen Exponential- und Logarithmusfunktionen

Exponentialfunktionen $f\colon x \mapsto a^x$ und Logarithmusfunktionen $g\colon x \mapsto \log_a x$ sind Umkehrfunktionen (↗ S. 17) zueinander. Die Graphen liegen symmetrisch zur Geraden $y = x$.

Beispiele:

- $f_1\colon x \mapsto \left(\frac{1}{2}\right)^x$ und $g_1\colon x \mapsto \log_{\frac{1}{2}} x$
- $f_2\colon x \mapsto e^x$ und $g_2\colon x \mapsto \ln x$

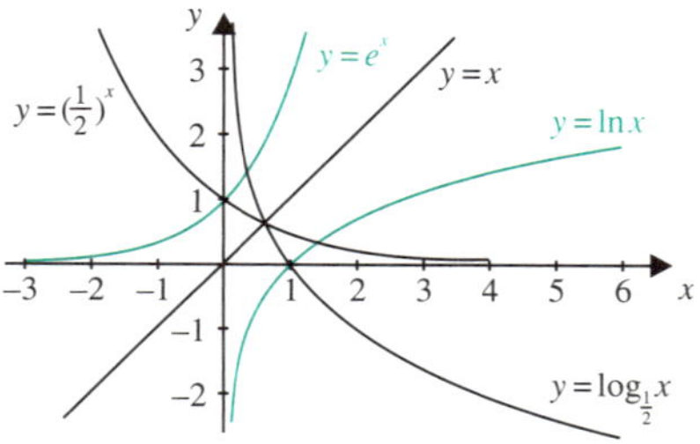

10 Trigonometrische Funktionen

10.1 Sinus- und Kosinusfunktion

Die Funktion sin: $x \mapsto \sin x$, $x \in \mathbb{R}$, heißt ***Sinusfunktion***, ihr Graph ***Sinuskurve***. Die Funktion cos: $x \mapsto \cos x$, $x \in \mathbb{R}$, heißt ***Kosinusfunktion***, ihr Graph ***Kosinuskurve***.
x ist dabei im Bogenmaß angegeben.
sin und cos besitzen den maximalen Definitionsbereich $D = \mathbb{R}$, die Wertemenge ist dann jeweils $W = [-1;\ 1]$. sin und cos sind periodisch mit der Periodenlänge $p = 2\pi$ (kleinste Periode). Jede Zahl $k \cdot 2\pi$ ($k \in \mathbb{Z}$) ist ebenfalls eine Periode.

Graphen

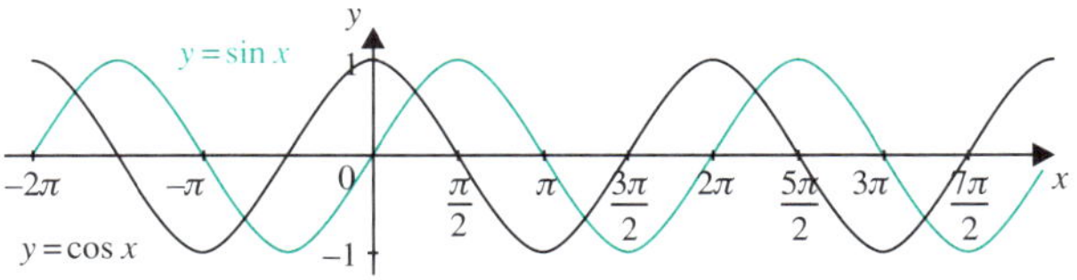

Weitere Eigenschaften

- **Sinusfunktion**:

Nullstellen bei $x_k = k \cdot \pi,\ k \in \mathbb{Z}$.

Extrema: lokale Maxima bei $x_k = (2k + 0{,}5) \cdot \pi$, lokale

Minima bei $x_k = (2k - 0{,}5) \cdot \pi$ mit $k \in \mathbb{Z}$.

Monotonie: sin ist zwischen benachbarten Extremstellen streng monoton:
streng monoton zunehmend in $[(2k - 0{,}5) \cdot \pi;\ (2k + 0{,}5) \cdot \pi]$;
streng monoton abnehmend in $[(2k + 0{,}5) \cdot \pi;\ (2k + 1{,}5) \cdot \pi]$.

Symmetrie: sin ist eine ungerade Funktion: für alle $x \in \mathbb{R}$ gilt $\sin(-x) = -\sin x$. Die Sinuskurve ist somit punktsymmetrisch zum Ursprung und zu den Schnittpunkten mit der x-Achse sowie achsensymmetrisch zu den senkrechten Geraden $x = (k + 0{,}5) \cdot \pi$ durch die Extrempunkte.

- **Kosinusfunktion:**
Nullstellen bei $x_k = (k + 0{,}5) \cdot \pi,\ k \in \mathbb{Z}$.

Extrema: lokale Maxima bei $x_k = 2k \cdot \pi$, lokale Minima bei $x_k = (2k - 1) \cdot \pi$ mit $k \in \mathbb{Z}$.

Monotonie: cos ist zwischen benachbarten Extremstellen streng monoton: zunehmend in $[(2k - 1) \cdot \pi;\ 2k \cdot \pi]$; abnehmend in $[2k \cdot \pi;\ (2k + 1) \cdot \pi]$.

Symmetrie: cos ist eine gerade Funktion: für alle $x \in \mathbb{R}$ gilt $\cos(-x) = \cos x$. Die Kosinuskurve ist somit achsensymmetrisch zur y-Achse und zu den Geraden $x = k \cdot \pi$ durch die Extrempunkte sowie punktsymmetrisch zu den Schnittpunkten mit der x-Achse.

10.2 Tangens- und Kotangensfunktion

Die Funktion tan: $x \mapsto \tan x$ heißt ***Tangensfunktion***, ihr Graph ***Tangenskurve***. $D = \mathbb{R} \setminus \{x | x = (k + 0{,}5) \cdot \pi,\ k \in \mathbb{Z}\}$ ist der maximale Definitionsbereich mit der Wertemenge $W = \mathbb{R}$. Die Funktion cot: $x \mapsto \cot x$ heißt ***Kotangensfunktion***, ihr Graph ***Kotangenskurve***. Ihr maximaler Definitionsbereich ist $D = \mathbb{R} \setminus \{x | x = k \cdot \pi,\ k \in \mathbb{Z}\}$ mit der Wertemenge $W = \mathbb{R}$. tan und cot sind periodisch mit der Periodenlänge $p = \pi$ (kleinste Periode). Jede Zahl $k \cdot \pi$ ($k \in \mathbb{Z}$) ist ebenfalls eine Periode.

Graphen

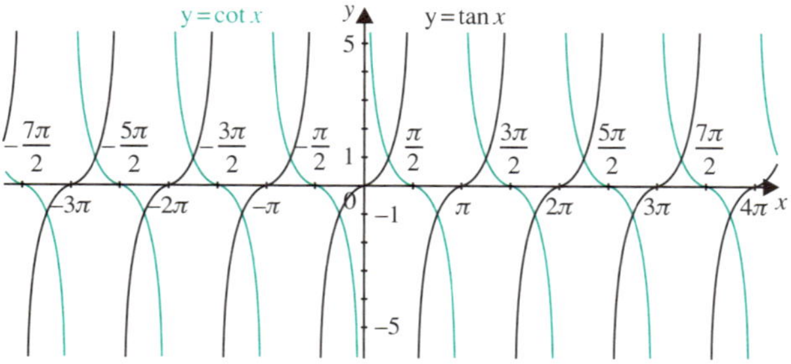

Weitere Eigenschaften

- **Tangensfunktion:**

Nullstellen bei $x_k = k \cdot \pi$, $k \in \mathbb{Z}$.

Unendlichkeitsstellen und Asymptoten: Die Definitionslücken $x_k = (k + 0{,}5) \cdot \pi$, $k \in \mathbb{Z}$, sind Unendlichkeitsstellen mit $\lim\limits_{\substack{x \to x_k \\ x < x_k}} \tan x = +\infty$ und $\lim\limits_{\substack{x \to x_k \\ x > x_k}} \tan x = -\infty$. Die Geraden mit $x_k = (k + 0{,}5) \cdot \pi$, $k \in \mathbb{Z}$, sind „vertikale" Asymptoten.

Monotonie: tan ist in den Intervallen $](k - 0{,}5) \cdot \pi; (k + 0{,}5) \cdot \pi[$, $k \in \mathbb{Z}$ zwischen den benachbarten Definitionslücken jeweils streng monoton zunehmend. tan besitzt keine Extrema.

Symmetrie: tan ist eine ungerade Funktion: $\tan(-x) = -\tan x$. Die Tangenskurve ist somit punktsymmetrisch zum Ursprung. Weiter ist sie punktsymmetrisch zu allen Schnittpunkten mit der x-Achse.

- **Kotangensfunktion:**

Nullstellen bei $x_k = (k + 0{,}5) \cdot \pi$, $k \in \mathbb{Z}$.

Unendlichkeitsstellen und Asymptoten: Die Definitionslücken $x_k = k \cdot \pi$, $k \in \mathbb{Z}$, sind Unendlichkeitsstellen mit $\lim\limits_{\substack{x \to x_k \\ x < x_k}} \cot x = -\infty$ und $\lim\limits_{\substack{x \to x_k \\ x > x_k}} \cot x = +\infty$. Die Geraden mit $x_k = k \cdot \pi$, $k \in \mathbb{Z}$, sind „vertikale" Asymptoten.

Monotonie: cot ist in den Intervallen $]k \cdot \pi; (k + 1) \cdot \pi[$, $k \in \mathbb{Z}$ zwischen den benachbarten Definitionslücken jeweils streng monoton abnehmend. cot besitzt keine Extrema.

Symmetrie: cot ist eine ungerade Funktion: $\cot(-x) = -\cot x$. Die Kotangenskurve ist somit punktsymmetrisch zum Ursprung. Weiter ist sie punktsymmetrisch zu allen Schnittpunkten mit der x-Achse.

11 Folgen und Reihen

11.1 Zahlenfolgen

Eine reellwertige Funktion $a\colon n \mapsto a(n);\ n \in \mathbb{N}$ heißt ***Zahlenfolge***. Es gilt also $D = \mathbb{N}$. Der Graph einer Folge besteht aus einzelnen Punkten im Koordinatensystem.
Für den Funktionsterm $a(n)$ schreibt man meist a_n, die Zahlenfolgen selbst bezeichnet man mit (a_n). Diese Angabe nennt man ***explizite*** Definition der Zahlenfolge, jedes Glied der Folge kann dadurch sofort berechnet werden.

Beispiele:

- Folge der natürlichen Zahlen: 1; 2; 3; 4; 5; … $a_n = n;\ n \in \mathbb{N}$
- Eine so genannte alternierende Folge mit von Folgenglied zu Folgenglied wechselndem Vorzeichen:

$$-1;\ \frac{1}{2};\ -\frac{1}{3};\ \frac{1}{4};\ -\frac{1}{5};\ \dots \qquad a_n = (-1)^n \cdot \frac{1}{n};\ n \in \mathbb{N}$$

Zahlenfolgen werden oft auch ***rekursiv*** definiert. Dabei wird ausgehend vom Anfangsglied a_1 jedes weitere Glied der Folge schrittweise berechnet.

Beispiele: Rekursionsformeln (Es gilt jeweils $n \in \mathbb{N}$.):

- Folge der natürlichen Zahlen: $a_1 = 1,\ a_n = a_{n-1} + 1;\ n \geq 2$
- Folge der Quadratzahlen: $a_1 = 1,\ a_n = a_{n-1} + (2n - 1);\ n \geq 2$
- Folge der Fakultäten (↗ S. 196): 1; 2; 6; 24; 120; …
  Rekursive Definition: $a_1 = 1;\ a_n = n \cdot a_{n-1};\ n \geq 2$
  Explizite Definition: $a_n = n! = 1 \cdot 2 \cdot \ldots \cdot n$
- Folge der Fibonacci-Zahlen: 1; 1; 2; 3; 5; 8; 13; …
  $a_1 = a_2 = 1;\ a_n = a_{n-1} + a_{n-2};\ n \geq 3$

Für Folgen lassen sich dieselben Begriffe wie bei den Funktionen zur Beschreibung verwenden: Monotonie, Beschränktheit, Periodizität, Minimum, Maximum.

11.2 Arithmetische Zahlenfolgen

Eine Zahlenfolge, in der die Differenz $d = a_{n+1} - a_n,\ n \in \mathbb{N}$, zweier aufeinander folgender Glieder immer konstant ist, heißt ***arithmetische Zahlenfolge***.

Die Bezeichnung arithmetische Zahlenfolge kommt daher, dass von drei aufeinander folgenden Gliedern a_n, a_{n+1} und a_{n+2} das mittlere Glied gleich dem arithmetischen Mittel der beiden äußeren Glieder ist: $a_{n+1} = \frac{a_n + a_{n+2}}{2}$, $n \in \mathbb{N}$.
Für arithmetische Zahlenfolgen gilt: $a_n = a_1 + (n-1) \cdot d, n \in \mathbb{N}$.

Beispiele:

- $-1; 0{,}5; 2; 3{,}5; 5; \ldots\ a_n = -1 + (n-1) \cdot 1{,}5;\ n \in \mathbb{N}$, also $d = 1{,}5$; oder rekursiv definiert: $a_1 = -1,\ a_{n+1} = a_n + 1{,}5$.
- $1; 0{,}5; 0; -0{,}5; -1; \ldots\ a_n = 1 + (n-1) \cdot (-0{,}5);\ n \in \mathbb{N}$, also $d = -0{,}5$; oder rekursiv definiert: $a_1 = 1,\ a_{n+1} = a_n - 0{,}5$.

Eine arithmetische Zahlenfolge mit der Differenz $d = a_{n+1} - a_n$

- ist für $d > 0$ streng monoton zunehmend,
- ist für $d = 0$ konstant und
- ist für $d < 0$ streng monoton abnehmend.

Die Punkte $P_n(n | a_n), n \in \mathbb{N}$, die den Graphen einer arithmetische Zahlenfolge mit
$a_n = a_1 + (n-1) \cdot d, n \in \mathbb{N}$,
bilden, liegen auf der Geraden mit der Gleichung
$y = d \cdot x + (a_1 - d), x \in \mathbb{R}$.

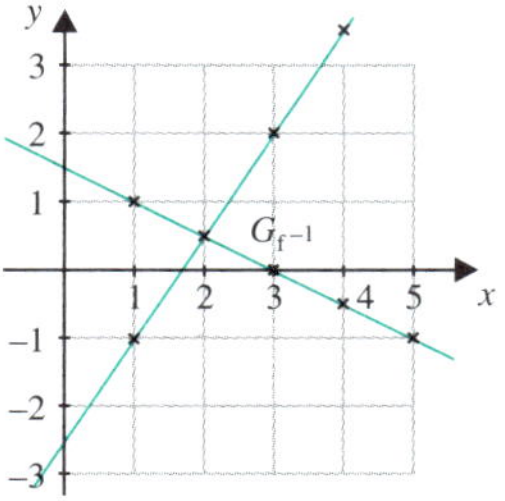

Beispiel: Für die obigen Beispiele erhält man:
$y = 1{,}5x + (-1 - 1{,}5) = 1{,}5x - 2{,}5$
$y = -0{,}5x + (1 - (-0{,}5)) = -0{,}5x + 1{,}5$

11.3 Geometrische Zahlenfolgen

Eine Zahlenfolge, in der der Quotient $q = a_{n+1} : a_n$, $n \in \mathbb{N}$, zweier aufeinander folgender Glieder immer konstant ist, heißt ***geometrische Zahlenfolge***.
Die Bezeichnung geometrische Zahlenfolge kommt daher, dass von drei aufeinander folgenden Gliedern a_n, a_{n+1} und a_{n+2} das mittlere Glied gleich dem geometrischen Mittel der

beiden äußeren Glieder ist: $|a_{n+1}| = \sqrt{a_n \cdot a_{n+2}}, n \in \mathbb{N}$.
Für geometrische Zahlenfolgen gilt: $a_n = a_1 \cdot q^{n-1}; n \in \mathbb{N}$.

Beispiele:

- 0,25; 0,5; 1; 2; 4; 8; ... $a_n = 0{,}25 \cdot 2^{n-1}; n \in \mathbb{N}$, also $q = 2$; oder rekursiv definiert: $a_1 = 0{,}25$; $a_{n+1} = a_n \cdot 2$.
- $3; -1; \frac{1}{3}; -\frac{1}{9}; \frac{1}{27}; \ldots$ $a_n = 3 \cdot \left(-\frac{1}{3}\right)^{n-1}, n \in \mathbb{N}$, also $q = -\frac{1}{3}$; oder rekursiv definiert: $a_1 = 3$; $a_{n+1} = -\frac{1}{3} \cdot a_n$.

Eine geometrische Zahlenfolge mit $a_n = a_1 \cdot q^{n-1}$, $n \in \mathbb{N}$,

- ist für $q > 1$ und $a_1 > 0$ streng monoton zunehmend,
- ist für $q = 1$ konstant und
- ist für $0 < q < 1$ und $a_1 > 0$ streng monoton abnehmend und nach unten beschränkt.

Die Punkte $P_n(n|\,a_n)$, $n \in \mathbb{N}$, die den Graphen einer geometrische Zahlenfolge mit $a_n = a_1 \cdot q^{n-1}, n \in \mathbb{N}$ bilden, liegen für $a_1 > 0$ und $q > 0$ auf einer Exponentialkurve mit der Gleichung $y = \frac{a_1}{q} \cdot q^x,\ x \in \mathbb{R}$.

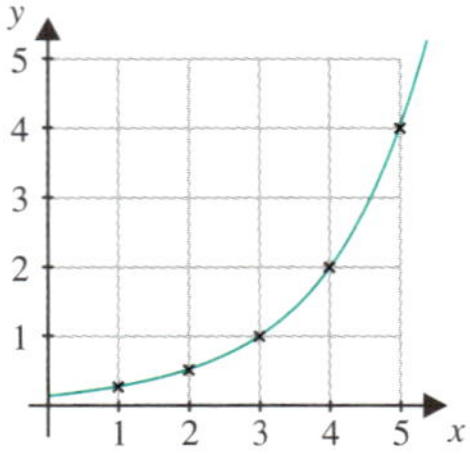

Beispiel:
Für das erste obige Beispiel erhält man: $y = 0{,}125 \cdot 2^x$.

11.4 Reihen

Eine endliche Summe $a_1 + a_2 + \ldots + a_n = \sum_{k=1}^{n} a_k$ der ersten n Glieder ($n \in \mathbb{N}$) einer Zahlenfolge (a_n) heißt ***endliche Reihe*** mit n Gliedern. Den Summenwert bezeichnet man mit s_n.

Beachte: Das „Summenzeichen" $\sum_{k=1}^{n} a_k$ bedeutet: Summiere alle Glieder der Folge (a_k) vom Glied mit der Nummer 1 bis zum Glied mit der Nummer n.

Beispiel: Reihe der ersten fünf Quadratzahlen:

$$1 + 4 + 9 + 16 + 25 = \sum_{k=1}^{5} k^2 \text{ mit } s_5 = 55$$

$a + (a + d) + (a + 2 \cdot d) + \ldots + (a + (n - 1) \cdot d)$ ist die endliche Summe der ersten n Glieder einer arithmetischen Zahlenfolge (a_n) mit dem Anfangsglied a. Diese Summe heißt ***endliche arithmetische Reihe*** mit n Gliedern, s_n heißt ***Wert der endlichen arithmetischen Reihe***.

Die arithmetische Reihe mit

$a + (a + d) + (a + 2 \cdot d) + \ldots + (a + (n - 1) \cdot d)$

hat den Wert $s_n = \frac{n}{2} \cdot (2 \cdot a + (n - 1) \cdot d) = \frac{n}{2} \cdot (a_1 + a_n)$.

Beispiel: Reihe der ersten n natürlichen Zahlen: $a_1 = 1$, $a_n = n$, $d = 1$. Somit $s_n = \frac{n}{2} \cdot (a_1 + a_n) = \frac{n}{2} \cdot (1 + n) = \frac{n \cdot (n + 1)}{2}$.

Für $n = 100$: $s_{100} = \frac{100 \cdot (100 + 1)}{2} = 5050$.

Eine endliche Summe $a + a \cdot q + a \cdot q^2 + \ldots + a \cdot q^{n-1}$ der ersten n Glieder einer geometrischen Zahlenfolge (a_n) mit dem Anfangsglied a heißt ***endliche geometrische Reihe*** mit n Gliedern, s_n heißt ***Wert der endlichen geometrischen Reihe***.

Die geometrische Reihe $a + a \cdot q + a \cdot q^2 + \ldots + a \cdot q^{n-1}$ hat den Wert $s_n = a \cdot \frac{1 - q^n}{1 - q}$ für $a \neq 0$, $q \neq 0$ und $q \neq 1$.

Beispiel: Reihe der (ganzzahligen, positiven) Potenzen von 2: $a = 2$, $q = 2$.

Somit $s_n = 2 \cdot \frac{1 - 2^n}{1 - 2} = 2^{n+1} - 2$. Für $n = 7$: $s_7 = 2^8 - 2 = 254$.

Differential-rechnung

1 Grenzwert

1.1 Grenzwert einer Folge

Es gibt Folgen (a_n) (↗ S. 50), deren Glieder mit wachsendem n gegen eine eindeutig bestimmte Zahl, den ***Grenzwert g***, streben.

Beispiel:

$(a_n) = \left(\frac{4n-1}{2n}\right)$, $n \in \mathbb{N}$: $\frac{3}{2}, \frac{7}{4}, \frac{11}{6}, \frac{15}{8} \ldots$ strebt gegen 2.

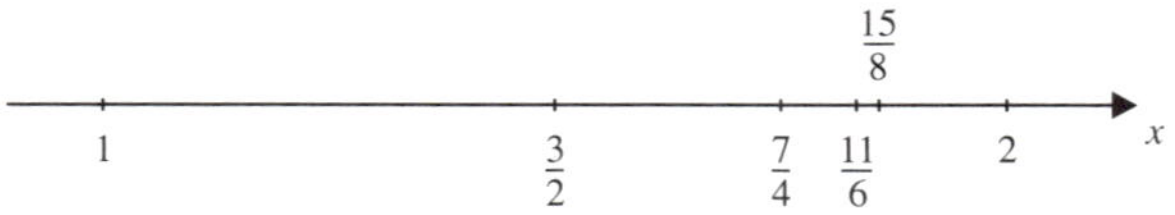

ε-Umgebung

Für $\varepsilon > 0$ heißt das offene Intervall $U_\varepsilon(g) = \{x \mid |x-g| < \varepsilon\}$ ***ε-Umgebung*** von g (x und g sind reelle Zahlen). $U_\varepsilon(g)$ ist dann das offene Intervall $]g-\varepsilon;\ g+\varepsilon[$ mit der Länge 2ε.

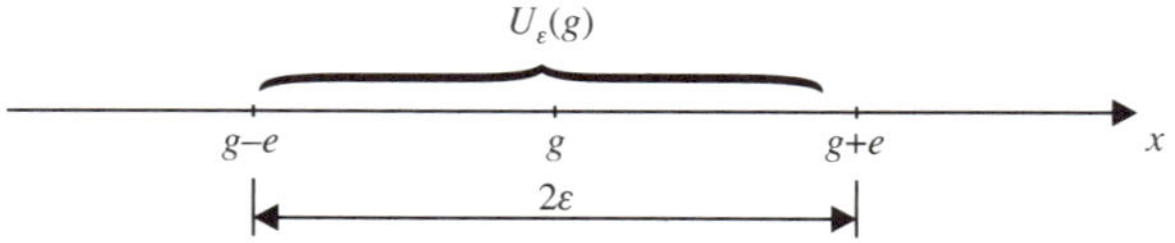

Mit dem Begriff der ε-Umgebung wird definiert:

Eine Folge (a_n) hat für $n \to \infty$ den Grenzwert g, wenn es zu jeder ε-Umgebung von g eine Zahl n_ε gibt, so dass gilt:

Für $n > n_\varepsilon$ liegen alle Folgenglieder in dieser ε-Umgebung, d. h. $|a_n - g| < \varepsilon$ für alle $n > n_\varepsilon$. Schreibweise: $\lim\limits_{n\to\infty} a_n = g$. (lies: „Limes a_n für n gegen unendlich")

Bedeutung der Definition: Bis auf endlich viele Folgenglieder liegen ab einer bestimmten Nummer n_ε alle in einer ε-Umgebung einer Zahl g. Die Zahl n_ε hängt i. A. von ε ab.

Beispiel: Für $(a_n) = \left(\frac{4n-1}{2n}\right)$ gilt: $\lim\limits_{n\to\infty} a_n = 2$. Es sei $\varepsilon = 0{,}01$. Gesucht ist ein n_ε, so dass für alle $n > n_\varepsilon$ gilt: $|a_n - g| < \varepsilon$. Mit $g = 2$ erhält man $|a_n - g| = \left|\frac{4n-1}{2n} - 2\right| = \left|\frac{-1}{2n}\right| = \frac{1}{2n}$. Damit ergibt sich: $\frac{1}{2n} < \varepsilon \Leftrightarrow n > \frac{1}{2\varepsilon}$.

Für $\varepsilon = 0{,}01$ erhält man: $n > \frac{1}{2 \cdot 0{,}01} = 50$, also $n_\varepsilon = 50$.

Eine Folge (a_n) heißt ***konvergent***, wenn sie einen Grenzwert g besitzt. Man sagt: (a_n) konvergiert gegen g.

Nullfolgen

Eine Zahlenfolge mit dem Grenzwert 0 nennt man ***Nullfolge***.

Beispiele für Nullfolgen: $\left(\frac{1}{n^2}\right)$; $\left(\frac{2-n}{n^3}\right)$; (e^{-n}).

Es gilt: Hat die Folge (a_n) den Grenzwert g, so ist die Folge $(a_n - g)$ eine Nullfolge.

Divergenz einer Folge

Eine Folge, die nicht konvergiert, nennt man ***divergent***.

Beispiel: Die Folge (a_n) mit $a_n = (-1)^n$ ist divergent.

Uneigentliche Grenzwerte von Folgen

Ist eine Folge unbeschränkt zunehmend bzw. unbeschränkt abnehmend, so nennt man sie ***bestimmt divergent***. Die Schreibweise für Grenzwerte wird sinngemäß übertragen:

- unbeschränkt zunehmend: $\lim\limits_{n\to\infty} n^2 = +\infty$;
- unbeschränkt abnehmend: $\lim\limits_{n\to\infty} (-n^3) = -\infty$.

$+\infty$ bzw. $-\infty$ heißen ***uneigentliche Grenzwerte***.

Grenzwertsätze für Zahlenfolgen

Sind die Folgen (a_n) und (b_n) konvergent mit $\lim\limits_{n\to\infty} a_n = a$ und $\lim\limits_{n\to\infty} b_n = b$, so gilt für

- die Summe: $\lim\limits_{n\to\infty} (a_n + b_n) = \lim\limits_{n\to\infty} a_n + \lim\limits_{n\to\infty} b_n = a + b$,
- die Differenz: $\lim\limits_{n\to\infty} (a_n - b_n) = \lim\limits_{n\to\infty} a_n - \lim\limits_{n\to\infty} b_n = a - b$,
- das Produkt: $\lim\limits_{n\to\infty} (a_n \cdot b_n) = \lim\limits_{n\to\infty} a_n \cdot \lim\limits_{n\to\infty} b_n = a \cdot b$,

und falls (b_n) keine Nullfolge ist, d. h. $b \neq 0$ für

- den Quotienten: $\lim\limits_{n\to\infty} \dfrac{a_n}{b_n} = \dfrac{\lim\limits_{n\to\infty} a_n}{\lim\limits_{n\to\infty} b_n} = \dfrac{a}{b}$.

Es konvergieren also auch die Folgen $(a_n + b_n)$, $(a_n - b_n)$, $(a_n \cdot b_n)$ und $\left(\dfrac{a_n}{b_n}\right)$, wenn $b \neq 0$.

Beispiel: Nutzung der Konvergenz von Nullfolgen bei der Berechnung von Grenzwerten:

$$\lim_{n\to\infty} \frac{4n^3 - 2n^2}{5n^3 + n} = \lim_{n\to\infty} \frac{n^3\left(4 - \frac{2}{n}\right)}{n^3\left(5 + \frac{1}{n^2}\right)} = \lim_{n\to\infty} \frac{4 - \frac{2}{n}}{5 + \frac{1}{n^2}} = \frac{\lim\limits_{n\to\infty}\left(4 - \frac{2}{n}\right)}{\lim\limits_{n\to\infty}\left(5 + \frac{1}{n^2}\right)} = \frac{4}{5}$$

Weiter gilt:

Eine monotone und beschränkte Zahlenfolge hat einen Grenzwert.

Beispiel: Die Folge $(a_n) = (5 - 2^{-n})$ ist monoton zunehmend und beschränkt (5 ist eine obere Schranke), somit hat sie einen Grenzwert.

Wichtige Grenzwerte von Zahlenfolgen

◆ $\lim\limits_{n\to\infty} \frac{a}{n} = 0$ für $a \in \mathbb{R}$	**Bsp.:** $\frac{2}{1}; \frac{2}{2}; \frac{2}{3}; \frac{2}{4}; \frac{2}{5}; \ldots$
◆ $\lim\limits_{n\to\infty} a^n = 0$ für $a \in \,]-1; 1[$	**Bsp.:** $\left(\frac{1}{4}\right)^1; \left(\frac{1}{4}\right)^2; \left(\frac{1}{4}\right)^3; \left(\frac{1}{4}\right)^4; \ldots$
◆ $\lim\limits_{n\to\infty} \sqrt[n]{a} = 1$ für $a \in \mathbb{R}^+$	**Bsp.:** $3; \sqrt{3}; \sqrt[3]{3}; \sqrt[4]{3}; \sqrt[5]{3}; \ldots$
◆ $\lim\limits_{n\to\infty} \sqrt[n]{n} = 1$	**Bsp.:** $1; \sqrt{2}; \sqrt[3]{3}; \sqrt[4]{4}; \sqrt[5]{5}; \ldots$
◆ $\lim\limits_{n\to\infty} \frac{a^n}{n!} = 0$ für a $\in \mathbb{R}$	**Bsp.:** $\frac{4}{1}; \frac{4^2}{2!}; \frac{4^3}{3!}; \frac{4^4}{4!}; \frac{4^5}{5!}; \ldots$

Bedeutung: Die Fakultät n! (↗ S. 196) wächst schneller als jede Potenz a^n.

◆ $\lim\limits_{n\to\infty} \left(1 + \frac{1}{n}\right)^n = e = 2,71828\ldots$	**Bsp.:** $2; \left(\frac{3}{2}\right)^2; \left(\frac{4}{3}\right)^3; \left(\frac{5}{4}\right)^4; \ldots$
◆ $\lim\limits_{n\to\infty} \left(1 - \frac{1}{n}\right)^n = \frac{1}{e} = 0,367879\ldots$	**Bsp.:** $0; \left(\frac{1}{2}\right)^2; \left(\frac{2}{3}\right)^3; \left(\frac{3}{4}\right)^4; \ldots$
◆ $\lim\limits_{n\to\infty} \left(1 + \frac{a}{n}\right)^n = e^a$ für $a \in \mathbb{R}$	**Bsp.:** $\lim\limits_{n\to\infty} \left(1 + \frac{1,5}{n}\right)^n = e^{1,5} = 4,481\ldots$

1.2 Unendliche Reihen

Addiert man die Glieder $a_1, a_2, a_3, \ldots, a_n$ einer endlichen Zahlenfolge, so erhält man eine ***endliche Reihe*** (↗ S. 52) mit n Gliedern: $s_n = a_1 + a_2 + a_3 + \ldots + a_n = \sum\limits_{k=1}^{n} a_k$. Die

Teilsummen $s_1, s_2, s_3, \ldots, s_n$ bilden wieder eine Zahlenfolge, die Teilsummenfolge (s_n) der Reihe. Lässt man die Anzahl n der Reihenglieder unbegrenzt wachsen, so erhält man die ***unendliche Reihe*** $a_1 + a_2 + a_3 + \ldots + a_n + \ldots$
Existiert nun für die Teilsummenfolge (s_n) für $n \to \infty$ ein Grenzwert s_∞, so heißt die zugehörige unendliche Reihe konvergent, sonst divergent.

Schreibweise: $s_\infty = \lim\limits_{n \to \infty} s_n = \lim\limits_{n \to \infty} \sum_{k=1}^{n} a_k = \sum_{k=1}^{\infty} a_k$.

Beispiel: Die unendliche geometrische Reihe ist genau dann konvergent, wenn $|q| < 1$. Es gilt dann: $s_\infty = \dfrac{a_1}{1-q}$.
Mit $a_1 = 2$ und $q = 0{,}2$ erhält man: $s_\infty = \dfrac{2}{1-0{,}2} = 2{,}5$.

1.3 Grenzwert einer Funktion

Grenzwert für $x \to x_0$

Beim Grenzverhalten einer Funktion f für $x \to x_0$ wird die Funktion in einer Umgebung (↗ S. 54) von x_0 untersucht. Dabei wird der Begriff der punktierten Umgebung verwendet.

Punktierte Umgebung

Wird aus einer Umgebung $U_\delta(g)$ das Zentrum g entfernt, so erhält man für $\delta > 0$ eine ***punktierte δ-Umgebung*** $U_\delta^*(g)$ von g. In Intervallschreibweise:
$U_\delta^*(g) =]g - \delta; g[\cup]g; g + \delta[$.

Eine Funktion f: $x \mapsto f(x), x \in D_f$, hat an der Stelle x_0 den ***Grenzwert*** $g \left(\lim\limits_{x \to x_0} f(x) = g \right)$ genau dann, wenn gilt:

1. f ist in einer punktierten Umgebung $U_\delta^*(x_0)$ von x_0 definiert.
   D. h. f ist auf beiden Seiten von x_0 in dieser Umgebung definiert, an der Stelle x_0 selbst muss f nicht definiert sein.
2. Für jede gegen x_0 konvergierende Folge (x_n), deren Glieder in der punktierten Umgebung $U_\delta^*(x_0)$ von x_0 liegen, konvergiert die Folge der Funktionswerte $(f(x_n))$ gegen g.

Anmerkung: Die Eigenschaft 2. lässt sich auch so formulieren: Für jedes $\varepsilon > 0$ lässt sich ein $\delta > 0$ so bestimmen, dass für alle $x \in D_f$ mit $|x - x_0| < \delta$ folgt: $|f(x) - g| < \varepsilon$.
D. h. der Betrag der Differenz $|f(x) - g|$ kann immer die Schranke ε unterschreiten, wenn man x nur „nahe genug" bei x_0 wählt.

Einseitiger Grenzwert: Wird die Annäherung an die Stelle x_0 auf eine Seite von x_0 eingeschränkt, so heißt für

$x < x_0$ der Grenzwert	$x > x_0$ der Grenzwert
$\lim\limits_{\substack{x \to x_0 \\ x < x_0}} f(x)$ ***linksseitiger***	$\lim\limits_{\substack{x \to x_0 \\ x > x_0}} f(x)$ ***rechtsseitiger***

Grenzwert von f an der Stelle x_0.

Die Funktion f hat an der Stelle x_0 genau dann den Grenzwert g, wenn gilt:
Linksseitiger Grenzwert = rechtsseitiger Grenzwert = g

$$\lim_{\substack{x \to x_0 \\ x < x_0}} f(x) = \lim_{\substack{x \to x_0 \\ x > x_0}} f(x) = g$$

Folgerung: Sind also die beiden einseitigen Grenzwerte verschieden, oder existiert auch nur einer von beiden nicht, so existiert $\lim\limits_{x \to x_0} f(x)$ nicht.

Beispiele:

- $f(x) = \dfrac{x^2 + x}{x}$, $x \in \mathbb{R}\backslash\{0\}$, für $x_0 = 0$ gilt: $\lim\limits_{x \to 0} \dfrac{x^2 + x}{x} = 1$.

1. f ist in $\mathbb{R}\backslash\{0\}$ definiert, also auch in jeder punktierten Umgebung von $x_0 = 0$. Für $x \neq 0$ gilt: $\dfrac{x^2 + x}{x} = x + 1$.
2. Für jede gegen 0 konvergierende Folge (x_n) in $U_\delta^*(0)$, gilt $\lim\limits_{n \to \infty} f(x_n) = \lim\limits_{n \to \infty} (x_n + 1) = \lim\limits_{n \to \infty} x_n + \lim\limits_{n \to \infty} 1 = 0 + 1 = 1$.

- $f(x) = \dfrac{1}{x^2}$, $x \in \mathbb{R}\backslash\{0\}$, besitzt bei $x_0 = 0$ keinen Grenzwert.

Betrachtet wird die Folge $(x_n) = \left(\dfrac{1}{n}\right)$. Sie hat den Grenzwert 0, jedoch ist die Folge der Funktionswerte $(f(x_n)) = \left(\frac{1}{\left(\frac{1}{n}\right)^2}\right) = (n^2)$ divergent. Gleiches gilt für die Folge $(x_n) = \left(-\frac{1}{n}\right)$. Somit ist auch f an der Stelle $x_0 = 0$ divergent.

Uneigentliche Grenzwerte von Funktionen

Wachsen, wie im letzten Beispiel, bei Annäherung an die Stelle x_0 die Werte einer Funktion f über alle Grenzen oder fallen sie unbeschränkt, so schreibt man $\lim\limits_{x \to x_0} f(x) = +\infty$ bzw. $\lim\limits_{x \to x_0} f(x) = -\infty$. Man nennt $+\infty$ und $-\infty$ ***uneigentliche Grenzwerte*** der Funktion f an der Stelle x_0. Die Stelle x_0 wird ***Unendlichkeitsstelle*** (↗ S. 41) von f genannt.

Beispiel:

$f(x) = \frac{1}{(x+2)^2}, x \in \mathbb{R} \setminus \{-2\}$,

hat bei $x_0 = -2$ eine Unendlichkeitsstelle.

$\lim\limits_{\substack{x \to -2 \\ x < -2}} f(x) = \lim\limits_{\substack{x \to -2 \\ x > -2}} f(x) = \infty.$

Da beide einseitigen Grenzwerte übereinstimmen, gilt:

$\lim\limits_{x \to -2} \frac{1}{(x+2)^2} = +\infty.$

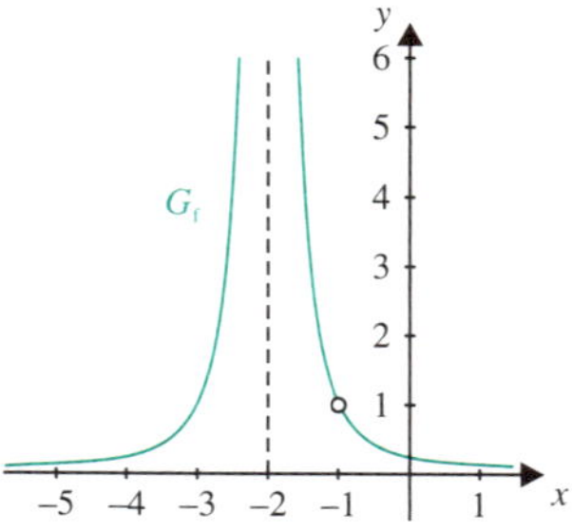

Die Gerade $x = x_0$, an die sich der Graph von f bei der Unendlichkeitsstelle annähert, ist (vertikale) ***Asymptote*** (↗ S. 42).

Verhalten von Funktionen im Unendlichen

Ist die Definitionsmenge einer Funktion f: $x \mapsto f(x), x \in D_f$ nach oben bzw. nach unten nicht beschränkt, so heißt die Funktion f konvergent gegen den Grenzwert g für $x \to \infty$ bzw. $x \to -\infty$, wenn gilt:

Für jede Folge (x_n) mit $\lim\limits_{n \to \infty} x_n = +\infty$ bzw. $\lim\limits_{n \to \infty} x_n = -\infty$, konvergiert die Folge der Funktionswerte $(f(x_n))$ gegen g.
Schreibweise: $\lim\limits_{x \to \infty} f(x) = g$ bzw. $\lim\limits_{x \to -\infty} f(x) = g$

Anmerkung: Die Bedingung lässt sich auch so formulieren: Für jedes $\varepsilon > 0$ lässt sich eine Zahl s bestimmen, so dass für alle $x \in D_f$ mit $x > s$ (für $x \to \infty$) bzw. $x < s$ (für $x \to -\infty$) folgt: $|f(x) - g| < \varepsilon$. D. h. der Betrag der Differenz $|f(x) - g|$ kann immer die Schranke ε unterschreiten, wenn man x nur „groß genug“ bzw. „klein genug“ wählt.

Beispiel: $f(x) = \dfrac{x+3}{x+1}$, $D_f = \mathbb{R}_0^+$. Es gilt: $\lim\limits_{x \to \infty} \dfrac{x+3}{x+1} = 1$.

Für $x > 0$ ist $|f(x) - g| = \left| \dfrac{x+3}{x+1} - 1 \right| = \dfrac{2}{x+1}$.

Also $\dfrac{2}{x+1} < \varepsilon \Leftrightarrow x > \dfrac{2-\varepsilon}{\varepsilon}$. Für $\varepsilon = 0{,}5$ ist die Bedingung für $s = \dfrac{2-\varepsilon}{\varepsilon} = 3$ erfüllt.

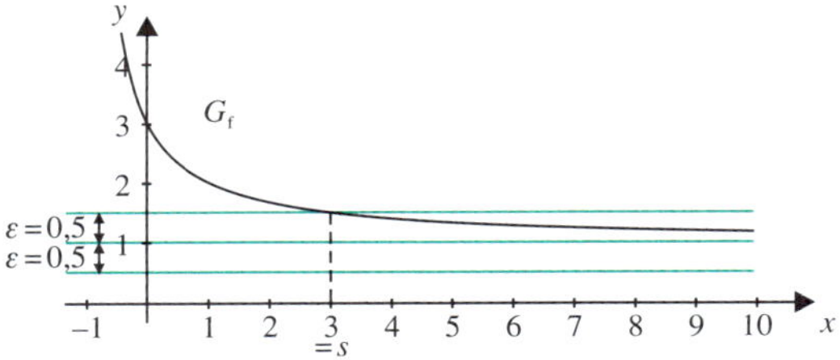

Die Gerade, an die sich der Graph von f für $x \to \infty$ bzw. $x \to -\infty$ unbegrenzt annähert, ist ***Asymptote*** (↗ S. 42) des Graphen.

1.4 Grenzwertsätze für Funktionen

Regeln für den Grenzübergang $x \to x_0$

Existieren für die Funktionen $f\colon x \mapsto f(x),\ x \in D_\mathrm{f}$ und $g\colon x \mapsto g(x), x \in D_\mathrm{g}$ die Grenzwerte an der Stelle x_0, so gilt:

- $\lim\limits_{x \to x_0} (f(x) + g(x)) = \lim\limits_{x \to x_0} f(x) + \lim\limits_{x \to x_0} g(x);$
- $\lim\limits_{x \to x_0} (f(x) - g(x)) = \lim\limits_{x \to x_0} f(x) - \lim\limits_{x \to x_0} g(x);$
- $\lim\limits_{x \to x_0} (f(x) \cdot g(x)) = \lim\limits_{x \to x_0} f(x) \cdot \lim\limits_{x \to x_0} g(x);$
- $\lim\limits_{x \to x_0} \dfrac{f(x)}{g(x)} = \dfrac{\lim\limits_{x \to x_0} f(x)}{\lim\limits_{x \to x_0} g(x)}$, falls $\lim\limits_{x \to x_0} g(x) \neq 0.$

Regeln für den Grenzübergang $x \to \infty$

Existieren für die Funktionen $f\colon x \mapsto f(x), x \in D_\mathrm{f}$ und $g\colon x \mapsto g(x),\ x \in D_\mathrm{g}$ die Grenzwerte für $x \to \infty$, so gilt:

- $\lim\limits_{x \to \infty} (f(x) + g(x)) = \lim\limits_{x \to \infty} f(x) + \lim\limits_{x \to \infty} g(x);$
- $\lim\limits_{x \to \infty} (f(x) - g(x)) = \lim\limits_{x \to \infty} f(x) - \lim\limits_{x \to \infty} g(x);$
- $\lim\limits_{x \to \infty} (f(x) \cdot g(x)) = \lim\limits_{x \to \infty} f(x) \cdot \lim\limits_{x \to \infty} g(x);$
- $\lim\limits_{x \to \infty} \dfrac{f(x)}{g(x)} = \dfrac{\lim\limits_{x \to \infty} f(x)}{\lim\limits_{x \to \infty} g(x)}$, falls $\lim\limits_{x \to \infty} g(x) \neq 0.$

Aus $f(x) \to \infty$ für $x \to \infty$ folgt: $\lim\limits_{x \to \infty} \dfrac{1}{f(x)} = 0.$

Anmerkung: Analoge Regeln gelten für $x \to -\infty$.

Mit den Grenzwerten für f und g existieren somit auch die Grenzwerte für die Funktionen $(f+g)$, $(f-g)$, $(f \cdot g)$ und $\left(\frac{f}{g}\right)$, falls $\lim\limits_{x \to x_0} g(x) \neq 0$ bzw. $\lim\limits_{x \to \pm\infty} g(x) \neq 0$.

Beispiele:

- $$\lim_{x \to 2} \frac{x^2 - 3x + 2}{x^2 + x - 6} = \lim_{x \to 2} \frac{(x-2)(x-1)}{(x-2)(x+3)} = \lim_{x \to 2} \frac{(x-1)}{(x+3)} = \frac{\lim\limits_{x \to 2}(x-1)}{\lim\limits_{x \to 2}(x+3)} = \frac{1}{5}$$
- $$\lim_{x \to \infty} \frac{5x^2 + 2}{6x^2 - 3x} = \lim_{x \to \infty} \frac{x^2\left(5 + \frac{2}{x^2}\right)}{x^2\left(6 - \frac{3}{x}\right)} = \lim_{x \to \infty} \frac{\left(5 + \frac{2}{x^2}\right)}{\left(6 - \frac{3}{x}\right)} = \frac{\lim\limits_{x \to \infty}\left(5 + \frac{2}{x^2}\right)}{\lim\limits_{x \to \infty}\left(6 - \frac{3}{x}\right)} = \frac{5}{6}$$

Grenzwert-Abschätzung durch eine Schrankenfunktion

Gilt für die Funktionen $f\colon x \mapsto f(x)$ und $g\colon x \mapsto g(x)$ im gemeinsamen unbeschränkten Definitionsbereich stets $|f(x)| \leq |g(x)|$ und ist $\lim\limits_{x \to \infty} g(x) = 0$, dann gilt auch $\lim\limits_{x \to \infty} f(x) = 0$.

Beispiel: Sei $f\colon x \mapsto f(x) = \frac{\sin x}{x}$ und $g\colon x \mapsto g(x) = \frac{1}{x}$, mit $D_f = D_g = [1; \infty[$.

Es gilt $|f(x)| = \left|\frac{\sin x}{x}\right| = \left|\frac{1}{x}\right| \cdot |\sin x| \leq \left|\frac{1}{x}\right| \cdot 1 = |g(x)|$.

Damit folgt aus $\lim\limits_{x \to \infty} g(x) = 0$ auch $\lim\limits_{x \to \infty} f(x) = \lim\limits_{x \to \infty} \frac{\sin x}{x} = 0$.

1.5 Wichtige Grenzwerte von Funktionen

Ist f eine gebrochen-rationale Funktion (↗ S. 41) mit

$$f(x) = \frac{a_n x^n + a_{n-1} x^{n-1} + \ldots + a_1 x + a_0}{b_m x^m + b_{m-1} x^{m-1} + \ldots + b_1 x + b_0}, \text{ mit } a_n, b_m \neq 0, x \in D_f,$$

so gilt für	$n > m$ und $\frac{a_n}{b_m} > 0$	$n > m$ und $\frac{a_n}{b_m} < 0$	$n = m$	$n < m$
$\lim\limits_{x \to \infty} f(x) =$	$+\infty$	$-\infty$	$\frac{a_n}{b_m}$	0

Der Grad des Zähler- bzw. des Nennerpolynoms und die Leitkoeffizienten a_n und b_m bestimmen den Grenzwert.

Beispiele:

- $\lim\limits_{x \to \infty} \frac{3x^4 + 5}{7x^3 - 2x} = +\infty$; $\lim\limits_{x \to \infty} \frac{6x^5}{5x^5 + 8} = \frac{6}{5}$; $\lim\limits_{x \to \infty} \frac{-4x^3 + 50x^2}{10x^5} = 0$

Weitere Grenzwerte:

$\lim\limits_{x \to \infty} \frac{x^n}{e^x} = 0$ mit $n \in \mathbb{N}$, $x \in \mathbb{R}$	**Bedeutung**: Die Exponentialfunktion „wächst schneller“ als jede Potenzfunktion.
$\lim\limits_{x \to \infty} \frac{\log x}{x^n} = 0$ mit $n \in \mathbb{N}$, $x \in \mathbb{R}^+$	**Bedeutung**: Die Logarithmusfunktion „wächst langsamer“ als jede Potenzfunktion.

- $\lim\limits_{x \to 0} \frac{\sin x}{x} = 1$ mit $x \in \mathbb{R}\backslash\{0\}$
- $\lim\limits_{x \to 0} \frac{\sin ax}{x} = a$ mit $a \in \mathbb{R}$, $x \in \mathbb{R}\backslash\{0\}$

2 Stetigkeit

2.1 Definitionen

Stetigkeit an einer Stelle

Eine Funktion f ist an einer Stelle $x_0 \in D_f$ genau dann ***stetig***, wenn gilt: $\lim\limits_{x \to x_0} f(x) = f(x_0)$.
Andernfalls heißt die Funktion f an der Stelle $x_0 \in D$ ***unstetig***.

Damit f an der Stelle x_0 stetig ist, müssen also folgende Bedingungen erfüllt sein:

1. f ist an der Stelle x_0 definiert.
2. Es existiert der Grenzwert $\lim\limits_{x \to x_0} f(x)$.
3. Grenzwert und Funktionswert stimmen überein.

Beispiele:

- $f\colon x \mapsto f(x) = 2x^3$, $x \in \mathbb{R}$ ist an der Stelle $x_0 = 1$ stetig: Es gilt: $\lim\limits_{x \to 1} 2x^3 = 2 = f(1)$.
- $f\colon x \mapsto f(x) = \operatorname{sgn}(x) = \begin{cases} 1 \text{ für } x > 0 \\ 0 \text{ für } x = 0 \\ -1 \text{ für } x < 0 \end{cases}$

ist an der Stelle $x_0 = 0$ unstetig („sgn" steht für „Signum", das Vorzeichen von x).
f ist zwar an der Stelle x_0 definiert und die einseitigen Grenzwerte existieren, jedoch stimmen

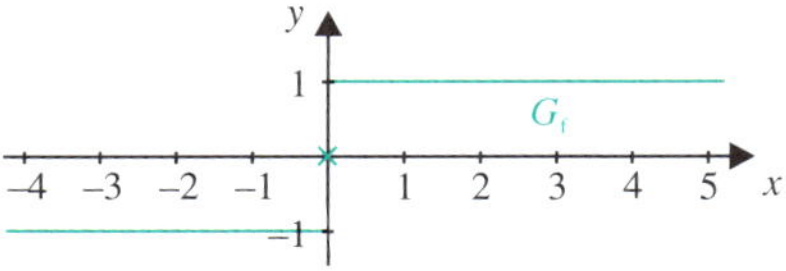

$\lim\limits_{\substack{x \to 0 \\ x<0}} f(x) = -1$, $f(0) = 0$ und $\lim\limits_{\substack{x \to 0 \\ x>0}} f(x) = 1$ nicht überein.
Die Bedingungen 2 und 3 sind nicht erfüllt).

Anmerkung: Für Randwerte a und b eines Intervalls $[a; b]$ wird die ***einseitige Stetigkeit*** mittels einseitiger Grenzwerte definiert.

Stetige Fortsetzung

Die Funktion f sei in einer Umgebung von x_0 definiert, an der Stelle x_0 selbst jedoch nicht. Existiert nun eine Funktion $\bar{f}$, die mit f im Definitionsbereich D_f übereinstimmt und an der Stelle x_0 auch noch stetig ist, so nennt man f an der Stelle x_0 ***stetig fortsetzbar***. $\bar{f}$ heißt ***stetige Fortsetzung*** (↗ S. 11) von f.
Sprechweise: f hat bei x_0 eine stetig hebbare Definitionslücke.

Beispiel: $f\colon x \mapsto f(x) = \dfrac{x^2 + x}{x}$ ist an der Stelle $x_0 = 0$ nicht definiert: $0 \notin D_f$. Für $x \to 0$ existiert jedoch der Grenzwert $\lim\limits_{x \to 0} \dfrac{x^2 + x}{x} = 1$. Damit lässt sich die stetige Fortsetzung $\bar{f}$ definieren: $\bar{f}\colon x \mapsto \bar{f}(x) = \begin{cases} \dfrac{x^2 + x}{x} = f(x) & \text{für } x \neq 0 \\ 1 & \text{für } x = 0. \end{cases}$

Stetigkeit in einem Intervall

Eine Funktion f ist im offenen Intervall $]a;\, b[\subset D_f$ genau dann stetig, wenn sie an jeder Stelle $x \in\,]a;\, b[$ stetig ist.
Eine Funktion f ist im abgeschlossenen Intervall $[a;\, b] \subset D_f$ genau dann stetig, wenn sie im offenen Intervall $]a;\, b[$ stetig ist und an den Rändern jeweils einseitige Stetigkeit vorliegt.

Globale Stetigkeit

Eine Funktion f heißt stetig genau dann, wenn sie in ihrem ganzen Definitionsbereich D_f stetig ist.

2.2 Stetigkeitssätze

Stetige Funktionen besitzen wichtige Eigenschaften:

Zwischenwertsatz: Ist f eine im abgeschlossenen Intervall $[a;\, b]$ stetige Funktion, so gibt es zu jedem Wert y_0 zwischen $f(a)$ und $f(b)$ mindestens eine Zahl $x_0 \in [a;\, b]$ mit $f(x_0) = y_0$.

Das bedeutet:
1. Die Zahl y_0 tritt als Funktionswert von f auf.
2. Die waagerechte Gerade $y = y_0$ schneidet den Graphen G_f.

Ein Sonderfall des Zwischenwertsatzes ist der

Nullstellensatz: Ist f eine im abgeschlossenen Intervall $[a;\, b]$ stetige Funktion, deren Funktionswerte $f(a)$ und $f(b)$ an den Rändern verschiedene Vorzeichen haben, so gibt es in $[a;\, b]$ mindestens eine Nullstelle.

Der Graph G_f schneidet in einem solchen Fall die x-Achse im Intervall $[a; b]$ mindestens in einem Punkt.

Beispiel: Für f mit $f(x) = x^5 - 1$ und $[a; b] = [0; 3]$ gilt:
f ist stetig und $f(0) = -1 < 0$, $f(3) = 242 > 0$.
Also besitzt f mindestens eine Nullstelle in $[0; 3]$.

Beschränktheit

Ist die Funktion f im abgeschlossenen Intervall $[a; b]$ stetig, dann ist sie in $[a; b]$ auch beschränkt. (↗ S. 15)

Extremwertsatz

Ist die Funktion f im abgeschlossenen Intervall $[a; b]$ stetig, hat sie dort auch ein Maximum und ein Minimum. (↗ S. 16)

Anmerkung: In den beiden letzten Sätzen ist die Abgeschlossenheit des Intervalls $[a; b]$ unverzichtbar.
Z. B. ist die im offenen Intervall $]0; 3[$ stetige Funktion $f: x \mapsto \frac{1}{x}$ für $x \to 0$ nicht beschränkt, weiter besitzt sie weder Minimum noch Maximum.

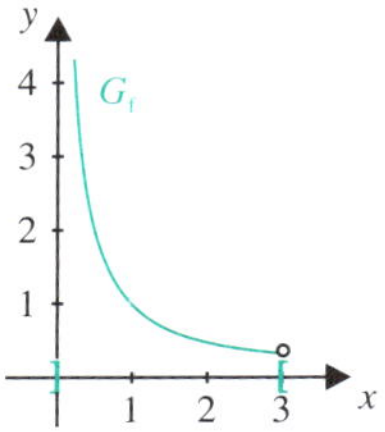

Stetigkeit der Grundfunktionen

Die Funktionen $x \mapsto c$ mit $c \in \mathbb{R}$, $x \mapsto x$, $x \mapsto |x|$, $x \mapsto \sqrt{x}$, $x \mapsto \sin x$, $x \mapsto \cos x$ sind in ihren maximalen Definitionsbereichen stetig.

Verknüpfungen stetiger Funktionen

Aus den Regeln für Grenzwerte (↗ S. 62) folgt der Satz:

Sind zwei Funktionen f und g an der Stelle x_0 stetig, so gilt: Die Summe $f + g$, die Differenz $f - g$, das Produkt $f \cdot g$ und der Quotient $\frac{f}{g}$ (wenn $g(x_0) \neq 0$) sind an der Stelle x_0 ebenfalls stetig.

Anwendung: Aus der konstanten Funktion $f: x \mapsto c, c \in \mathbb{R}$ und der identischen Funktion $g: x \mapsto x$ lassen sich alle rationalen Funktionen zusammensetzen. Da f und g stetig an jeder Stelle $x_0 \in \mathbb{R}$ stetig sind, folgt daraus:
Alle Polynomfunktionen sind in ganz $\mathbb{R}$ stetig. Alle gebrochen-rationalen Funktionen sind an jeder Stelle ihres Definitionsbereiches stetig. Damit muss für diese Funktionen die Stetigkeit also nicht mehr eigens nachgewiesen werden und es gilt für sie immer $\lim\limits_{x \to x_0} f(x) = f(x_0), x_0 \in D_f$.
Weiter gilt: Ist f in x_0 und g in $f(x_0)$ stetig, so ist auch ihre Verkettung (↗ S. 19) $g \circ f$ in x_0 stetig.

3 Differenzierbarkeit

3.1 Differenzierbarkeit an einer Stelle

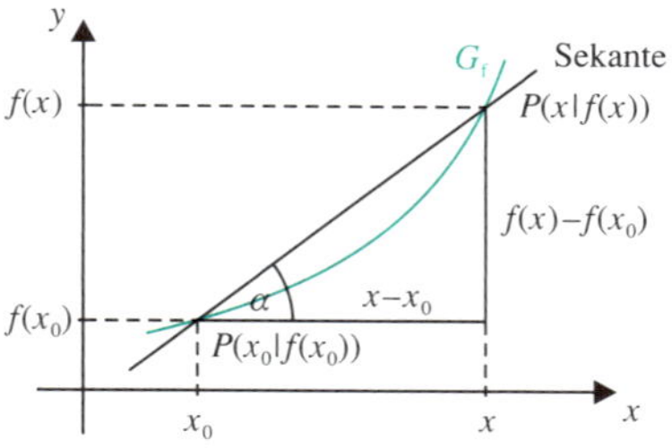

Ausgangpunkt der Überlegungen zur Differenzierbarkeit einer Funktion f ist das Steigungsverhalten ihres Graphen G_f. Dazu wird die Steigung der Sekante durch einen Punkt $P_0(x_0 \mid f(x_0))$ und einen weiteren Punkt $P(x \mid f(x))$ des Graphen untersucht.
$f: x \mapsto y = f(x)$ ist dazu in einer Umgebung $U_\delta(x_0)$ (↗ S. 54) von x_0 definiert und $x \in U_\delta(x_0)$ mit $x \neq x_0$.

Differenzenquotient

Der Term $m_s = \dfrac{f(x) - f(x_0)}{x - x_0}$, mit $x \neq x_0$ heißt ***Differenzenquotient*** der Funktion f bezüglich x_0. Er gibt die Steigung m_S der Sekante durch die Punkte P und P_0 des Graphen G_f an. Für den ***Neigungswinkel*** α der Sekante gilt: $\tan \alpha = m_s$.

Besitzen die Steigungen der Sekanten durch den festen Punkt $P_0 \in G_f$ einen Grenzwert m, wenn sich der andere Sekantenschnittpunkt P auf dem Graphen P_0 annähert, so heißt die Gerade durch P_0 mit diesem Grenzwert m als Steigung die ***Tangente*** im Punkt P_0 an den Graphen G_f.

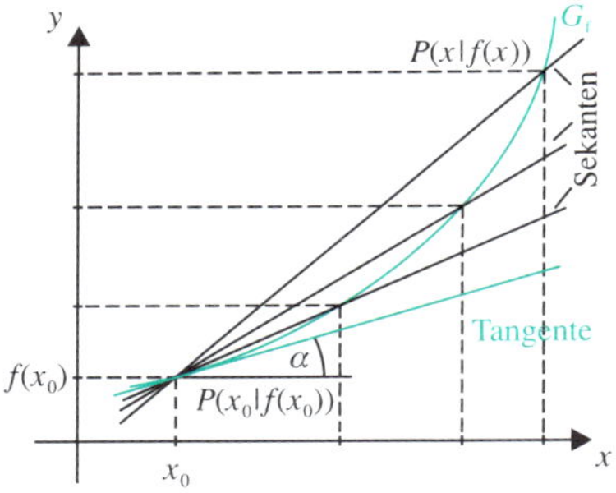

Differentialquotient

Eine Funktion $f: x \mapsto f(x), x \in D_f$ heißt an der Stelle x_0 im Innern von D_f ***differenzierbar*** genau dann, wenn der Grenzwert

$\lim\limits_{x \to x_0} \dfrac{f(x) - f(x_0)}{x - x_0}$ des Differenzenquotienten existiert.

Dieser Grenzwert heißt ***Differentialquotient*** oder ***Ableitung*** der Funktion f an der Stelle x_0 und wird mit $f'(x_0)$ bezeichnet (lies: „f Strich von x_0“).

Schreibweisen: $f'(x_0) = \lim\limits_{x \to x_0} \dfrac{f(x) - f(x_0)}{x - x_0}$, mit $x \neq x_0$.

Setzt man die Differenz $x - x_0 = h$ $(h \neq 0)$, erhält man die so genannte „h-Form“ der Ableitung:

$$f'(x_0) = \lim_{h \to 0} \frac{f(x_0 + h) - f(x_0)}{h}.$$

Steigung eines Funktionsgraphen

Ist eine Funktion f an der Stelle x_0 differenzierbar mit der Ableitung $f'(x_0)$, dann ist die ***Steigung*** des Graphen im Punkt $P_0(x_0|f(x_0))$ definiert als $f'(x_0)$. Für den Neigungswinkel α der Tangente in P_0 gilt: $\tan \alpha = f'(x_0)$.

Beispiel: $f: x \mapsto x^2 - 1, x \in \mathbb{R}$; f ist an der Stelle $x_0 = 2$ differenzierbar. Mit $x_0 = 2$; $f(x_0) = 3$; $f(x_0 + h) = (2 + h)^2 - 1$ erhält man:

$$f'(x_0) = \lim_{h\to 0} \frac{f(x_0+h)-f(x_0)}{h} = \lim_{h\to 0} \frac{[(2+h)^2-1]-3}{h} =$$

$$\lim_{h\to 0} \frac{4h+h^2}{h} = \lim_{h\to 0}(4+h) = 4.$$

Berechnung des Neigungswinkels α der Tangente im Punkt $P_0(2|3)$: Aus $\tan\alpha = 4$ folgt: $\alpha \approx 76°$.

Differenzierbarkeit und Stetigkeit

Ist die Funktion f an der Stelle $x_0 \in D_f$ differenzierbar, so ist sie dort auch stetig.

Anmerkungen:

1. Mit dem oft einfacheren Nachweis der Differenzierbarkeit zeigt man automatisch die Stetigkeit einer Funktion in x_0.
2. Die Umkehrung des Satzes gilt nicht!

Gegenbeispiel: Die Funktion f: $x \mapsto |x|$, $x \in \mathbb{R}$, (Graph ↗ S. 26) ist an der Stelle $x_0 = 0$ zwar stetig (es gilt: $\lim_{x\to 0}|x| = 0 = f(0)$), aber nicht differenzierbar. Der linksseitige und der rechtsseitige Grenzwert des Differenzenquotienten stimmen nicht überein:

$$\lim_{\substack{h\to 0\\ h<0}} \frac{f(0+h)-f(0)}{h} = -1 \text{ und } \lim_{\substack{h\to 0\\ h>0}} \frac{f(0+h)-f(0)}{h} = +1.$$

Folgerung aus dem Satz: Ist eine Funktion an der Stelle x_0 nicht stetig, so ist so dort auch nicht differenzierbar.

3.2 Differenzierbarkeit in einem Intervall

Eine Funktion f heißt **im offenen Intervall]a; b[differenzierbar**, wenn f an jeder Stelle des Intervalls differenzierbar ist.
Eine Funktion f heißt **im abgeschlossenen Intervall [a; b] differenzierbar**, wenn f im offenen Intervall]a; b[differenzierbar ist und an den Intervallgrenzen a bzw. b der rechtsseitige bzw. der linksseitige Differentialquotient von f existiert.

Ableitungsfunktion einer Funktion

Die Menge derjenigen x-Werte aus der Definitionsmenge D_f, für die f differenzierbar ist, nennt man ***Differenzierbarkeitsbereich*** (bzw. ***Differenzierbarkeitsmenge***) $D_{f'}$ der Funktion f. Es gilt: $D_{f'} \subseteq D_f$. Damit wird definiert:

Die Funktion $f'\colon x \mapsto f'(x)$, die für alle x aus dem Differenzierbarkeitsbereich $D_{f'}$ definiert ist, heißt ***Ableitungsfunktion*** (kurz auch **„*Ableitung*"**) der Funktion f.

Anmerkung: f heißt ***Stammfunktion*** (↗ S. 97) zu f'.

Beispiel: Für f: $x \mapsto x^2$ gilt: $f'(x_0) = \lim\limits_{x \to x_0} \frac{f(x) - f(x_0)}{x - x_0} =$

$\lim\limits_{x \to x_0} \frac{x^2 - x_0^2}{x - x_0} = \lim\limits_{x \to x_0} (x + x_0) = 2x_0$ für alle $x_0 \in \mathbb{R}$.

f ist also für alle $x \in \mathbb{R}$ differenzierbar: $D_{f'} = \mathbb{R}$.
Für die Ableitungsfunktion f' gilt: $f'\colon x \mapsto 2x$, $x \in \mathbb{R}$.

Schreibweisen für die Ableitungsfunktion:

Leibnizsche Form: $f'(x) = \frac{df(x)}{dx} = \frac{d}{dx} f(x)$ (lies: „df von x nach dx").
Ist $y = f(x)$ schreibt man auch $f'(x) = \frac{dy}{dx} = y'$ (lies: „dy nach dx" bzw. „y Strich").
In der Physik wird die Ableitung nach der Zeit durch einen Punkt beschrieben: $v(t) = \dot{s}(t) = \frac{ds}{dt}$ bzw. $a(t) = \dot{v}(t) = \frac{dv}{dt}$.

3.3 Ableitungen höherer Ordnung

Ist die Ableitungsfunktion f' ebenfalls differenzierbar, so nennt man diese Ableitungsfunktion von f' die ***zweite Ableitung*** von f. Sie wird mit f'' („f zwei Strich") bezeichnet.

Schreibweisen:
$f''\colon x \mapsto f''(x), x \in D_{f''}$ bzw. $f''(x) = \frac{d^2f(x)}{dx^2} = \frac{d^2}{dx^2} f(x)$
(„d zwei f von x nach dx Quadrat") und mit $y = f(x)$ auch
$f''(x) = \frac{d^2y}{dx^2} = y''$ („d 2 y nach dx Quadrat" bzw. „y 2 Strich").

Genauso wird die dritte, vierte, ..., ***n-te Ableitung*** einer Funktion definiert. Sie wird mit f''', $f^{(4)}$, $f^{(5)}$, ..., $f^{(n)}$ bezeichnet. f' heißt auch die erste Ableitung von f.

Existiert für eine Funktion f in einer Teilmenge von D_f ihre n-te Ableitung $f^{(n)}$, so heißt f dort ***n-mal differenzierbar***.

3.4 Differentiationsregeln

Aus den Grenzwertregeln und der Definition der Ableitung lassen sich für alle $x \in \mathbb{R}$ die folgenden Regeln herleiten:

Ableitung einer konstanten Funktion

Ist $f(x) = c,\ c \in \mathbb{R}$ konstant, so gilt: $f'(x) = 0$.

Ableitung bei konstanten Summanden und Faktoren

Ist $c \in \mathbb{R}$ konstant, dann gilt:

$f(x) = u(x) + c \Rightarrow f'(x) = u'(x)$

$f(x) = c \cdot u(x) \Rightarrow f'(x) = c \cdot u'(x)$.

Beispiel:

- $f(x) = x^2 + 5$, mit $u(x) = x^2$, $c = 5$. Es gilt: $f'(x) = u'(x) = 2x$
- $f(x) = 3 \cdot x^4$, mit $u(x) = x^4$, $c = 3$. Es gilt: $f'(x) = c \cdot u'(x) = 3 \cdot 4x^3 = 12x^3$.

Ableitung zusammengesetzter Funktionen

Sind die Funktionen u und v in einem gemeinsamen Bereich D differenzierbar, so gilt dies auch für ihre Summe $u + v$, ihre Differenz $u - v$, ihr Produkt $u \cdot v$ und (wenn $v(x) \neq 0$) auch für ihren Quotienten $\frac{u}{v}$.

- ***Summenregel***: $f(x) = u(x) \pm v(x) \Rightarrow f'(x) = u'(x) \pm v'(x)$
- ***Produktregel:***
  $f(x) = u(x) \cdot v(x) \Rightarrow f'(x) = u'(x) \cdot v(x) + u(x) \cdot v'(x)$
- ***Quotientenregel***:
  $$f(x) = \frac{u(x)}{v(x)} \Rightarrow f'(x) = \frac{u'(x) \cdot v(x) - u(x) \cdot v'(x)}{[v(x)]^2}$$

Beispiele:

- Summenregel: Es ist $u(x) = x^2$ und $v(x) = \cos x$. Dann gilt: $f(x) = x^2 + \cos x \Rightarrow f'(x) = u'(x) + v'(x) = 2x - \sin x$.
- Produktregel: Es ist $u(x) = x^3$ und $v(x) = \sin x$. Dann gilt: $f(x) = x^3 \cdot \sin x \Rightarrow f'(x) = u'(x) \cdot v(x) + u(x) \cdot v'(x) = 3x^2 \cdot \sin x + x^3 \cdot \cos x$.
- Quotientenregel: Es ist $u(x) = x^3 + 1$ und $v(x) = 2x$. Dann ist für $x \neq 0$ die Funktion $f = \frac{u}{v}$ mit $f(x) = \frac{u(x)}{v(x)} = \frac{x^3 + 1}{2x}$ differenzierbar und es gilt: $f'(x) = \frac{u'(x) \cdot v(x) - u(x) \cdot v'(x)}{[v(x)]^2} =$
  $\frac{3x^2 \cdot 2x - (x^3 + 1) \cdot 2}{(2x)^2} = \frac{4x^3 - 2}{4x^2} = \frac{2x^3 - 1}{2x^2}$.

Ableitung verketteter Funktionen (Kettenregel)

Ist die Funktion v: $x \mapsto v(x)$ an der Stelle x_0 und die Funktion u: $z \mapsto u(z)$ an der Stelle $z_0 = v(x_0)$ differenzierbar, so ist auch die Verkettung (↗ S. 19) $f = u \circ v$ mit $f(x) = u(v(x))$ an der Stelle x_0 differenzierbar und es gilt:

$$f'(x_0) = u'(v(x_0)) \cdot v'(x_0).$$

Die Leibnizsche Schreibweise $\frac{dy}{dx} = \frac{dy}{dz} \cdot \frac{dz}{dx}$ macht die Regel besonders deutlich: Zuerst wird die „äußere" Funktion u differenziert und dann noch die „innere" Funktion v „***nachdifferenziert***".

Beispiel: $f(x) = \sqrt{5x+3}$. Äußere Funktion: $u(z) = \sqrt{z}$ mit $z = 5x + 3$; innere Funktion $v(x) = 5x + 3$.
Somit: $f'(x) = u'(v(x)) \cdot v'(x) = \frac{1}{2\sqrt{5x+3}} \cdot 5 = \frac{5}{2\sqrt{5x+3}}$.

Ableitung der Umkehrfunktion einer Funktion
f sei eine in einem Intervall definierte, umkehrbare (↗ S. 17) und differenzierbare Funktion und es gelte $f'(x_0) \neq 0$.
Dann ist die Umkehrfunktion $f^{-1}\colon y \mapsto f^{-1}(y)$ an der Stelle $y_0 = f(x_0)$ ebenfalls differenzierbar mit

$$(f^{-1})'(y_0) = \frac{1}{f'(x_0)}.$$

Beispiel: $f\colon x \mapsto y = x^2$ ist in $\mathbb{R}_0^+$ umkehrbar mit der Umkehrfunktion $f^{-1}\colon y \mapsto x = \sqrt{y}$, $y \in \mathbb{R}_0^+$. Für $x \neq 0$ ist auch $f'(x) \neq 0$. Somit gilt für alle $x \in \mathbb{R}^+$:

$$(f^{-1})'(y) = \frac{1}{f'(x)} = \frac{1}{2x} = \frac{1}{2\sqrt{y}}.$$

3.5 Ableitungen der Grundfunktionen

Zur Funktion f ist jeweils der Funktionsterm $f(x)$, die Definitionsmenge D_f, der Differenzierbarkeitsbereich $D_{f'}$ (↗ S. 71) und der Term $f'(x)$ der Ableitungsfunktion angegeben.

$f(x)$	D_f	$D_{f'}$	$f'(x)$
$c, c \in \mathbb{R}$	$\mathbb{R}$	D_f	0
$x^n, n \in \mathbb{N}, n > 0$	$\mathbb{R}$	D_f	$n \cdot x^{n-1}$
$x^n, n \in \mathbb{Z}, n < 0$	$\mathbb{R}\setminus\{0\}$	D_f	$n \cdot x^{n-1}$
$x^r, r \in \mathbb{R}$	$\mathbb{R}^+ =]0; \infty[$	D_f	$r \cdot x^{r-1}$
$\sqrt{x}$	$\mathbb{R}_0^+ = [0; \infty[$	$D_f\setminus\{0\}$	$\frac{1}{2\sqrt{x}}$
$a^x, a \in \mathbb{R}^+\setminus\{1\}$	$\mathbb{R}$	D_f	$a^x \cdot \ln a$
e^x	$\mathbb{R}$	D_f	e^x
$\log_b x$, $b \in \mathbb{R}^+\setminus\{1\}$	$\mathbb{R}^+$	D_f	$\frac{1}{x \cdot \ln b}$
$\ln x$	$\mathbb{R}^+$	D_f	$\frac{1}{x}$
$\sin x$	$\mathbb{R}$	D_f	$\cos x$
$\cos x$	$\mathbb{R}$	D_f	$-\sin x$
$\tan x$	$\left\{x \mid x \neq (2k+1)\frac{\pi}{2},\right.$ $\left.k \in \mathbb{Z}\right\}$	D_f	$\frac{1}{\cos^2 x}$
$\cot x$	$\{x \mid x \neq k\pi,\ k \in \mathbb{Z}\}$	D_f	$-\frac{1}{\sin^2 x}$
$\arcsin x = \sin^{-1} x$	$[-1; 1]$	$]-1; 1[$	$\frac{1}{\sqrt{1-x^2}}$
$\arccos x = \cos^{-1} x$	$[-1; 1]$	$]-1; 1[$	$-\frac{1}{\sqrt{1-x^2}}$
$\arctan x = \tan^{-1} x$	$\mathbb{R}$	D_f	$\frac{1}{1+x^2}$
$\operatorname{arccot} x = \cot^{-1} x$	$\mathbb{R}$	D_f	$-\frac{1}{1+x^2}$

4. Kurvendiskussion

4.1 Geometrische Bedeutung der 1. Ableitung

Monotonieverhalten

Ist eine Funktion f in einem Intervall $[a;\, b]$ stetig und zumindest im Innern des Intervalls differenzierbar, so gilt:

Ist $f'(x) > 0$ für alle $x \in \,]a;\, b[$, so ist f in $[a;\, b]$ streng monoton zunehmend.	Ist $f'(x) < 0$ für alle $x \in \,]a;\, b[$, so ist f in $[a;\, b]$ streng monoton abnehmend.

Beispiel zur Untersuchung des Monotonieverhaltens:

Sei $f\colon x \mapsto x^2,\ x \in \mathbb{R}$. Eine Vorzeichenuntersuchung von $f'(x) = 2x$ liefert:

$f'(x) > 0$ für $x > 0$ f ist also im Intervall $[0;\, \infty[$ streng monoton zunehmend.	$f'(x) < 0$ für $x < 0$ f ist also im Intervall $]-\infty;\, 0]$ streng monoton abnehmend.

Bedeutung für den Graphen und seine Tangenten:
Ist die Steigung m der Tangente in jedem Punkt $(x_0 \,|\, f(x_0))$, $x_0 \in \,]a;\, b[$

positiv: $m = \tan\alpha = f'(x_0) > 0$ so **steigt** der Graph G_f in $[a;\, b]$ streng monoton.	**negativ**: $m = \tan\alpha = f'(x_0) < 0$ so **fällt** der Graph G_f in $[a;\, b]$ streng monoton.

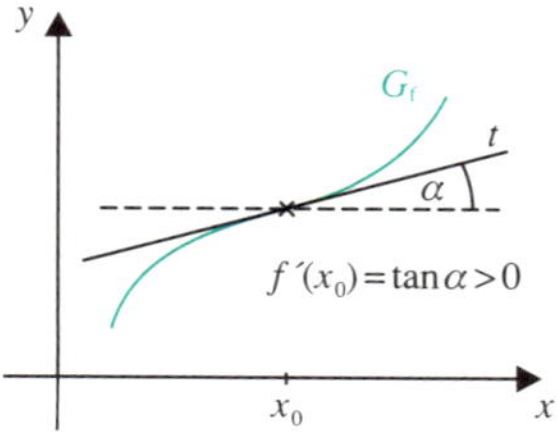

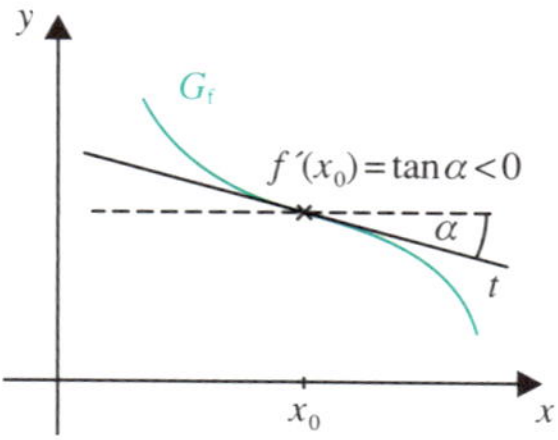

Der Graph G_f besitzt an einer Stelle x_0 genau dann eine waagerechte Tangente, wenn $f'(x) = 0$.

Tangente und Normale

Gleichung der ***Tangente*** t in einem Punkt $P(x_0 \,|\, f(x_0))$ des Graphen G_f einer in x_0 differenzierbaren Funktion f:

$$t\colon y = f'(x_0)(x - x_0) + f(x_0)$$

Als ***Normale*** n in einem Punkt $P(x_0 \,|\, f(x_0))$ des Graphen G_f bezeichnet man diejenige Gerade durch P, die auf der Tangenten senkrecht steht. Für die Steigung m_n der Normalen gilt:

$$m_n = -\frac{1}{m_t} = -\frac{1}{f'(x_0)} \text{ mit } f'(x_0) \neq 0.$$

$$\text{Gleichung der Normalen } n\colon y = -\frac{1}{f'(x_0)}(x - x_0) + f(x_0).$$

Beispiel: $f\colon x \mapsto x^2$, $P(1{,}5 \,|\, 2{,}25)$

Mit $f'(x) = 2x$ gilt:

$f'(1{,}5) = 3$.

Gleichung der Tangente:

$t\colon y = 3 \cdot (x - 1{,}5) + 2{,}25$

$t\colon y = 3x - 2{,}25$

Gleichung der Normalen:

$$n\colon y = -\frac{1}{3} \cdot (x - 1{,}5) + 2{,}25$$

$$n\colon y = -\frac{1}{3}x + 2{,}75.$$

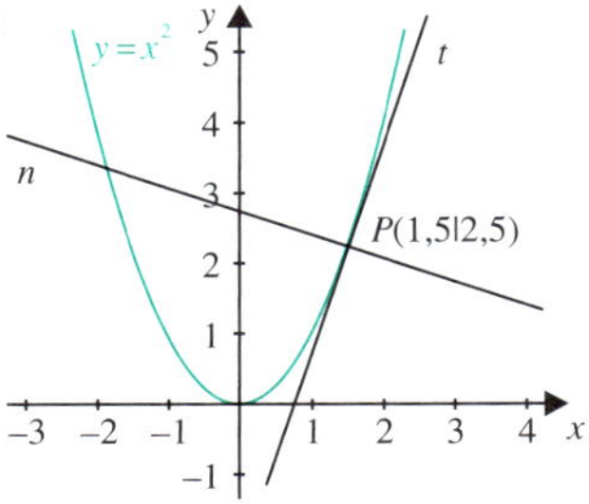

Schnittwinkel zweier Graphen

Schneiden sich die Graphen G_{f_1} und G_{f_2} zweier Funktionen f_1 und f_2 an einer Stelle x_0, so wird der ***Schnittwinkel*** (↗ S. 149) der beiden Graphen definiert als der nichtstumpfe Winkel φ, den die beiden Tangenten im Schnittpunkt einschließen. Sind m_1 und m_2 die zugehörigen Tangentensteigungen, so gilt für φ:

$$\tan\varphi = \left|\frac{m_1 - m_2}{1 + m_1 \cdot m_2}\right| = \left|\frac{f_1'(x_0) - f_2'(x_0)}{1 + f_1'(x_0) \cdot f_2'(x_0)}\right|.$$

Spezialfall: Schneiden sich die Graphen senkrecht, so gilt:
$f_1'(x_0) \cdot f_2'(x_0) = m_1 \cdot m_2 = -1.$

Beispiel: Die Graphen der Funktionen $f_1\colon x \mapsto x^2$ und $f_2\colon x \mapsto (x-2)^2$ schneiden sich an der Stelle $x_0 = 1$.
Mit $m_1 = f_1'(x_0) = 2x_0 = 2$ und
$m_2 = f_2'(x_0) = 2x_0 - 4 = -2$
ergibt sich

$$\tan\varphi = \left|\frac{2-(-2)}{1+2\cdot(-2)}\right| = \frac{4}{3}$$

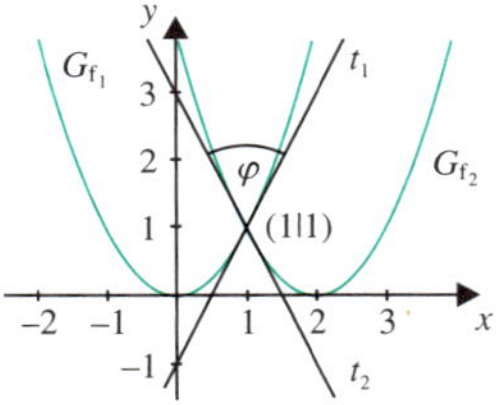

und damit $\varphi \approx 53°$. Die Tangenten im Schnittpunkt $(1|\,1)$ sind $t_1\colon y = 2x - 1$ und $t_2\colon = -2x + 3$.

Mittelwertsatz der Differentialrechnung

Sei f eine in $[a;\, b]$ stetige und in $]a;\, b[$ differenzierbare Funktion. Dann gibt es in $]a;\, b[$ mindestens eine Stelle x_0 für die gilt:

$$f'(x_0) = \frac{f(b) - f(a)}{b - a}.$$

Geometrische Bedeutung: Sind $A(a|f(a))$ und $B(b|f(b))$ Punkte des Graphen G_f, so gibt es auf dem Graphen mindestens einen Punkt $P_0(x_0|\,f(x_0))$ zwischen A und B, in dem die Tangente zur Sekante AB parallel verläuft.

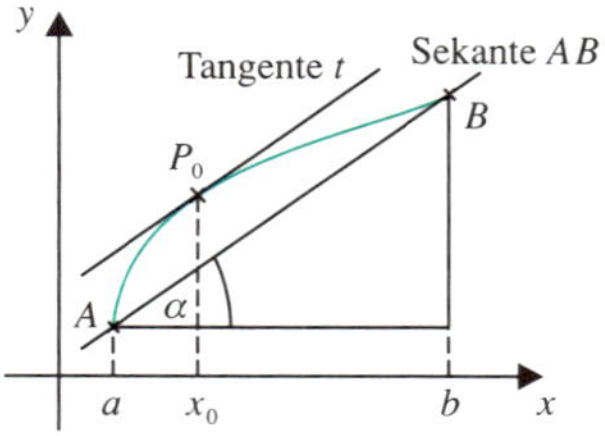

Für den Sonderfall, dass A und B Schnittpunkte mit der x-Achse sind, d. h. $f(a) = f(b) = 0$, ist die Sekante AB eine Gerade mit der Steigung 0. Aus dem Mittelwertsatz der Differentialrechnung wird dann der **Satz von** Rolle:

Sei f eine in $[a; b]$ stetige und in $]a; b[$ differenzierbare Funktion mit $f(a) = f(b) = 0$. Dann gibt es in $]a; b[$ mindestens eine Stelle x_0 für die gilt: $f'(x_0) = 0$.

Extremwerte und Extrempunkte

- **Notwendige Bedingung für Extrema** (↗ S. 15 f.)

f sei eine in einem Intervall differenzierbare Funktion. Hat f an der Stelle x_0 im Innern des Intervalls einen lokalen Extremwert, so gilt $f'(x_0) = 0$.

Anmerkungen:

1. Dass diese Bedingung nicht hinreichend ist, zeigt das nebenstehende **Beispiel:** Für f: $x \mapsto f(x) = x^3$ gilt zwar mit $f'(x) = 3x^2$ für $x_0 = 0$: $f'(0) = 0$, die Funktion hat jedoch an der Stelle $x_0 = 0$ kein lokales Extremum.

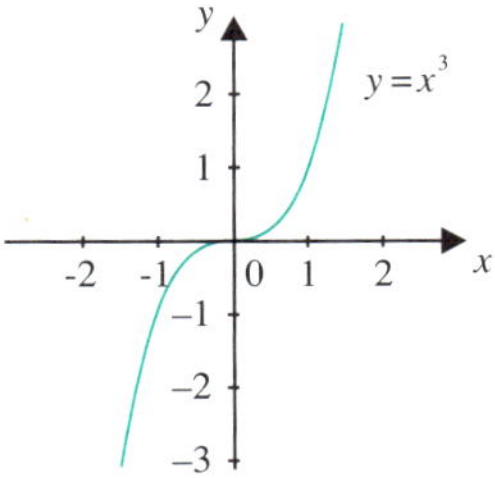

2. Der Satz gilt nur für differenzierbare Funktionen. Zum Beispiel hat die Betragsfunktion (↗ S. 26) f: $x \mapsto |x|$ an der Stelle $x_0 = 0$ ein Extremum (Minimum) ist dort aber nicht differenzierbar: $f'(x)$ ist für $x_0 = 0$ nicht definiert.

- **Hinreichende Bedingung für Extrema**

1. Ist f in einer Umgebung einer Stelle x_0 differenzierbar und gilt $f'(x_0) = 0$ und f' wechselt bei x_0 das Vorzeichen, dann besitzt f bzw G_f bei x_0

ein lokales Maximum bzw. einen lokalen Hochpunkt	ein lokales Minimum bzw. einen lokalen Tiefpunkt

wenn das Vorzeichen an der Stelle x_0 beim Übergang von kleineren zu größeren x-Werten von

+ nach – wechselt.	– nach + wechselt.

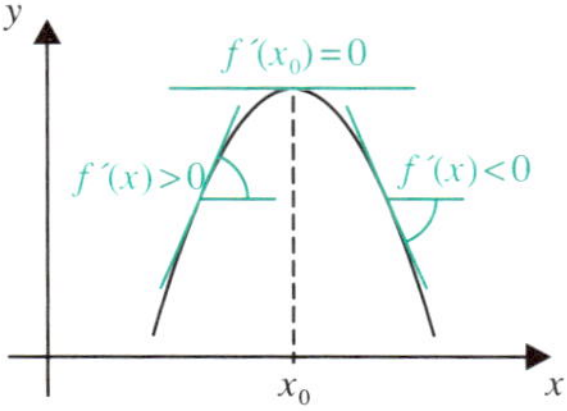

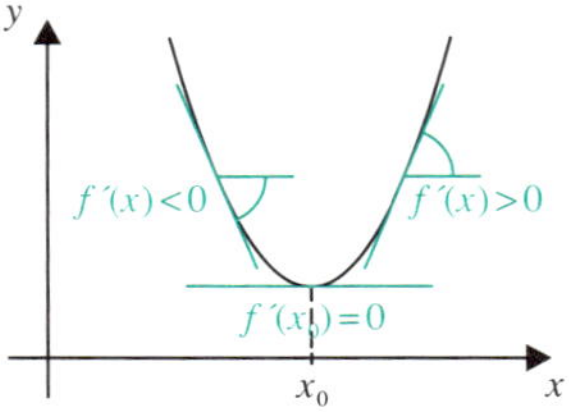

2. Ist f an einer Stelle x_0 zweimal differenzierbar und gilt:

$f'(x_0) = 0$ und $f''(x_0) < 0$	$f'(x_0) = 0$ und $f''(x_0) > 0$

dann hat f an der Stelle x_0 ein

lokales Maximum	lokales Minimum

Anmerkung: Dass diese Bedingung nicht notwendig ist, zeigt das folgende

Beispiel: Für die Funktion f: $x \mapsto f(x) = x^4$ mit $f''(x) = 12x^2$ für $x_0 = 0$: $f''(0) = 0$, aber die Funktion f besitzt dort trotzdem ein lokales Minimum und G_f einen Tiefpunkt.

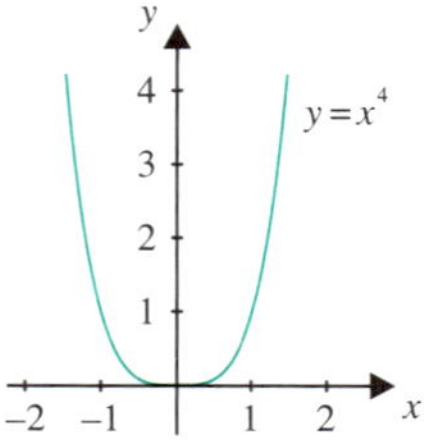

Weiter ist zu beachten:

1. Ist f auf einem abgeschlossenen Intervall $[a; b]$ definiert, so können außer an den Nullstellen von f' in $]a; b[$ noch an den beiden Randstellen a und b Extrema auftreten.
2. Gesondert muss auch bei denjenigen Stellen, an denen f nicht differenzierbar ist, untersucht werden, ob ein Extremum vorliegt.

Besitzt f an der Stelle x_0 ein lokales Maximum (Minimum), so ist $P(x_0|f(x_0))$ ein lokaler Hochpunkt (Tiefpunkt).

Die Vorgehensweise zur **Berechnung von Extrema** wird bei den Kurvendiskussionen (↗ S. 84) dargestellt.

4.2 Geometrische Bedeutung der 2. Ableitung

Krümmung des Graphen

Der Graph G_f heißt in einem Intervall

rechtsgekrümmt oder ***konvex***	***linksgekrümmt*** oder ***konkav***

wenn die Steigung der Tangente in diesem Intervall

streng monoton abnimmt.	streng monoton zunimmt.

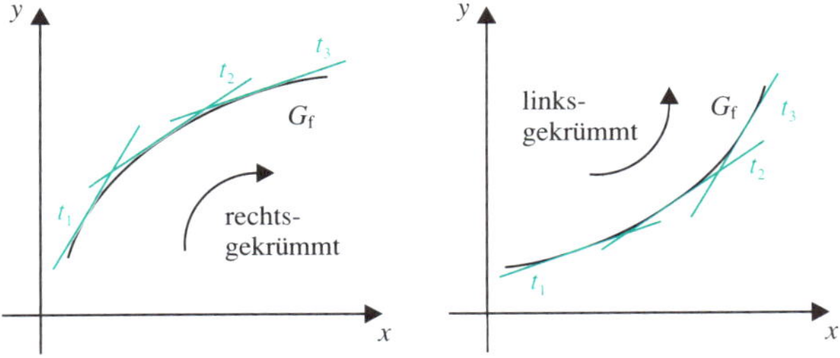

Die Tangente dreht sich bei einer

Rechtskrümmung nach rechts, d. h. im Uhrzeigersinn.	Linkskrümmung nach links, d. h. gegen den Uhrzeigersinn.

Kriterium für das Krümmungsverhalten

Ist f in einem Intervall I zweimal differenzierbar und gilt:

$f''(x) < 0$	$f''(x) > 0$

für alle $x \in I$, dann ist der Graph G_f im Intervall I

rechtsgekrümmt.	linksgekrümmt.

Wendepunkt und Wendestelle

Ein Punkt $P(x_0 \,|\, f(x_0))$ des Graphen G_f einer Funktion f heißt ***Wendepunkt***, wenn G_f in P seine Krümmung ändert. Die Stelle x_0 heißt ***Wendestelle***. Die Tangente im Wendepunkt heißt ***Wendetangente***.

Ein Wendepunkt mit horizontaler Tangente heißt ***Terrassenpunkt***.

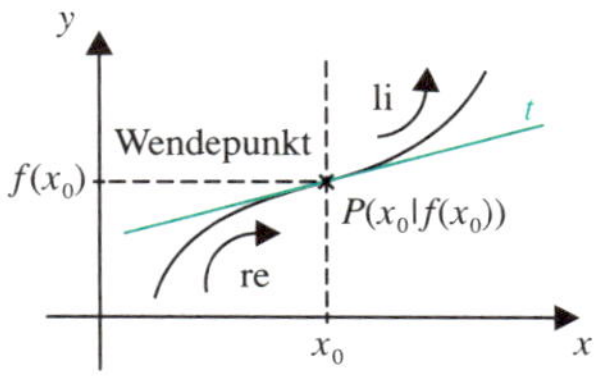

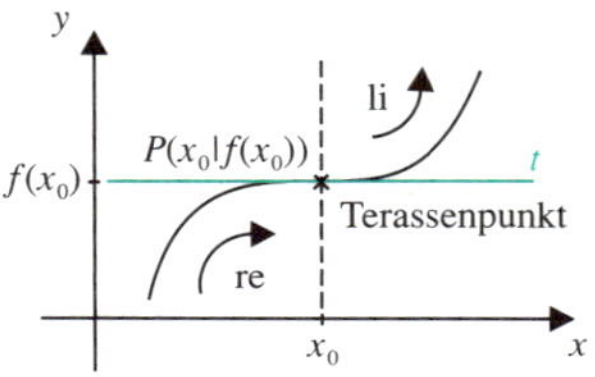

- **Notwendige Bedingung für einen Wendepunkt**

Hat der Graph G_f einer zweimal differenzierbaren Funktion f an der Stelle x_0 einen Wendepunkt, so gilt $f''(x_0) = 0$.

Beachte: Dass die Bedingung nicht hinreichend ist, zeigt die Funktion $f\colon x \mapsto f(x) = x^4$ mit $f''(x) = 12x^2$. Für $x_0 = 0$ ist $f''(0) = 0$, aber der Graph G_f (↗ S. 80) besitzt dort keinen Wendepunkt.

- **Hinreichende Bedingungen für einen Wendepunkt**

1. Ist f an der Stelle x_0 zweimal differenzierbar mit $f''(x_0) = 0$ und wechselt f'' an der Stelle x_0 das Vorzeichen, so hat G_f an der Stelle x_0 einen Wendepunkt.
2. Ist f an der Stelle x_0 dreimal differenzierbar mit $f''(x_0) = 0$ und $f'''(x_0) \neq 0$, so hat G_f an der Stelle x_0 einen Wendepunkt.

Die Vorgehensweise zur **Berechnung von Wendepunkten** wird bei den Kurvendiskussionen (↗ S. 84) dargestellt.

4.3 Allgemeines Schema für eine Kurvendiskussion

Untersuchung der Funktion $f\colon x \mapsto f(x)$ und des Graphen G_f:

1. Bestimmung des Definitionsbereichs D_f

Meist gibt man den maximalen Definitionsbereich an.

2. Symmetrieeigenschaften des Graphen G_f

Im Allgemeinen Untersuchung auf ausgezeichnete Symmetrie:

Der Graph G_f ist genau dann symmetrisch (↗ S. 12)

zur y-Achse,	zum Ursprung,

wenn für alle $x \in D_f$ gilt:

$-x \in D_f$ und $f(-x) = f(x)$ | $-x \in D_f$ und $f(-x) = -f(x)$

Weitergehende Symmetriebetrachtung ↗ S. 13.

3. Nullstellen von *f* bzw. Schnittpunkte mit der *x*-Achse

Nullstellen von f sind die Lösungen der Gleichung $f(x) = 0$, die zu D_f gehören: $x \in D_f$ mit $f(x) = 0$.

4. Schnittpunkt von G_f mit der *y*-Achse

Die y-Koordinate des Schnittpunkts $P(0 \mid y_0)$ des Graphen G_f mit der y-Achse ist der Funktionswert $y_0 = f(0)$.

5. Verhalten von *f* am Rand von D_f

Berechnung der folgenden Grenzwerte von f:

- falls $D_f = \mathbb{R}$: $\lim\limits_{x \to +\infty} f(x)$ und $\lim\limits_{x \to -\infty} f(x)$,
- falls D_f eine Definitionslücke x_0 hat: $\lim\limits_{\substack{x \to x_0 \\ x > x_0}} f(x)$ und $\lim\limits_{\substack{x \to x_0 \\ x < x_0}} f(x)$,
- falls D_f eine linke oder rechte Grenze a oder b besitzt: $\lim\limits_{\substack{x \to a \\ x > a}} f(x)$ und $\lim\limits_{\substack{x \to b \\ x < b}} f(x)$.

Bestimmung möglicher Asymptoten von G_f:

- Ist $\lim\limits_{x \to +\infty} f(x) = c$ bzw. $\lim\limits_{x \to -\infty} f(x) = c$, so hat G_f die horizontale Asymptote $x = c$.
- Divergiert f für $x \to \pm\infty$, so kann evtl. eine lineare Funktion $g\colon x \mapsto g(x)$ bestimmt werden, mit: $\lim\limits_{x \to \pm\infty} [f(x) - g(x)] = 0$.
  Die Gerade mit $y = g(x)$ ist dann Asymptote von G_f.
- An einer Unendlichkeitsstelle x_0 besitzt G_f die (vertikale) Asymptote $x = x_0$.

6. Vorzeichenbereiche von *f* bzw. Lagebereiche von G_f

Da f nur an Definitionslücken, Unstetigkeitsstellen, Nullstellen und Unendlichkeitsstellen das Vorzeichen wechseln kann, lassen sich für eine stetige Funktion f zwischen ihren Nullstellen bzw. Unendlichkeitsstellen Bereiche im Koordinatensystem abstreichen (↗ S. 40), in denen der Graph G_f nicht verlaufen kann.

7. Berechnung der Ableitungen
Für die weitere Diskussion werden die Ableitungen f' und f'' mit ihren Definitionsbereichen $D_{f'}$ und $D_{f''}$ benötigt.

8. Lokale Extrema von *f* bzw. Extrempunkte von G_f
Extremstellen in $D_{f'}$ (↗ S. 79 f.):

1. Berechne die Nullstellen von f'.
2. Die Extrema treten nur an den Nullstellen von f' auf (notwendige Bedingung). Untersuche mit Hilfe der weiteren Bedingungen ($f''(x_0) \neq 0$ oder f' wechselt bei x_0 das Vorzeichen) die Nullstellen darauf, ob ein lokales Extremum $f(x_0)$ vorliegt.

Untersuchung von Randstellen, Unstetigkeitsstellen und isolierten Stellen auf ein lokales oder globales Extremum.
Für jeden Extrem**punkt** muss zusätzlich noch der Funktionswert $f(x_0)f(x_0)$ an der Extremstelle x_0 berechnet werden.

9. Monotonie von *f* bzw. Steigen und Fallen von G_f
Bestimme mittels f' die Monotonieintervalle $I \subset D_f$:

$f'(x) > 0$ für alle $x \in I \Rightarrow G_f$ steigt in I streng monoton.

$f'(x) < 0$ für alle $x \in I \Rightarrow G_f$ fällt in I streng monoton.

10. Wendestellen von *f* bzw. Wendepunkte von G_f
Wendestellen in $D_{f''}$ (↗ S. 81 f.):

1. Berechne die Nullstellen von f''.
2. Die Wendestellen müssen sich unter den Nullstellen von f'' befinden (notwendige Bedingung). Untersuche mit Hilfe der weiteren Bedingungen ($f'''(x_0) \neq 0$ oder f'' wechselt bei x_0 das Vorzeichen) die Nullstellen darauf, ob eine Wendestelle vorliegt.

Untersuchung der Stellen $x \in D_f \setminus D_{f''}$, ob eine Wendestelle vorliegt.
Für jeden Wende**punkt** muss zusätzlich noch der Funktionswert $f(x_0)$ an der Wendestelle x_0 berechnet werden.

11. Krümmungsverhalten von G_f
Bestimme mittels f'' die Krümmungsintervalle $I \subset D_f$:

$f''(x) < 0$ für alle $x \in I \Rightarrow G_f$ ist in I rechtsgekrümmt.

$f''(x) > 0$ für alle $x \in I \Rightarrow G_f$ ist in I linksgekrümmt.

12. Wertemenge W_f
Aus den Extrema und dem Randverhalten von f lässt sich bei Stetigkeit von f die Wertemenge W_f bestimmen.

13. Zeichnung des Graphen
Bei der Zeichnung werden alle berechneten Punkte, Tangenten und Asymptoten sowie das Steigungs- und Krümmungsverhalten verwendet.

4.4 Beispiel einer Kurvendiskussion

Diskussion einer gebrochen-rationalen Funktion

Kurvendiskussion für die Funktion $f\colon x \mapsto \dfrac{2x^2 - 4x + 2}{x^2}$:

1. Definitionsbereich D_f

$f(x) = \dfrac{2x^2 - 4x + 2}{x^2} = \dfrac{u(x)}{v(x)}$. f ist an der Nullstelle $x = 0$ des Nenners $v(x)$ nicht definiert: Also gilt: $D_f = \mathbb{R}\backslash\{0\}$.

2. Symmetrieeigenschaften des Graphen G_f
Es liegt keine ausgezeichnete Symmetrie vor.

3. Nullstellen von f
Für $x \in D_f$ gilt: $f(x) = 0 \Leftrightarrow u(x) = 0 \Leftrightarrow 2x^2 - 4x + 2 = 0 \Leftrightarrow x = 1$. f hat also bei $x = 1$ eine doppelte Nullstelle (d. h. ohne Vorzeichenwechsel).

4. Schnittpunkt von G_f mit der y-Achse
Da f für $x = 0$ nicht definiert ist, existiert kein Schnittpunkt mit der y-Achse.

5. Verhalten von f am Rand von D_f

Es gilt $\lim\limits_{x \to \pm\infty} f(x) = \lim\limits_{x \to \pm\infty} \left(2 - \dfrac{4}{x} + \dfrac{2}{x^2}\right) = 2.$

Die Gerade g: $y = 2$ ist horizontale Asymptote von G_f.
$\lim\limits_{\substack{x \to 0 \\ x > 0}} f(x) = \lim\limits_{\substack{x \to 0 \\ x < 0}} f(x) = +\infty$. Die y-Achse ist Asymptote.
Die Definitionslücke $x = 0$ ist Unendlichkeitsstelle 2. Ordnung, also ohne Vorzeichenwechsel.

6. Vorzeichenbereiche von f

Vorzeichentabelle für f

x	$x < 0$	$0 < x < 1$	$1 < x$
Vorzeichen von $f(x)$	+	+	+

f ist nicht negativ, der Graph G_f verläuft also im I. und II. Quadranten.

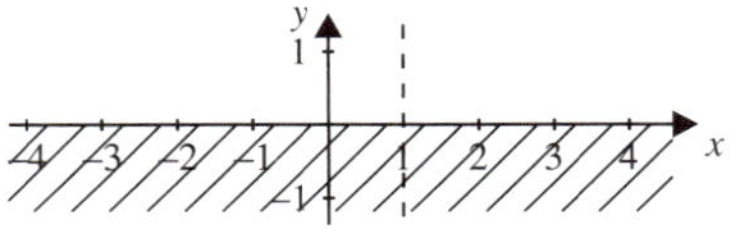

7. Berechnung von f' und f''

$$f'(x) = \frac{(4x-4)\cdot x^2 - (2x^2-4x+2)\cdot 2x}{x^4} = \frac{4x-4}{x^3};$$

$$f''(x) = \frac{4\cdot x^3 - (4x-4)\cdot 3x^2}{x^6} = \frac{-8x+12}{x^4},\ D_{f'} = D_{f''} = \mathbb{R}\setminus\{0\}.$$

8. Extrema von f bzw. Extrempunkte von G_f

1. Nullstellen von f': $f'(x) = 0 \Leftrightarrow 4x - 4 = 0 \Leftrightarrow x = 1$
2. Entscheidung, ob eine Extremstelle vorliegt:
   $f''(1) = 4 > 0$, somit bei $x = 1$ ein lokales Minimum.
   Mit $f(1) = 0$ erhält man den Tiefpunkt $T(1\,|\,0)$.

9. Monotonie von f bzw. Steigen und Fallen von G_f

Eine Vorzeichenbetrachtung von f' ergibt:

$x < 0 \quad \Rightarrow f'(x) > 0 \Rightarrow$ G_f steigt streng monoton,

$0 < x < 1 \quad \Rightarrow f'(x) < 0 \Rightarrow$ G_f fällt streng monoton,

$1 < x \quad \Rightarrow f'(x) > 0 \Rightarrow$ G_f steigt streng monoton.

10. Wendestellen von f bzw. Wendepunkte von G_f

1. Nullstelle von f'': $f''(x) = 0 \Leftrightarrow -8x + 12 = 0 \Leftrightarrow x = 1{,}5$
2. Entscheidung, ob ein Wendepunkt vorliegt:
   Da f'' bei $x = 1{,}5$ das Vorzeichen wechselt, liegt bei $x = 1{,}5$ ein Wendepunkt vor.
   Mit $f(1{,}5) = \frac{2}{9} \approx 0{,}22$: Wendepunkt $W\left(1{,}5\,\middle|\,\frac{2}{9}\right)$.

11. Krümmungsverhalten von G_f
Vorzeichenuntersuchung von
$f''(x) = \frac{-8x + 12}{x^4}$ ergibt:
$x < 0 \quad \Rightarrow f''(x) > 0 \Rightarrow G_f$ ist linksgekrümmt,
$0 < x < 1{,}5 \Rightarrow f''(x) > 0 \Rightarrow G_f$ ist linksgekrümmt,
$1{,}5 < x \quad \Rightarrow f''(x) < 0 \Rightarrow G_f$ ist rechtsgekrümmt.

12. Wertemenge W_f
Auf Grund des lokalen Minimums, des Verhaltens von f für $x \to \pm\infty$ und $x \to 0$ und der Stetigkeit von f gilt:
$W_f = \mathbb{R}_0^+ = [0; \infty[$.

13. Zeichnung des Graphen

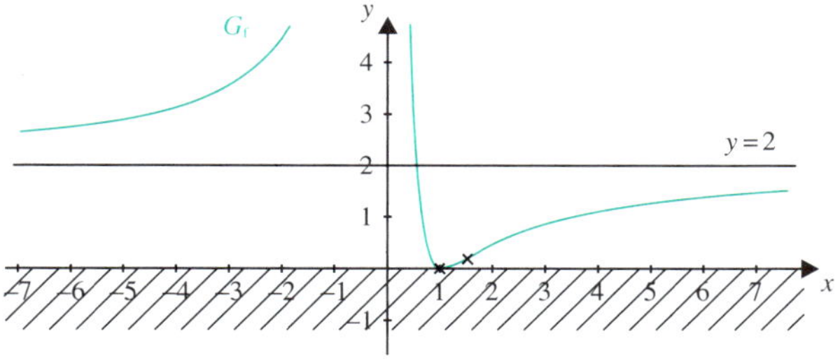

5. Polynomfunktionen zu vorgegebenen Bedingungen

Anzahl der Bedingungen und Grad der Polynomfunktion

Sind über den Verlauf einer Polynomfunktion eine Anzahl von Bedingungen z. B. über Nullstellen, Extremalstellen, Wendestellen vorgegeben, so lässt sich damit ein Satz von Gleichungen aufstellen, aus denen der Term der Polynomfunktion ermittelt werden kann.
Es gilt dabei: Zur Bestimmung der $n + 1$ Koeffizienten des Terms einer Polynomfunktion n-ten Grades (↗ S. 37)
$f(x) = a_n x^n + a_{n-1} x^{n-1} + \ldots + a_1 x + a_0$ sind $n + 1$ Bedingungen nötig.
Dabei sind folgende „**Übersetzungsregeln**" hilfreich:
Der Punkt $P(a \mid b)$ liegt auf G_f $\quad \Leftrightarrow f(a) = b$.
Die Steigung bei $x = a$ hat den Wert $m \Leftrightarrow f'(a) = m$.

Bei $x = a$ liegt ein Extremum vor	$\Rightarrow f'(a) = 0.$
Bei $x = a$ ist eine Wendestelle	$\Rightarrow f''(a) = 0.$
Bei $x = a$ ist ein Terrassenpunkt	$\Rightarrow f'(a) = 0 \wedge f''(a) = 0.$

Allgemeines Vorgehen:

1. Setze den Funktionsterm mit variablen Koeffizienten an. Als Koeffizientenvariablen verwendet man dabei einfacher $a, b, c, \dots$ an Stelle von $a_n, a_{n-1}, a_{n-2} \dots$ Berechne die Ableitungen.
2. Übersetze die gegebenen Bedingungen in Gleichungen.
3. Löse das entstandene Gleichungssystem (↗ S. 113 f.).
4. Überprüfe, ob auch alle nicht äquivalent übersetzten Bedingungen (Extrema, Wendepunkte) erfüllt sind.

Beispiel: Bestimme den Term $f(x)$ einer Polynomfunktion 3. Grades, für die gilt:

- Die Funktion hat bei $x = 2$ eine Nullstelle.
- Bei $x = -2$ liegt ein Extremum vor.
- Der Graph G_f hat den Wendepunkt $W(0 \mid -4)$.

1. Ansatz

$f(x) = ax^3 + bx^2 + cx + d$ hat den Grad 3. Weiter gilt dann: $f'(x) = 3ax^2 + 2bx + c$ und $f''(x) = 6ax + 2b$.

2. Übersetzung in Gleichungen

Nullstelle bei 2:	(1) $f(2) = 0$	$\Leftrightarrow$	$8a + 4b + 2c + d = 0$
Extremum bei –2:	(2) $f'(-2) = 0$	$\Leftrightarrow$	$12a - 4b + c = 0$
Wendestelle bei 0:	(3) $f''(0) = 0$	$\Leftrightarrow$	$2b = 0$
Wendepkt. $(0 \mid -4)$:	(4) $f(0) = -4$	$\Leftrightarrow$	$d = -4$

3. Lösen des Gleichungssystems

Aus (3) folgt **b = 0** und (4) zeigt **d = –4**. Werden b und d in den Gleichungen (1) und (2) ersetzt, erhält man das einfachere Gleichungssystem

(1)′ $8a + 2c - 4 = 0$

(2)′ $12a + c = 0$

Aus (2)′ erhält man $c = -12a$, eingesetzt in (1)′ ergibt:

(1)″ $8a + 2 \cdot (-12a) - 4 = 0 \Leftrightarrow -16a = 4 \Leftrightarrow$ **a = –0,25**.

Daraus folgt **c = 3**.

4. Überprüfung des Ergebnisses:

$f: x \mapsto -0{,}25x^3 + 3x - 4$

Für f liegt bei $x = -2$ ein Minimum vor.

G_f hat den Wendepunkt $(0|-4)$.

Und so sieht der Graph G_f aus:

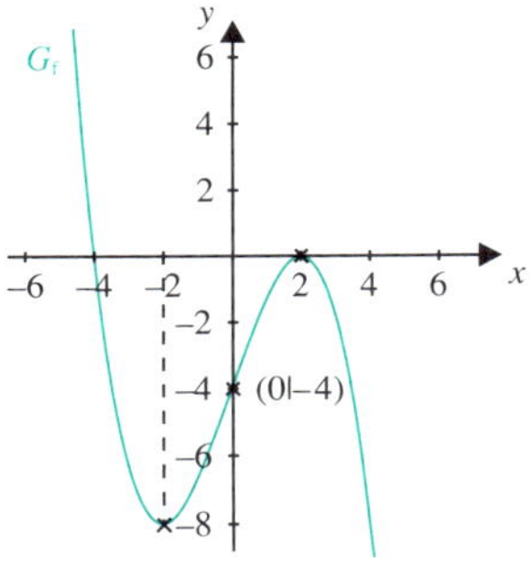

6. Extremwertaufgaben

Bei Extremwertaufgaben werden mit Hilfe der Differentialrechnung Optimierungsprobleme bearbeitet: Für eine Größe wird der optimale Wert gesucht, dies kann je nach Fragestellung der kleinste oder der größte Wert sein.

Allgemeines Vorgehen:

1. Formuliere die Aufgabenstellung mathematisch. Lege, wenn möglich, eine beschriftete Skizze an und stelle alle gegebenen Größen und die angegebenen Bedingungen, die so genannten ***Nebenbedingungen***, zusammen.
2. Bestimme für die zu optimierende Größe eine Funktionsgleichung in Abhängigkeit von den anderen Variablen. Reduziere die Anzahl der Variablen durch Beachtung der Nebenbedingungen.
3. Lege aus den Angaben den Definitionsbereich D fest.
4. Bestimme die lokalen Extrema.
5. Bestimme das globale Extremum. Berücksichtige dabei die Werte an den Rändern D_f.

Beispiel: Aus einem quadratischen Stück Pappe der Seitenlänge 60 cm soll eine offene Schachtel mit maximalem Volumen V hergestellt werden. Dazu wird an jeder Ecke ein gleichgroßes Quadrat entfernt.

1. Mathematisierung der Aufgabe

Gegeben: Quadrat,
$a = 60$ (cm)
Das entstehende Schachtelvolumen V soll maximal werden.
Gesucht: Länge x des zu entfernenden Quadrats in cm.

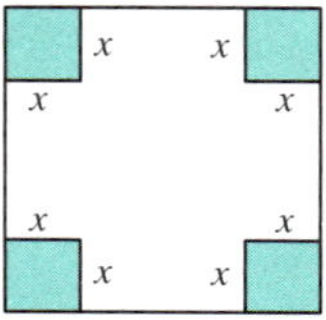

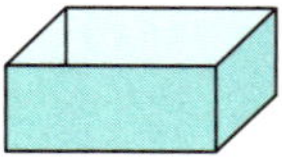

2. Funktionsgleichung

Die Schachtel hat nach dem Entfernen der Eckquadrate und dem Zusammenfalten die Höhe x und eine quadratisch Grundfläche mit der Seitenlänge $a - 2x$. Damit ergibt sich die Funktionsgleichung für V mit a als Parameter:

$$V(x) = (a - 2x)^2 \cdot x = (a^2 - 4ax + 4x^2) \cdot x = 4x^3 - 4ax^2 + a^2x.$$

3. Definitionsbereich

x kann alle Werte zwischen 0 (cm) und 30 (cm) annehmen, also gilt $D =]0; 30[$.

4. Bestimmung der lokalen Extrema

Aus $V(x) = (a - 2x)^2 \cdot x = 4x^3 - 4ax^2 + a^2x$ folgt:

$V'(x) = 12x^2 - 8ax + a^2$ und $V''(x) = 24x - 8a$.

Notwendige Bedingung für Extrema: $V'(x) = 0$.

$V'(x) = 0 \Leftrightarrow 12x^2 - 8ax + a^2 = 0$.

Mit der Lösungsformel für die quadratische Gleichung ergibt sich: $x_{1,2} = \dfrac{8a \pm \sqrt{64a^2 - 4 \cdot 12 \cdot a^2}}{2 \cdot 12} = \dfrac{8a \pm 4a}{24}$ bzw.

$x_1 = \dfrac{a}{6}$ oder $x_2 = \dfrac{a}{2}$.

Beachte: $x_2 = \dfrac{a}{2} = 30$ liegt jedoch nicht mehr im Definitionsbereich

$D =]0; 30[$.

Wegen $V''\left(\dfrac{a}{6}\right) = 24 \cdot \dfrac{a}{6} - 8a = -4a < 0$ liegt bei $x_1 = \dfrac{a}{6}$ ein lokales Maximum von V vor. Mit $a = 60$ ist $x_1 = 10$. Für das Volumen ergibt sich: $V(10) = 16\,000$.

5. Bestimmung des globalen Maximums
Am Rand von D gilt: $\lim\limits_{x \to 0} V(x) = \lim\limits_{x \to 30} V(x) = 0$.

Da $V(x)$ in $D =]0; 30[$ differenzierbar ist, gibt es in D außer bei $x = 10$ (cm) kein weiteres Maximum.
Für $x = 10$ cm ist das Volumen der offenen Schachtel maximal, nämlich $16\,000 \text{ cm}^3 = 16 \text{ dm}^3$.

Integralrechnung

1 Das bestimmte Integral

1.1 Flächenberechnung mit Obersumme und Untersumme

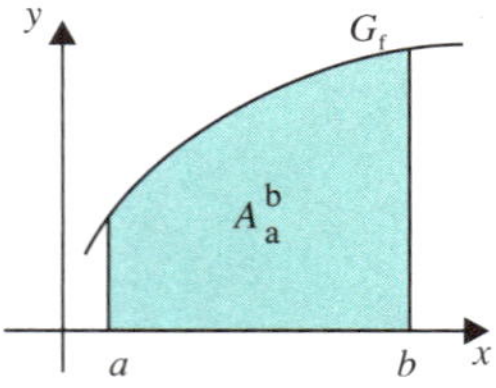

Die Flächenmaßzahl A_a^b der Fläche zwischen dem Graphen G_f einer Funktion f und der x-Achse über einem Intervall $[a; b]$ soll bestimmt werden. Die Funktion f sei in dem Intervall $[a; b]$ definiert und zunächst stetig, nicht negativ und monoton zunehmend.

Die Fläche zwischen dem Graphen G_f und der x-Achse über dem Intervall $[a; b]$ kann durch Rechtecksflächen approximiert werden. Dazu werden dieser Fläche n Rechtecke gleicher Breite $(b - a) : n$ ein- bzw. umbeschrieben (s. unten).

Die Summe der Flächenmaßzahlen der n einbeschriebenen Rechtecke heißt ***Untersumme*** $\underline{A_n}$, die der n umbeschriebenen Rechtecke ***Obersumme*** $\overline{A_n}$.

Durch eine fortgesetzte Verkleinerung der Rechtecksbreiten (z. B. Halbierung) erhält man immer bessere Näherungswerte.

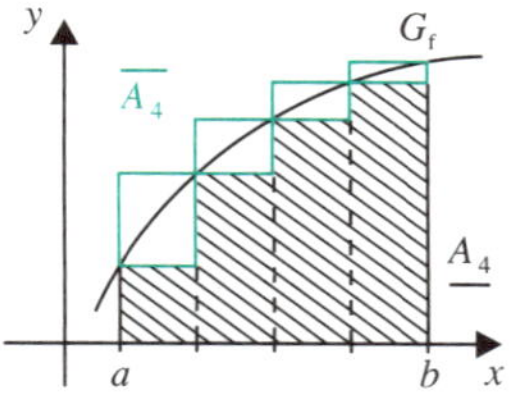

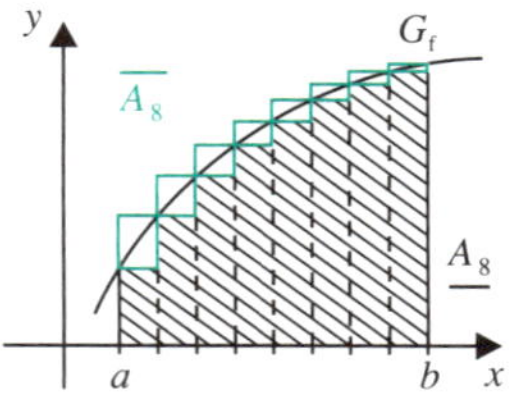

Für alle $m, n \in \mathbb{N}$ mit $m > n$ lässt sich zeigen:

1. $\underline{A_n} \leq A_a^b \leq \overline{A_n}$, d. h. die Flächenmaßzahl A_a^b ist eine obere Grenze für die Folge der Untersummen und eine untere Grenze für die Folge der Obersummen.
2. $\underline{A_n} \leq \underline{A_m}$, d. h. die Folge der Untersummen ist monoton zunehmend. Da sie mit A_a^b auch eine obere Grenze besitzt, hat sie einen Grenzwert $\underline{A} = \lim\limits_{n\to\infty} \underline{A_n} \leq A_a^b$ (↗ S. 56).
3. $\overline{A_n} \geq \overline{A_m}$, d. h. die Folge der Obersummen ist monoton abnehmend. Da sie mit A_a^b auch eine untere Grenze besitzt, hat sie einen Grenzwert $\overline{A} = \lim\limits_{n\to\infty} \overline{A_n} \geq A_a^b$.
4. $\lim\limits_{n\to\infty} \left(\overline{A_n} - \underline{A_n}\right) = \lim\limits_{n\to\infty} \left([f(b) - f(a)] \cdot \dfrac{b-a}{n}\right) = 0$, d. h. die Differenzenfolge der Ober- und Untersummen ist eine Nullfolge.

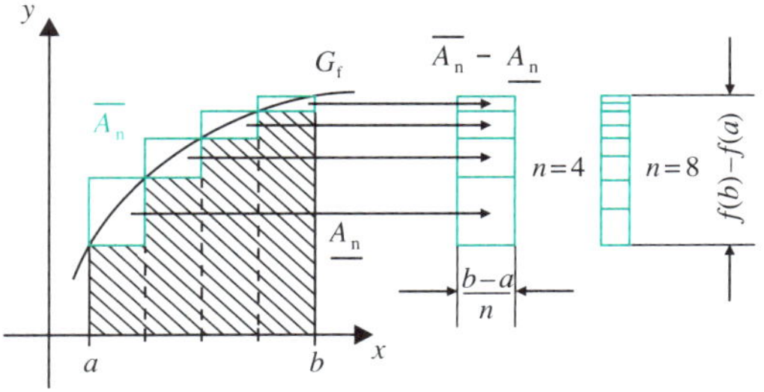

Zusammenfassung:
Die Intervalle $\left[\underline{A_n}; \overline{A_n}\right]$ bilden eine Intervallschachtelung für die Flächenmaßzahl A_a^b.
Es gilt: $A_a^b = \lim\limits_{n\to\infty} \underline{A_n} = \lim\limits_{n\to\infty} \overline{A_n}$.

Man berechnet A_a^b mit den ***Summengrenzwertformeln***:

$$A_a^b = \lim_{n\to\infty} \sum_{i=0}^{n-1} f\left(a + i \cdot \frac{b-a}{n}\right) \cdot \frac{b-a}{n} \text{ bzw.}$$

$$A_a^b = \lim_{n\to\infty} \sum_{i=1}^{n} f\left(a + i \cdot \frac{b-a}{n}\right) \cdot \frac{b-a}{n}.$$

Beispiel: $f\colon x \mapsto 0{,}2x^3 + 1{,}5$; $x \in \mathbb{R}$ und $[a; b] = [1; 2]$. Wir berechnen zunächst allgemein für das Intervall $[0; b]$ die Untersumme $\underline{A_n}$ und dann den Grenzwert $\underline{A} = A_0^b$:

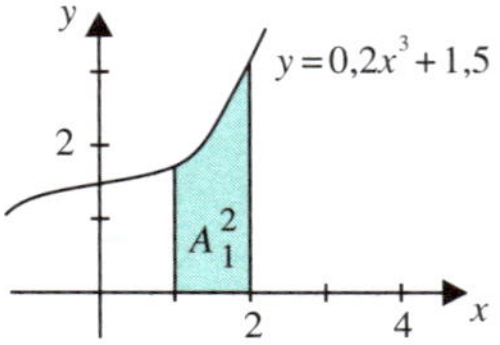

$$\underline{A_n} = \sum_{i=0}^{n-1} f\left(0 + i \cdot \frac{b}{n}\right) \cdot \frac{b-0}{n} = \sum_{i=0}^{n-1} \left[0{,}2 \cdot \left(i \cdot \frac{b}{n}\right)^3 + 1{,}5\right] \cdot \frac{b}{n} =$$

$$\sum_{i=0}^{n-1} \left[0{,}2 \cdot \left(i \cdot \frac{b}{n}\right)^3\right] \cdot \frac{b}{n} + \sum_{i=0}^{n-1} 1{,}5 \cdot \frac{b}{n} =$$

$$0{,}2 \cdot \sum_{i=0}^{n-1} i^3 \cdot \left(\frac{b}{n}\right)^4 + 1{,}5 \cdot n \cdot \frac{b}{n} = 0{,}2 \cdot \frac{(n-1)^2 \cdot n^2}{4} \cdot \left(\frac{b}{n}\right)^4 + 1{,}5 \cdot b =$$

$$0{,}2 \cdot \frac{b^4}{4} \cdot \frac{(n-1)^2 \cdot n^2}{n^4} + 1{,}5 \cdot b = 0{,}2 \cdot \frac{b^4}{4} \cdot \left(1 - \frac{1}{n}\right)^2 + 1{,}5 \cdot b.$$

$$A_0^b = \underline{A} = \lim_{n\to\infty} \underline{A_n} = \lim_{n\to\infty} \left[0{,}2 \cdot \frac{b^4}{4} \cdot \left(1 - \frac{1}{n}\right)^2 + 1{,}5 \cdot b\right] =$$

$$0{,}2 \cdot \frac{b^4}{4} \cdot \lim_{n\to\infty} \left[\left(1 - \frac{1}{n}\right)^2\right] + 1{,}5 \cdot b = 0{,}2 \cdot \frac{b^4}{4} + 1{,}5 \cdot b.$$

Für $0 < a < b$ erhält man A_a^b aus der Differenz der Flächenmaßzahlen A_0^b und A_0^a:

$$A_a^b = A_0^b - A_0^a = \left(0{,}2 \cdot \frac{b^4}{4} + 1{,}5 \cdot b\right) - \left(0{,}2 \cdot \frac{a^4}{4} + 1{,}5 \cdot a\right)$$

$$= 0{,}2 \cdot \frac{b^4 - a^4}{4} + 1{,}5 \cdot (b - a).$$

Für $a = 1$, $b = 2$ folgt: $A_1^2 = 0{,}2 \cdot \dfrac{2^4 - 1^4}{4} + 1{,}5 \cdot (2 - 1) = 2{,}25$.

Ist die Funktion f im Intervall $[a; b]$ negativ statt positiv (G_f liegt unter der x-Achse), so erhält man mit der Summengrenzwertformel das Negative der Flächenmaßzahl:

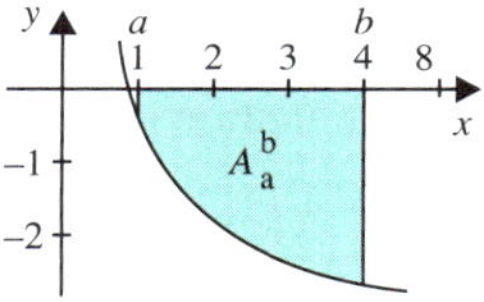

$$\lim_{n\to\infty} \sum_{i=0}^{n-1} f\left(a + i \cdot \frac{b-a}{n}\right) \cdot \frac{b-a}{n} = -A_a^b.$$

Weiter existieren die Grenzwerte der Unter- und Obersummen und stimmen auch dann überein, wenn für die Funktion f nur die Stetigkeit im Intervall $[a; b]$ vorausgesetzt wird.
Wechselt die Funktion f im Intervall $[a; b]$ das Vorzeichen, so gibt der Summengrenzwert nunmehr eine Bilanz der mit Vorzeichen behafteten Flächenmaßzahlen an.

$$\lim_{n\to\infty} \sum_{i=0}^{n-1} f\left(a + i \cdot \frac{b-a}{n}\right) \cdot \frac{b-a}{n} = A_a^c - A_c^d + A_d^e - A_e^b$$

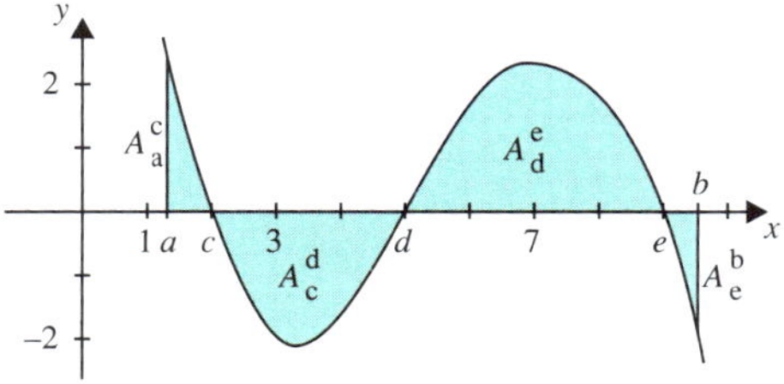

1.2 Definition und Eigenschaften des bestimmten Integrals

Es sei f eine in einem Intervall $[a; b]$ definierte Funktion, für die die Grenzwerte der Unter- und Obersummen existieren und übereinstimmen. Dann heißt

$$\int_a^b f(x)\,dx := \lim_{n\to\infty} \sum_{i=0}^{n-1} f\left(a + i \cdot \frac{b-a}{n}\right) \cdot \frac{b-a}{n} =$$

$$\lim_{n\to\infty} \sum_{i=1}^{n} f\left(a + i \cdot \frac{b-a}{n}\right) \cdot \frac{b-a}{n}$$

das ***bestimmte Integral*** der Funktion f im Intervall $[a; b]$.

(Sprechweise: „Integral von a bis b über f von x dx“)
Die Funktion f heißt dann ***Integrandenfunktion*** und $[a; b]$ ***Integrationsbereich.*** f heißt im Intervall $[a; b]$ ***integrierbar***.

Eine in einem Intervall $[a; b]$ definierte Funktion f ist integrierbar, wenn f im Intervall $[a; b]$ stetig oder monoton ist.

Eigenschaften des bestimmten Integrals

Es seien f und g in einem Intervall $[a; b]$ definierte Funktionen, die im Intervall $[a; b]$ integrierbar sind, $c \in [a; b]$, $k \in \mathbb{R}$.

1. Umkehrung der Integrationsrichtung

$$\int_b^a f(x)\,dx = \lim_{n\to\infty} \sum_{i=0}^{n-1} f\left(b + i \cdot \frac{a-b}{n}\right) \cdot \frac{a-b}{n} = -\int_a^b f(x)\,dx$$

2. $\int_a^a f(x)\,dx = 0$

3. $\int_a^b k \cdot f(x)\,dx = k \cdot \int_a^b f(x)\,dx$

4. Additivitätseigenschaft

$$\int_a^b f(x)\,dx = \int_a^c f(x)\,dx + \int_c^b f(x)\,dx$$

5. Linearitätseigenschaft

$$\int_a^b (f(x) + g(x))\,dx = \int_a^b f(x)\,dx + \int_a^b g(x)\,dx$$

6. Monotonieeigenschaft
   Ist $f(x) < g(x)$ für alle $x \in [a; b]$, so gilt:

$$\int_a^b f(x)\,dx < \int_a^b g(x)\,dx$$

7. Ist $m \leq f(x) \leq M$ für alle $x \in [a; b]$, so gilt:

$$m \cdot (b-a) \leq \int_a^b f(x)\,dx \leq M \cdot (b-a)$$

Beispiele:

- $\int_2^1 (0{,}2 \cdot x^3 + 1{,}5)\,dx = -\int_1^2 (0{,}2 \cdot x^3 + 1{,}5)\,dx = -2{,}25$ (↗ S. 94)

- $\int_{-\pi}^{2\pi} \sin^2 x \, dx + \int_{-\pi}^{2\pi} \cos^2 x \, dx = \int_{-\pi}^{2\pi} (\sin^2 x + \cos^2 x) \, dx =$

  $\int_{-\pi}^{2\pi} 1 \, dx = (2\pi - (-\pi)) \cdot 1 = 3\pi$

- $\int_{-6}^{0} (2x - 0,5)^2 \, dx = \int_{-6}^{0} (4x^2 - 2x + 0{,}25) \, dx =$

  $4 \cdot \int_{-6}^{0} x^2 \, dx - 2 \cdot \int_{-6}^{0} x \, dx + 0{,}25 \cdot \int_{-6}^{0} 1 \, dx = 325{,}5$

  Eine algebraische Summe stetiger Funktionen kann gliedweise integriert werden.

2 Stammfunktion und Integralfunktion

2.1 Definitionen, Beispiele, Sätze

Ist die Funktion f im Intervall I integrierbar, so heißt eine in I definierte Funktion $F\colon x \mapsto F(x) = \int_a^x f(t) \, dt$ *mit* $a, x \in I$ eine ***Integralfunktion*** von f in I. f heißt ***Integrandenfunktion.***

Jede Integralfunktion hat mindestens eine Nullstelle, nämlich die untere Integrationsgrenze.

Sind die Funktionen f und F in einem gemeinsamen Bereich D definiert und ist F in D differenzierbar, so heißt die Funktion F ***Stammfunktion*** zu f in D, wenn $F'(x) = f(x)$ für alle $x \in D$ gilt.

Beispiele: $f(x) = 2x + 4;\ x \in \mathbb{R}$, ist integrierbar in $\mathbb{R}$.

- $F_0\colon\ x \mapsto F_0(x) = \int_0^x f(t) \, dt = \int_0^x (2t + 4) \, dt = x^2 + 4x$

- $F_2\colon\ x \mapsto F_2(x) = \int_2^x f(t) \, dt = \int_2^x (2t + 4) \, dt = x^2 + 4x - 12$

Die Integralfunktionen F_0 und F_2 sind auch Stammfunktionen zu f. Die Funktion F mit $F(x) = (x+2)^2 + 2,\ x \in \mathbb{R}$, ist eine Stammfunktion zu f, jedoch keine Integralfunktion, da sie keine Nullstelle besitzt.

Jede Integralfunktion einer stetigen Funktion f ist eine Stammfunktion zu f.
Die Differenz zweier Stammfunktionen einer Funktion f ist auf jedem Intervall des gemeinsamen Definitionsbereichs eine konstante Funktion.

2.2 Der Hauptsatz der Differential- und Integralrechnung

Jede Integralfunktion einer stetigen Integrandenfunktion ist differenzierbar und ihre Ableitung ist gleich der Integrandenfunktion.

$$\left(f \text{ stetig in } I \text{ und } a \in I \text{ und } F(x) = \int_a^x f(t)\,dt,\ x \in I\right) \Rightarrow$$

$F'(x) = f(x)$ für alle $x \in I$. (***Hauptsatz der Differential- und Integralrechnung***)

Beispiele:

- $F(x) = \int_0^x (2t+4)\,dt,\ x \in \mathbb{R} \Rightarrow F'(x) = 2x+4$
- $F(x) = \int_0^x 2\sin(t-\pi)\,dt,\ x \in \mathbb{R} \Rightarrow F'(x) = 2\sin(x-\pi)$

Jede Integralfunktion einer stetigen Integrandenfunktion ist also eine Stammfunktion der Integrandenfunktion.
Hiermit erhält man eine Berechnungsformel für Integrale:

Das bestimmte Integral einer im Intervall I stetigen Funktion f zwischen der unteren Grenze a und der oberen Grenze b ist gleich der Differenz $F(b) - F(a)$ der Funktionswerte einer beliebigen Stammfunktion F zu f.

$\int_a^b f(x)\,dx = F(b) - F(a) =: [F(x)]_a^b$ (***Integrationsformel***)

Beispiele:

- $\int_0^{\pi} \sin x\; dx = [-\cos x]_0^{\pi} = -\cos \pi - (-\cos 0) = 2$

- $\int_2^3 \frac{1}{x^2}\; dx = \left[\frac{x^{-2+1}}{-2+1}\right]_2^3 = \left[-\frac{1}{x}\right]_2^3 = -\frac{1}{3} - \left(-\frac{1}{2}\right) = \frac{1}{6}$

2.3 Das unbestimmte Integral

Die Menge aller Stammfunktionen einer Funktion f heißt ***unbestimmtes Integral*** von f.

Man schreibt kurz:

$\int f(x)\; dx = F(x) + C$, wobei C eine reelle Konstante ist.

(Dies ist keine Gleichung im algebraischen Sinn! Mit ihr wird zum Ausdruck gebracht, dass auf jedem Intervall I des Differenzierbarkeitsbereiches von F gilt: $(F(x) + C)' = f(x)$.)

Grundintegrale:

- $\int x^{n}\; dx = \frac{x^{n+1}}{n+1} + C;\; n \in \mathbb{R},\; n \neq -1$

- $\int \frac{1}{x}\; dx = \ln|x| + C$

- $\int \ln x\; dx = -x + x \cdot \ln x + C$

- $\int \sin x\; dx = -\cos x + C$

- $\int \cos x\; dx = \sin x + C$

- $\int e^{x}\; dx = e^{x} + C$

- $\int a^{x}\; dx = \frac{a^{x}}{\ln a} + C;\; a > 0,\; a \neq 1$

Weitere häufig benötigte Integrale: $(a > 0)$

- $\int \frac{f'(x)}{f(x)}\, dx = \ln|f(x)| + C$

- $\int \frac{f'(x)}{1+(f(x))^2} = \arctan f(x) + C = \tan^{-1} f(x) + C$

- $\int \frac{1}{\cos^2 x}\, dx = tan\ x + C$

- $\int \frac{1}{\sin^2 x}\, dx = -\ \cot x + C$

- $\int \sin^2 x\ dx = \frac{1}{2}(x - \sin x \cdot \cos x) + C$

- $\int \cos^2\ x\ dx = \frac{1}{2}(x + \sin x \cdot \cos x) + C$

- $\int \tan x\ dx = -\ln|\cos x| + C$

- $\int \cot x\ dx = \ln|\sin x| + C$

- $\int \frac{1}{a^2 - x^2}\ dx = \frac{1}{2a} \cdot \ln\left|\frac{a+x}{a-x}\right| + C$

- $\int \frac{1}{a^2 + x^2}\ dx = \frac{1}{a} \cdot \arctan\frac{x}{a} + C = \frac{1}{a} \cdot \tan^{-1}\frac{x}{a} + C$

- $\int \frac{x}{\sqrt{a^2 - x^2}}\ dx = -\sqrt{a^2 - x^2} + C$

- $\int \frac{1}{\sqrt{a^2 - x^2}}\ dx = \arcsin\frac{x}{a} + C = \sin^{-1}\ \frac{x}{a} + C$

- $\int \frac{1}{\sqrt{x^2 \pm a^2}}\ dx = \ln\left|x + \sqrt{x^2 \pm a^2}\right| + C$

- $\int \sqrt{a^2 + x^2}\ dx = \frac{x}{2} \cdot \sqrt{a^2 + x^2} + \frac{a^2}{2} \cdot \ln\left(x + \sqrt{a^2 + x^2}\right) + C$

- $\int \sqrt{a^2 - x^2}\ dx = \frac{x}{2} \cdot \sqrt{a^2 - x^2} + \frac{a^2}{2} \cdot \arcsin\frac{x}{a} + C =$

$\frac{x}{2} \cdot \sqrt{a^2 - x^2} + \frac{a^2}{2} \cdot \sin^{-1}\frac{x}{a} + C$ (***Kreisintegral***)

3 Integrationsverfahren

3.1 Integration durch Substitution

Durch „Umkehrung" der Kettenregel der Differentialrechnung (↗ S. 73) kann man „kompliziertere" Funktionen integrieren.

Beispiel: $F(x) = \sin(1 + x^3)$, $x \in \mathbb{R}$. Nach der Kettenregel gilt: $F'(x) = \cos(1 + x^3) \cdot 3x^2$, $x \in \mathbb{R}$.
Damit folgt: $\int \cos(1 + x^3) \cdot 3x^2 \, dx = \sin(1 + x^3) + C$.
Die Funktion F des Beispiels lässt sich als Verkettung zweier Funktionen darstellen ($x \mapsto t = 1 + x^3$ und $t \mapsto \sin t = \sin(1 + x^3) = F(x)$) und ist Stammfunktion der „komplizierten" Funktion f mit $f(x) = \cos(1 + x^3) \cdot 3x^2$.

Verallgemeinerung:
Ist $x \mapsto g(x) =: t$ (Substitution) und $t \mapsto F(t) = F(g(x))$ und $f(t) = F'(t) = [F(g(x))]' = F'(g(x)) \cdot g'(x) = f(g(x)) \cdot g'(x)$, so gilt: $\int f(g(x)) \cdot g'(x) \, dx = \int f(t) \, dt = F(x) + C$, mit $t = g(x)$.
Es genügt dann eine Stammfunktion von f zu bestimmen.

Bei der Berechnung bestimmter Integrale mit dieser Methode kann man nach der Anwendung der Formel entweder die Substitution rückgängig machen und die gegebenen Integrationsgrenzen verwenden oder die Substitution beibehalten und die gegebenen Integrationsgrenzen umrechnen.

Beispiel: $\int_{-1}^{1} \cos(1 + x^3) \cdot 3x^2 \, dx$

1. Weg: $\int_{-1}^{1} \cos(1 + x^3) \cdot 3x^2 \, dx = [\sin(1 + x^3)]_{-1}^{1} =$

(Die Stammfunktion ist bekannt, siehe oben.)
$\sin(1 + 1^3) - \sin(1 + (-1)^3) =$
$\sin 2 - \sin 0 = \sin 2 \approx 0,91$

2. Weg: $\int_{-1}^{1} \cos(1 + x^3) \cdot 3x^2 \, dx = \int_{1+(-1)^3}^{1+1^3} \cos t \, dt = [\sin t]_0^2 =$

$\sin 2 - \sin 0 = \sin 2 \approx 0,91$

1. Fassung der ***Substitutionsregel***:

Lässt sich eine Integrandenfunktion als Verkettung zweier Funktionen in der Form $f(g(x)) \cdot g'(x)$ darstellen, wobei g eine in dem Intervall $[a; b]$ stetig differenzierbare Funktion und f eine im Bereich $g([a; b])$ stetige Funktion ist, so gilt:

$$\int_a^b f(g(x)) \cdot g'(x)\, dx = \int_{g(a)}^{g(b)} f(t)\, dt, \text{ mit } t = g(x).$$

Praktisches Vorgehen:

1. Suche einen geeigneten Substitutionsterm $g(x)$, dass $g'(x)$ (ggf. bis auf einen konstanten Faktor) im Integranden als Faktor vorkommt.
2. Substituiere $g(x)$ durch t und $g'(x)\,dx$ durch dt und die Integrationsgrenzen a und b durch $g(a)$ und $g(b)$.
3. Berechne das neue Integral.

Beispiele:

- $\int_0^b \sqrt{b^2 - x^2} \cdot x\, dx = \int_0^b \sqrt{b^2 - x^2} \cdot \left(-\frac{1}{2}\right) \cdot (-2x)\, dx =$

  (Durch die Umformung erhält man die Ableitung des Radikanden als Faktor. Substitution: $t = b^2 - x^2 = g(x)$).

  $\left(-\frac{1}{2}\right) \cdot \int_0^b \sqrt{b^2 - x^2} \cdot (-2x)\, dx = \left(-\frac{1}{2}\right) \cdot \int_{b^2-0^2}^{b^2-b^2} \sqrt{t}\;\; dt =$

  $\left(-\frac{1}{2}\right) \cdot \left[\frac{t^{0,5+1}}{0,5+1}\right]_{b^2}^{0} = -\frac{1}{2} \cdot \left(\frac{0^{1,5}}{1,5} - \frac{(b^2)^{1,5}}{1,5}\right) = \frac{1}{3} b^3$

- $\int_1^e \frac{1}{x \cdot \sqrt{\ln x}}\, dx = \int_1^e \frac{1}{\sqrt{\ln x}} \cdot \frac{1}{x}\, dx = \int_{\ln 1}^{\ln e} \frac{1}{\sqrt{t}}\, dt = \left[\frac{t^{0,5}}{0,5}\right]_0^1 =$

  $2\sqrt{1} - 2\sqrt{0} = 2$ (Substitution: $t = \ln x = g(x)$).

Bisher wurden die Integranden in der Form $f(g(x)) \cdot g'(x)$ dargestellt und nach der Substitution $t = g(x)$ war die Funktion f zu integrieren. Dieser Weg lässt sich auch umkehren: $\int f(x)\, dx = \int f(g(t)) \cdot g'(t)\, dt$, mit $x = g(t)$.

(Um die Integralformel in der gewohnten Form zu erhalten, wurden die Integrationsvariablen x und t vertauscht.)

Beispiel: $\int \frac{x}{(2-x)^3}\,dx; \quad f(x) = \frac{x}{(2-x)^3}$

Substitution: $t = 2 - x = g^{-1}(t) \Rightarrow x = 2 - t = g(t)$

$$g'(t) = \frac{dx}{dt} = -1 \Rightarrow dx = g'(t)\,dt = (-1)\,dt$$

$$\int \frac{x}{(2-x)^3}\,dx = \int \frac{2-t}{t^3} \cdot (-1)\,dt = \int (-2t^{-3} + t^{-2})\,dt =$$

$$t^{-2} - t^{-1} + C = (2-x)^{-2} - (2-x)^{-1} + C$$

Bei der Berechnung bestimmter Integrale mit dieser Methode kann man nach der Anwendung der Formel entweder die Substitution rückgängig machen und die gegebenen Integrationsgrenzen verwenden oder die Substitution beibehalten und die gegebenen Integrationsgrenzen umrechnen.

Beispiel: $\int\limits_3^4 \frac{x}{(2-x)^3}\,dx$

1. Weg: $\int\limits_3^4 \frac{x}{(2-x)^3}\,dx = [(2-x)^{-2} - (2-x)^{-1}]_3^4 = -1{,}25$

(Die Stammfunktion ist bekannt. Siehe oben)

2. Weg: $\int\limits_3^4 \frac{x}{(2-x)^3}\,dx = \int\limits_{2-3}^{2-4} \frac{2-t}{t^3} \cdot (-1)\,dt = \int\limits_{-1}^{-2} (-2t^{-3} + t^{-2})\,dt =$

$$[t^{-2} - t^{-1}]_{-1}^{-2} = \frac{1}{4} + \frac{1}{2} - 1 - 1 = -1{,}25$$

2. Fassung der ***Substitutionsregel***:

Ist die Funktion f in dem Intervall $[a; b]$ stetig und existiert auf $[a; b]$ die Umkehrfunktion g^{-1} zur Funktion g, die im Bereich $g^{-1}([a; b])$ stetig differenzierbar ist, so gilt:

$$\int\limits_a^b f(x)\,dx = \int\limits_{g^{-1}(a)}^{g^{-1}(b)} f(g(t)) \cdot g'(t)\,dt, \text{ mit } x = g(t).$$

Praktisches Vorgehen:

1. Suche einen Substitutionsterm $t = g^{-1}(x)$ oder $x = g(t)$, löse nach der anderen Variablen auf und bestimme $g'(t)$.
2. Substituiere x durch $g(t)$ und dx durch $g'(t)\ dt$ und die Integrationsgrenzen a und b durch $g^{-1}(a)$ und $g^{-1}(b)$.
3. Berechne das neue Integral.

Beispiele:

- $$\int\limits_0^{0,75} \frac{x}{\sqrt{1-x}}\,dx = \int\limits_{\sqrt{1-0}}^{\sqrt{1-0,75}} \frac{(1-t^2)}{t} \cdot (-2t)\,dt = -2\int\limits_1^{0,5} (1-t^2)\,dt =$$
  (Substitution: $t = \sqrt{1-x} = g^{-1}(x) \Rightarrow x = 1 - t^2 = g(t)$ und $dx = -2t\ dt$.)
  $$-2 \cdot \left[t - \frac{t^3}{3}\right]_1^{0,5} = -2 \cdot \left[\left(0,5 - \frac{0,5^3}{3}\right) - \left(1 - \frac{1^3}{3}\right)\right] = \frac{5}{12}$$
- $$\int\limits_0^1 e^x \cdot \sqrt{e^x - 1}\,dx = \int\limits_{e^0-1}^{e^1-1} (t+1) \cdot \sqrt{t} \cdot \frac{1}{t+1}\,dt =$$
  (Substitution: $t = e^x - 1 = g^{-1}(x) \Rightarrow e^x = t + 1$,
  $x = \ln\,(t+1) = g(t)$ und $dx = \dfrac{1}{t+1}\,dt$)
  $$\int\limits_0^{e-1} \sqrt{t}\,dt = \left[\frac{t^{1,5}}{1,5}\right]_0^{e-1} = \frac{2}{3}(e-1)^{1,5} \approx 1,5$$

3.2 Partielle Integration

Durch „Umkehrung" der Produktregel der Differentialrechnung (↗ S. 73) kann man „kompliziertere" Funktionen integrieren. Sind die Funktionen u und v im Intervall $[a; b]$ differenzierbar, so ist auch die Funktion $f = u \cdot v$ in $[a; b]$ differenzierbar, und es gilt nach der Produktregel für alle $x \in [a; b]$: $f'(x) = [u(x) \cdot v(x)]' = u'(x) \cdot v(x) + u(x) \cdot v'(x)$. Sind u' und v' und damit auch f' in $[a; b]$ stetig, so kann diese Gleichung integriert werden.

$$\int_a^b f'(x)\,dx = \int_a^b u'(x)\cdot v(x)\,dx + \int_a^b u(x)\cdot v'(x)\,dx \Rightarrow$$

$$[f(x)]_a^b = [u(x)\cdot v(x)]_a^b = \int_a^b u'(x)\cdot v(x)\,dx + \int_a^b u(x)\cdot v'(x)\,dx \Rightarrow$$

$$\int_a^b u(x)\cdot v'(x)\,dx = [u(x)\cdot v(x)]_a^b - \int_a^b u'(x)\cdot v(x)\,dx \text{ bzw.}$$

$$\int u(x)\cdot v'(x)\,dx = u(x)\cdot v(x) - \int u'(x)\cdot v(x)\,dx$$

Partielle Integration:
Lässt sich eine Integrandenfunktion als Produkt zweier Funktionen u und v' darstellen, wobei u eine in dem Intervall $[a;\ b]$ stetig differenzierbare Funktion und v' eine in $[a;\ b]$ stetige Funktion ist, so gilt:

$$\int_a^b u(x)\cdot v'(x)\,dx = [u(x)\cdot v(x)]_a^b - \int_a^b u'(x)\cdot v(x)\,dx,$$

wobei v eine Stammfunktion von v' und u' die stetige Ableitung von u sind.

Beispiele:

- $\int_0^\pi x\cdot \sin x\,dx = [x\cdot(-\cos x)]_0^\pi - \int_0^\pi 1\cdot(-\cos x)\,dx =$
  $(u(x) = x,\ v'(x) = \sin x \Rightarrow u'(x) = 1 \text{ und } v(x) = -\cos x)$
  $[\pi\cdot 1 - 0\cdot(-1)] + [\sin x]_0^\pi = \pi + (0-0) = \pi$

- $\int_0^1 x\cdot e^x\,dx = [x\cdot e^x]_0^1 - \int_0^1 1\cdot e^x\,dx = (e-0) - [e^x]_0^1 = 1$
  $(u(x) = x,\ v'(x) = e^x \Rightarrow u'(x) = 1 \text{ und } v(x) = e^x.)$

Oft muss mehrfach partiell integriert werden. Dabei kann es vorkommen, dass das gesuchte Integral wieder auftritt. Durch Umformen und Zusammenfassen kann es sich dann vielleicht berechnen lassen.

3.3 Integration durch Partialbruchzerlegung

Bei der Integration rationaler Funktionen, bei denen der Grad des Zählerpolynoms kleiner ist als der Grad des Nennerpolynoms kann die Methode der ***Partialbruchzerlegung*** helfen: Der Bruchterm wird als Summe von Teilbrüchen dargestellt.

Beispiel:

$$f(x) = \frac{2x+6}{x^2-1} = \frac{2x+6}{(x+1)(x-1)} = \frac{A}{x+1} + \frac{B}{x-1} =$$

$$\frac{A(x-1)+B(x+1)}{(x+1)(x-1)} = \frac{(A+B)\,x+(B-A)}{(x+1)(x-1)}$$

Da die Zähler übereinstimmen müssen, folgt:
$A + B = 2$ und $B - A = 6 \Leftrightarrow A = -2$ und $B = 4$.

Also gilt: $f(x) = \frac{2x+6}{x^2-1} = \frac{-2}{x+1} + \frac{4}{x-1}$ und damit:

$$\int f(x)\,dx = \int \frac{2x+6}{x^2-1}\,dx = \int \frac{-2}{x+1}\,dx + \int \frac{4}{x-1}\,dx =$$

$$-2\ln|x+1| + 4\ln|x-1| + C.$$

Jede rationale Funktion lässt sich durch Polynomdivision (↗ S. 39) so umformen, dass eine Summe aus einem Polynom und einer echt gebrochen-rationalen Funktion entsteht. Dann kann mit Hilfe der Partialbruchzerlegung integriert werden.

Beispiel: $f(x) = \frac{3x^4-5x^2+2x+8}{x^2-1} = 3x^2 - 2 + \frac{2x+6}{x^2-1}$

$$\int \frac{3x^4-5x^2+2x+8}{x^2-1}\,dx = \int (3x^2-2)\,dx + \int \frac{2x+6}{x^2-1}\,dx =$$

$x^3 - 2x - 2\ln|x+1| + 4\ln|x-1| + C$. (↗ letztes Beispiel).

4 Uneigentliche Integrale

4.1 Integrale mit nicht beschränktem Integrationsbereich

In diesem Abschnitt werden nicht beschränkte Intervalle als Integrationsbereiche betrachtet.

Ist die Funktion $f\colon x \mapsto f(x)$ für $x \geq a$ bzw. $x \leq b$ integrierbar, so ist, sofern der jeweilige Grenzwert existiert,

$$\int_a^\infty f(x)\,dx := \lim_{b\to\infty} \int_a^b f(x)\,dx \text{ bzw. } \int_{-\infty}^b f(x)\,dx := \lim_{a\to-\infty} \int_a^b f(x)\,dx.$$

Solche Integrale heißen ***uneigentliche Integrale*** 1. Art.

Beispiele:

- $\int_1^\infty x^{-2}\,dx = \lim_{b\to\infty} \int_1^b x^{-2}\,dx = \lim_{b\to\infty} [-x^{-1}]_1^b = \lim_{b\to\infty} (-b^{-1} + 1) = 1$
- $\int_{-\infty}^1 e^x\,dx = \lim_{a\to-\infty} \int_a^1 e^x\,dx = \lim_{a\to-\infty} [e^x]_a^1 = \lim_{a\to-\infty} (e^1 - e^a) = e$

Wichtige Integrale mit nicht beschränktem Integrationsbereich:

- Für $a \in \mathbb{R}^+$ und $k > 1$ gilt: $\int_a^\infty \frac{1}{x^k}\,dx = -\frac{a^{1-k}}{1-k}$.
- Die ***Gaußsche Integralfunktion*** (↗ S. 214):

$$\Phi(x) = \frac{1}{\sqrt{2\pi}} \cdot \int_{-\infty}^x e^{-\frac{1}{2}\cdot t^2}\,dt,\ x \in \mathbb{R}$$

4.2 Integrale mit nicht beschränktem Integranden

Es werden Integrale betrachtet, deren Integrandenfunktionen am Rand des Integrationsbereiches nicht beschränkt sind.

Ist die Funktion $f\colon x \mapsto f(x)$ im Intervall $]a; b]$ bzw. $[a; b[$ integrierbar und bei $x = a$ bzw. $x = b$ nicht beschränkt, so bedeutet

$$\int_a^b f(x)\,dx := \lim_{\substack{t\to a\\ t>a}} \int_t^b f(x)\,dx \text{ bzw. } \int_a^b f(x)\,dx := \lim_{\substack{t\to b\\ t<b}} \int_a^t f(x)\,dx,$$

vorausgesetzt, der jeweilige Grenzwert existiert.
Solche Integrale heißen ***uneigentliche Integrale*** 2. Art.

Beispiel: $\int\limits_0^{16} x^{-0,25}\,dx = \lim\limits_{\substack{t\to 0\\ t>0}} \int\limits_t^{16} x^{-0,25}\,dx = \lim\limits_{\substack{t\to 0\\ t>0}} \left[\frac{x^{-0,25+1}}{-0,25+1}\right]_t^{16} =$

$\lim\limits_{\substack{t\to 0\\ t>0}} \left(\frac{4}{3}\cdot 16^{0,75} - \frac{4}{3}\cdot t^{0,75}\right) = \frac{32}{3}$

Wichtige Integrale mit nicht beschränktem Integranden am Rand des Integrationsbereiches:

- Für $b \in \mathbb{R}^+$ und $0 < k < 1$ gilt: $\int\limits_0^b \frac{1}{x^k}\,dx = \frac{b^{1-k}}{1-k}$.
- $\int\limits_0^1 \ln x\,dx = -1$

5 Anwendungen

5.1 Berechnung von Flächeninhalten

Zunächst soll die Flächenmaßzahl A einer Fläche zwischen dem Graphen G_f einer Funktion f und der x-Achse über einem Intervall $[a;\,b]$ bestimmt werden. Wechselt die Funktion f im Intervall $[a;\,b]$ das Vorzeichen, so gibt das Integral von a bis b über f nur eine Bilanz der mit Vorzeichen behafteten Flächenmaßzahlen an. Deshalb gilt:

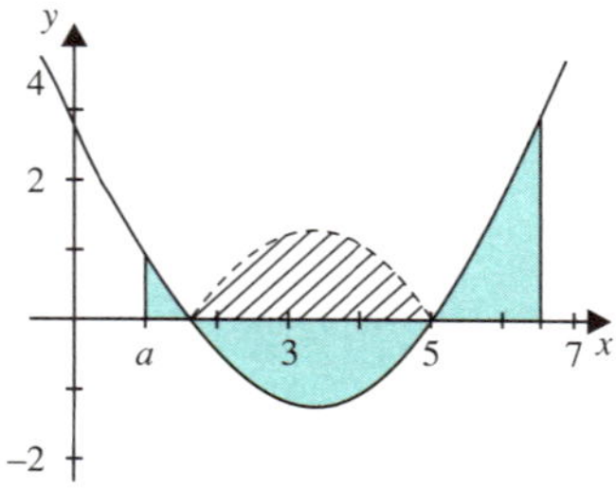

$$A = \left|\int\limits_a^b |f(x)|\,dx\right|.$$

Für $a \leq b$ fallen die äußeren Betragsstriche weg. Ist $f(x) \geq 0$ für alle $x \in [a;b]$, fallen die inneren Betragsstriche weg.

Beispiele:

- $A = \int_{-1}^{3} |x^2 - 2x| \, dx$

Da die Funktion im Integrationsbereich zweimal das Vorzeichen wechselt, wird zur Beseitigung des Betrags das Integral in drei Teilintegrale aufgespalten. Die neuen Integrationsgrenzen sind die Nullstellen der Integrandenfunktion.

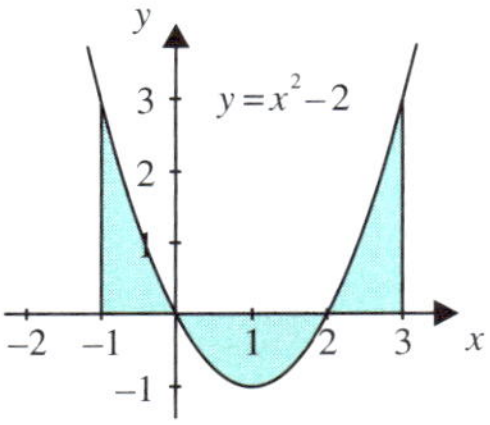

$$A = \int_{-1}^{0} (x^2 - 2x) \, dx + \int_{0}^{2} -(x^2 - 2x) \, dx + \int_{2}^{3} (x^2 - 2x) \, dx =$$

$$\left[\frac{x^3}{3} - x^2\right]_{-1}^{0} - \left[\frac{x^3}{3} - x^2\right]_{0}^{2} + \left[\frac{x^3}{3} - x^2\right]_{2}^{3} = \frac{4}{3} + \frac{4}{3} + \frac{4}{3} = 4$$

- $A = \int_{-2}^{2} |x^3| \, dx = 2 \cdot \int_{0}^{2} x^3 \, dx =$

$$2 \cdot \left[\frac{x^4}{4}\right]_{0}^{2} = 2 \cdot 4 = 8$$

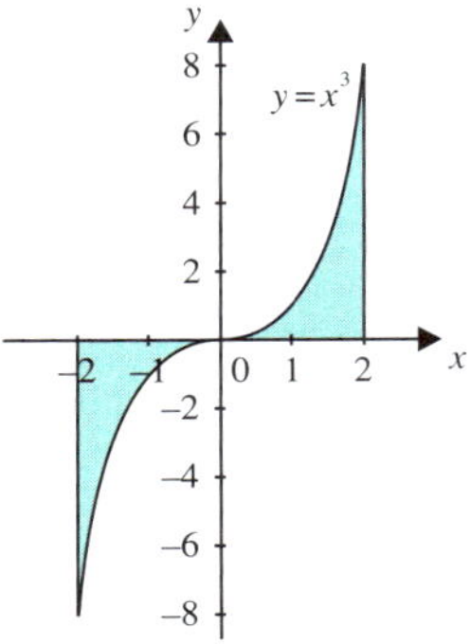

Ist der Integrationsbereich symmetrisch bezüglich 0 und die Integrandenfunktion f gerade oder ungerade, so gilt:

$$A = \int_{-a}^{a} |f(x)| \, dx = 2 \cdot \int_{0}^{a} |f(x)| \, dx$$

mit $a \geq 0$.

Nun soll die Flächenmaßzahl A einer Fläche zwischen den Graphen G_f und G_g zweier Funktionen f und g über einem Intervall $[a; b]$ bestimmt werden.

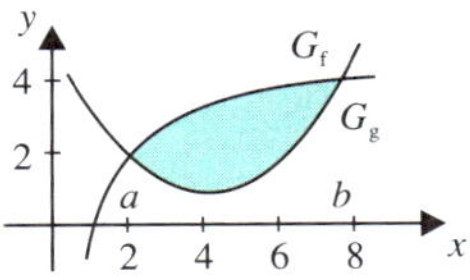

Ist $f(x) \geq g(x) \geq 0$ für alle $x \in [a; b]$, so gilt:

$$A = \int_a^b f(x)\,dx - \int_a^b g(x)\,dx = \int_a^b (f(x) - g(x))\,dx$$

Allgemein gilt: $A = \left| \int_a^b |f(x) - g(x)|\,dx \right|$

Für $a \leq b$ fallen die äußeren Betragsstriche weg.

Beispiel: Fläche zwischen zwei Parabeln:
$f\colon x \mapsto x^2 - 2;\quad x \in \mathbb{R}$
$g\colon x \mapsto -2x^2 + 1;\ x \in \mathbb{R}$
Die Parabeln schneiden sich in den Punkten $S_1(-1|-1)$ und $S_2(1|-1)$.

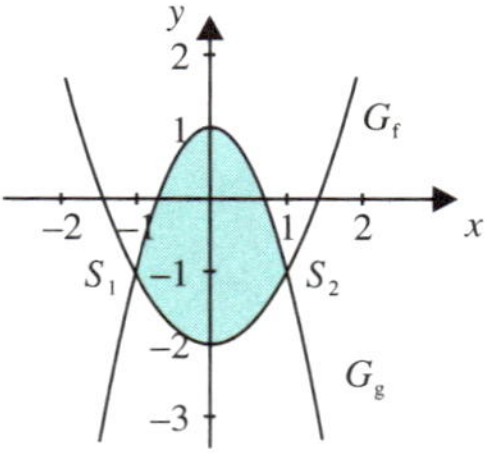

$$A = \int_{-1}^{1} (g(x) - f(x))\,dx =$$

$$\int_{-1}^{1} ((-2x^2 + 1) - (x^2 - 2))\,dx = \int_{-1}^{1} (-3x^2 + 3)\,dx =$$

$$\left[-3\frac{x^3}{3} + 3x\right]_{-1}^{1} = -1 + 3 - 1 + 3 = 4$$

5.2 Berechnung von Rauminhalten von Rotationskörpern

Es sei $f\colon x \mapsto f(x)$ eine im Intervall $[a; b]$ definierte und stetige Funktion. Das von der x-Achse und dem Graphen G_f in $[a; b]$ begrenzte Flächenstück rotiere um die x-Achse. Dabei entsteht ein ***Rotationskörper*** mit der Raummaßzahl V.

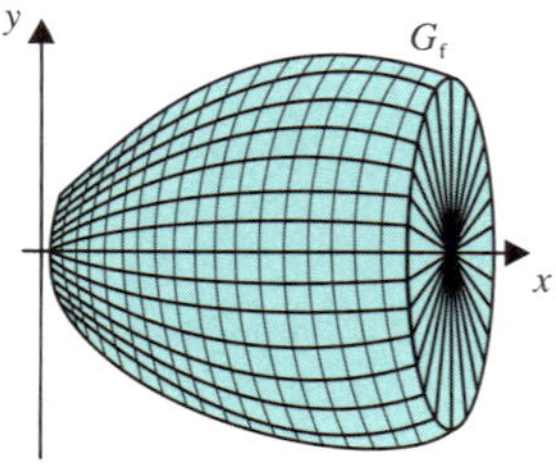

Für dieses Volumen gilt: $V = \int\limits_a^b \pi \cdot (f(x))^2 \, dx.$

Beispiel:

$f\colon x \mapsto \sqrt{r^2 - x^2};\; x \in [-r; r]$

Der entstehende Rotationskörper ist eine Kugel.

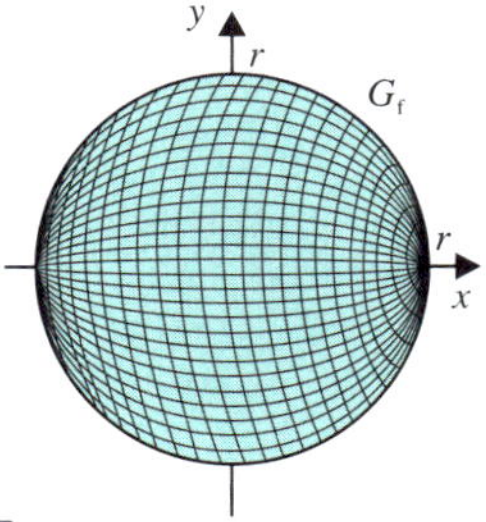

$$V_{\text{Kugel}} = \int\limits_{-r}^{r} \pi \cdot (f(x))^2 \, dx =$$

$$\int\limits_{-r}^{r} \pi \cdot \left(\sqrt{r^2 - x^2}\right)^2 \, dx =$$

$$\pi \cdot \int\limits_{-r}^{r} (r^2 - x^2) \, dx = \pi \cdot \left[r^2 x - \frac{x^3}{3}\right]_{-r}^{r} =$$

$$\pi \cdot \left(\left(r^3 - \frac{1}{3} r^3\right) - \left(-r^3 + \frac{1}{3} r^3\right)\right) = \frac{4}{3} \pi r^3$$

5.3 Integrale in der Physik

Das ***Arbeitsintegral*** $W = \int\limits_a^b F(x)\, dx$ ist die von einer Kraft $F\colon x \mapsto F(x),\; x \in [a; b]$ in Wegrichtung längs des Weges von a nach b verrichtete Arbeit W.

Beispiel: Arbeit im Coulombfeld

Eine Ladung q wird der ortsfesten Ladung Q aus großer Entfernung (dem Unendlichen) bis auf den Abstand d angenähert. Dabei ist die erforderliche Kraft $F(x)$ gegengleich zur Coulombkraft $F_c(x)$: $F(x) = -F_c(x)$.

Mit $F_C(x) = \dfrac{qQ}{4\pi\varepsilon_0 r^2}$ (Coulombsches Kraftgesetz) gilt:

$$W = \int\limits_{\infty}^{d} F(x)\, dx = \int\limits_{\infty}^{d} -F_C(x)\, dx = \int\limits_{\infty}^{d} -\frac{qQ}{4\pi\varepsilon_0 r^2}\, dr = -\frac{qQ}{4\pi\varepsilon_0} \cdot \int\limits_{\infty}^{d} \frac{1}{r^2}\, dr$$

$$= \lim_{a\to\infty} \left(-\frac{qQ}{4\pi\varepsilon_0} \cdot \int\limits_{a}^{d} \frac{1}{r^2}\, dr\right) = -\frac{qQ}{4\pi\varepsilon_0} \cdot \lim_{a\to\infty} \left[-\frac{1}{r}\right]_{\mathrm{a}}^{\mathrm{d}} = \frac{qQ}{4\pi\varepsilon_0 d}$$

Der zeitliche ***Mittelwert:*** Ändert sich eine Größe im Zeitintervall $[t_1; t_2]$ nach der Zeit-Größen-Funktion: $G: t \mapsto G(t)$, $t \in [t_1; t_2]$, so gilt für den zeitlichen Mittelwert $\bar{G}$:

$$\bar{G} = \frac{1}{t_2 - t_1} \cdot \int_{t_1}^{t_2} G(t)\, dt.$$

Beispiel: Die mittlere Leistung $\bar{P}$ eines sinusförmigen Wechselstromes
T ist die Periodendauer, für die gilt: $\omega \cdot T = 2 \cdot \pi$.
Mit $P(t) = U(t) \cdot I(t) = U_0 \cdot \sin \omega t \cdot I_0 \cdot \sin \omega t$ gilt:

$$\bar{P} = \frac{1}{T} \cdot \int_0^T U(t) \cdot I(t)\, dt = \frac{1}{T} \cdot \int_0^T (U_0 \cdot \sin \omega t \cdot I_0 \cdot \sin \omega t)\, dt =$$

$$\frac{U_0 \cdot I_0}{T} \cdot \int_0^T \sin^2 \omega t\, dt = \frac{U_0 \cdot I_0}{T} \cdot \int_0^{2\pi} \sin^2 \varphi \cdot \frac{1}{\omega}\, d\varphi =$$

(Substitution: $\varphi = \omega t$, $t = \frac{1}{\omega} \cdot \varphi$ und $dt = \frac{1}{\omega} d\varphi$, ↗ S. 101 f.)

$$\frac{U_0 \cdot I_0}{\omega \cdot T} \cdot \int_0^{2\pi} \sin^2 \varphi\, d\varphi = \frac{U_0 \cdot I_0}{\omega \cdot T} \cdot \left[\frac{1}{2} \cdot (\varphi - \sin \varphi \cdot \cos \varphi)\right]_0^{2\pi} =$$

$$\frac{U_0 \cdot I_0}{\omega \cdot T} \cdot \frac{1}{2} \cdot 2\pi = \frac{U_0 \cdot I_0}{2}$$

Lineare Algebra und Analytische Geometrie

1 Lineare Gleichungssysteme

1.1 Homogene und inhomogene Gleichungssysteme

Eine Und-Verknüpfung von zwei oder mehreren linearen Gleichungen heißt ***lineares Gleichungssystem***.

Jede lineare Gleichung mit zwei Variablen x_1 und x_2 lässt sich durch Äquivalenzumformungen auf die Normalform bringen: $a_1x_1 + a_2x_2 = b$, wobei a_1 und a_2 nicht beide gleichzeitig null sind. In dieser Normalform werden die linearen Gleichungen für die Gleichungssysteme verwendet.

Das System
(I) $a_{11}x_1 + a_{12}x_2 = b_1$
(II) $a_{21}x_1 + a_{22}x_2 = b_2$
mit den reellen Zahlen a_{11}, a_{12}, a_{21}, a_{22}, b_1 und b_2 heißt ***lineares Gleichungssystem*** aus zwei Gleichungen mit zwei Variablen. Die reellen Zahlen a_{11}, a_{12}, a_{21} und a_{22} heißen ***Koeffizienten***. Ist $b_1 = b_2 = 0$, so heißt das lineare Gleichungssystem ***homogen***, sonst ***inhomogen***.

In der vektoriellen Geometrie wird das Gleichungssystem auch so geschrieben: $x_1 \cdot \vec{a}_1 + x_2 \cdot \vec{a}_2 = \vec{b}$, wobei $\vec{a}_1 = \begin{pmatrix} a_{11} \\ a_{21} \end{pmatrix}$, $\vec{a}_2 = \begin{pmatrix} a_{12} \\ a_{22} \end{pmatrix}$, $\vec{b} = \begin{pmatrix} b_1 \\ b_2 \end{pmatrix}$. (↗ S. 125)

Entsprechend gilt:

Das System
(I) $a_{11}x_1 + a_{12}x_2 + a_{13}x_3 = b_1$
(II) $a_{21}x_1 + a_{22}x_2 + a_{23}x_3 = b_2$
(III) $a_{31}x_1 + a_{32}x_2 + a_{33}x_3 = b_3$
mit $a_{11}, \ldots, a_{33}, b_1, b_2, b_3 \in \mathbb{R}$ heißt ***lineares Gleichungssystem*** aus drei Gleichungen mit drei Variablen. Die reellen Zahlen $a_{11}, \ldots, a_{33}$ heißen ***Koeffizienten***.
Ist $b_1 = b_2 = b_3 = 0$, so heißt das Gleichungssystem ***homogen***, sonst ***inhomogen***.

In der vektoriellen Geometrie wird das Gleichungssystem auch so geschrieben: $x_1 \cdot \vec{a}_1 + x_2 \cdot \vec{a}_2 + x_3 \cdot \vec{a}_3 = \vec{b}$, wobei

$$\vec{a}_1 = \begin{pmatrix} a_{11} \\ a_{21} \\ a_{31} \end{pmatrix}, \vec{a}_2 = \begin{pmatrix} a_{12} \\ a_{22} \\ a_{32} \end{pmatrix}, \vec{a}_3 = \begin{pmatrix} a_{13} \\ a_{23} \\ a_{33} \end{pmatrix}, \vec{b} = \begin{pmatrix} b_1 \\ b_2 \\ b_3 \end{pmatrix}.$$

1.2 Lösungsverfahren

Das ***Einsetzungsverfahren*** (für zwei Gleichungen)
Eine der Gleichungen wird nach einer Variablen aufgelöst. Der ermittelte Term für diese Variable wird in die andere Gleichung eingesetzt. So erhält man eine lineare Gleichung mit einer Variablen, die gelöst wird. Mit der Lösung dieser Variablen wird die andere Variable berechnet.

Beispiel:

$$\begin{array}{ll} \text{(I)} & 3x_1 + x_2 = 6 \\ \text{(II)} & 5x_1 - 4x_2 = -7 \end{array} \Leftrightarrow \begin{array}{ll} \text{(I}') & x_2 = -3x_1 + 6 \\ \text{(II}') & 5x_1 - 4(-3x_1 + 6) = -7 \end{array} \Leftrightarrow$$

(Gleichung (I) wurde nach x_2 aufgelöst und in Gleichung (II) eingesetzt. Nun Gleichung (II′) lösen und in (I′) einsetzen)

$$\begin{array}{r} x_2 = -3x_1 + 6 \\ 17x_1 = 17 \end{array} \Leftrightarrow \begin{array}{r} x_2 = -3 \cdot 1 + 6 \\ x_1 = 1 \end{array} \Leftrightarrow \begin{array}{r} x_2 = 3 \\ x_1 = 1 \end{array} \; L = \{(1|3)\}.$$

Das Zahlenpaar $(1|3)$ ist die Lösung des Gleichungssystems.

Das ***Gleichsetzungsverfahren*** (für zwei Gleichungen)
Beide Gleichungen werden nach derselben Variablen aufgelöst. Die ermittelten Terme für diese Variable werden gleichgesetzt. So erhält man eine lineare Gleichung mit einer Variablen, die gelöst wird.
Mit der Lösung dieser Variablen wird die andere Variable meist nach dem Einsetzungsverfahren berechnet.

Beispiel:

$$\begin{array}{ll} \text{(I)} & 3x_1 + x_2 = 6 \\ \text{(II)} & 5x_1 - 4x_2 = -7 \end{array} \Leftrightarrow \begin{array}{l} x_2 = -3x_1 + 6 \\ x_2 = 1{,}25x_1 + 1{,}75 \end{array} \Leftrightarrow$$

$$\begin{array}{l} x_2 = -3x_1 + 6 \\ -3x_1 + 6 = 1{,}25x_1 + 1{,}75 \end{array} \Leftrightarrow \begin{array}{l} x_2 = -3x_1 + 6 \\ -4{,}25x_1 = -4{,}25 \end{array} \Leftrightarrow \begin{array}{l} x_2 = 3 \\ x_1 = 1 \end{array}$$

$L = \{(1|3)\}$.

Das ***Additionsverfahren*** (für zwei Gleichungen)
Man multipliziert beide Gleichungen so, dass eine Variable in beiden entstehenden Gleichungen bis auf das entgegengesetzte Vorzeichen den gleichen Koeffizienten hat. Dann addiert man die linken und die rechten Seiten der entstandenen Gleichungen, wobei diese Variable herausfällt, und setzt die Ergebnisse gleich. Man erhält so eine lineare Gleichung mit einer Variablen, die gelöst wird.

Beispiel: $\begin{array}{ll} \text{(I)} & 3x_1 + x_2 = 6 \\ \text{(II)} & 5x_1 - 4x_2 = -7 \end{array} \Leftrightarrow$

$$\begin{array}{ll} 4 \cdot \text{(I)} + \text{(II)} & 4 \cdot (3x_1 + x_2) + (5x_1 - 4x_2) = 4 \cdot 6 - 7 \\ 5 \cdot \text{(I)} - 3 \cdot \text{(II)} & 5 \cdot (3x_1 + x_2) - 3 \cdot (5x_1 - 4x_2) = 5 \cdot 6 - 3 \cdot (-7) \end{array} \Leftrightarrow$$

$$\begin{array}{l} 17x_1 = 17 \\ 17x_2 = 51 \end{array} \Leftrightarrow \begin{array}{l} x_1 = 1 \\ x_2 = 3 \end{array}$$

$L = \{(1|3)\}$.

Das ***Gaußverfahren***
Das Gleichungssystem wird durch Äquivalenzumformungen (↗ Additionsverfahren) auf Stufenform gebracht, und dann wird schrittweise nach den Variablen x_3, x_2 und x_1 aufgelöst.

Beispiel:

$$\begin{array}{ll}
\text{(I)} & 4x_1 - x_2 + 3x_3 = -1 \\
\text{(II)} & -x_1 + x_2 - x_3 = 1 \Leftrightarrow \\
\text{(III)} & 2x_1 + x_2 - 4x_3 = -2
\end{array}$$

$$\begin{array}{ll}
\text{(I)} & 4x_1 - x_2 + 3x_3 = -1 \\
\text{(II)} + 0{,}25 \cdot \text{(I)} & 0{,}75\,x_2 - 0{,}25x_3 = 0{,}75 \Leftrightarrow \\
\text{(III)} - 0{,}5 \cdot \text{(I)} & 1{,}5x_2 - 5{,}5x_3 = -1{,}5
\end{array}$$

$$\begin{array}{ll}
\text{(I)} & 4x_1 - x_2 + 3x_3 = -1 \\
\text{(II}') & 0{,}75x_2 - 0{,}25x_3 = 0{,}75 \Leftrightarrow \\
\text{(III}') - 2 \cdot \text{(II}') & -5x_3 = -3
\end{array}$$

(Die Stufenform ist erreicht. x_3 berechnen und einsetzen.)

$$\begin{array}{l}
4x_1 - x_2 + 3 \cdot 0{,}6 = -1 \\
0{,}75x_2 - 0{,}25 \cdot 0{,}6 = 0{,}75 \Leftrightarrow \\
x_3 = 0{,}6
\end{array}$$

(Jetzt x_2 berechnen, einsetzen und x_1 berechnen.)

$$\begin{array}{lcl}
4x_1 - 1{,}2 + 3 \cdot 0{,}6 = -1 & & x_1 = -0{,}4 \\
x_2 = 1{,}2 & \Leftrightarrow & x_2 = 1{,}2 \\
x_3 = 0{,}6 & & x_3 = 0{,}6
\end{array}$$

Das Zahlentripel $(-0{,}4|1{,}2|0{,}6)$ ist die Lösung des Gleichungssystems. $L = \{(-0{,}4|1{,}2|0{,}6)\}$.

Die ***Cramersche Regel***

Bei der allgemeinen Lösung eines linearen Gleichungssystems kommt man zu speziellen Termen der Koeffizienten, die ***Determinanten*** genannt werden (↗ 120 f.).

Das lineare Gleichungssystem

(I) $a_{11}x_1 + a_{12}x_2 = b_1$ mit $(a_{11}|a_{12}) \neq (0|0)$

(II) $a_{21}x_1 + a_{22}x_2 = b_2$ mit $(a_{21}|a_{22}) \neq (0|0)$

mit den reellen Zahlen a_{11}, a_{12}, a_{21}, a_{22}, b_1 und b_2 besitzt:

- **genau eine Lösung** $(x_1|x_2)$ genau dann,

wenn $D = \begin{vmatrix} a_{11} & a_{12} \\ a_{21} & a_{22} \end{vmatrix} := a_{11} \cdot a_{22} - a_{21} \cdot a_{12} \neq 0$. (↗ S. 120)

$$x_1 = \frac{D_1}{D} = \frac{\begin{vmatrix} b_1 & a_{12} \\ b_2 & a_{22} \end{vmatrix}}{\begin{vmatrix} a_{11} & a_{12} \\ a_{21} & a_{22} \end{vmatrix}} = \frac{b_1 \cdot a_{22} - b_2 \cdot a_{12}}{a_{11} \cdot a_{22} - a_{21} \cdot a_{12}}$$

$$x_2 = \frac{D_2}{D} = \frac{\begin{vmatrix} a_{11} & b_1 \\ a_{21} & b_2 \end{vmatrix}}{\begin{vmatrix} a_{11} & a_{12} \\ a_{21} & a_{22} \end{vmatrix}} = \frac{a_{11} \cdot b_2 - a_{21} \cdot b_1}{a_{11} \cdot a_{22} - a_{21} \cdot a_{12}}$$

- **keine Lösung**, wenn $D = 0$ und ($D_1 \neq 0$ oder $D_2 \neq 0$).
- **unendlich viele Lösungen**, wenn $D = D_1 = D_2 = 0$.
  Dann gilt: $L = \{(x_1|x_2)|x_1, x_2 \in \mathbb{R} \wedge a_{11}x_1 + a_{12}x_2 = b_1\}$.

Beispiel:

(I) $4x_1 + 3x_2 = 2$
(II) $8x_1 + 6x_2 = 5$

$$D = \begin{vmatrix} 4 & 3 \\ 8 & 6 \end{vmatrix} = 4 \cdot 6 - 8 \cdot 3 = 0;$$

$$D_1 = \begin{vmatrix} 2 & 3 \\ 5 & 6 \end{vmatrix} = 2 \cdot 6 - 5 \cdot 3 \neq 0.$$

Das Gleichungssystem besitzt keine Lösung. $L = \{\ \}$.

Das lineare Gleichungssystem

(I) $a_{11}x_1 + a_{12}x_2 + a_{13}x_3 = b_1$
(II) $a_{21}x_1 + a_{22}x_2 + a_{23}x_3 = b_2$
(III) $a_{31}x_1 + a_{32}x_2 + a_{33}x_3 = b_3$

mit den reellen Zahlen $a_{11}, \ldots, a_{33}, b_1, b_2, b_3$ und mit $(a_{11}|a_{12}|a_{13}) \neq (0|0|0)$, $(a_{21}|a_{22}|a_{23}) \neq (0|0|0)$ und $(a_{31}|a_{32}|a_{33}) \neq (0|0|0)$ besitzt:

- **genau eine Lösung** $(x_1|x_2|x_3)$ genau dann,

wenn $D = \begin{vmatrix} a_{11} & a_{12} & a_{13} \\ a_{21} & a_{22} & a_{23} \\ a_{31} & a_{32} & a_{33} \end{vmatrix} \neq 0$ (Zur Berechnung ↗ S. 120 f.)

$x_1 = \frac{D_1}{D}$, $x_2 = \frac{D_2}{D}$ und $x_3 = \frac{D_3}{D}$, wobei

$$D_1 = \begin{vmatrix} b_1 & a_{12} & a_{13} \\ b_2 & a_{22} & a_{23} \\ b_3 & a_{32} & a_{33} \end{vmatrix}, D_2 = \begin{vmatrix} a_{11} & b_1 & a_{13} \\ a_{21} & b_2 & a_{23} \\ a_{31} & b_3 & a_{33} \end{vmatrix} \text{ und}$$

$$D_3 = \begin{vmatrix} a_{11} & a_{12} & b_1 \\ a_{21} & a_{22} & b_2 \\ a_{31} & a_{32} & b_3 \end{vmatrix}.$$

- **keine Lösung** , wenn $D = 0$ und ($D_1 \neq 0$ oder $D_2 \neq 0$ oder $D_3 \neq 0$).
- **unendlich viele Lösungen oder keine Lösungen**, wenn $D = D_1 = D_2 = D_3 = 0$.

Beispiel:

(I) $4x_1 - x_2 + 3x_3 = -1$
(II) $-x_1 + x_2 - x_3 = 1$
(III) $2x_1 + x_2 - 4x_3 = -2$

$$D = \begin{vmatrix} 4 & -1 & 3 \\ -1 & 1 & -1 \\ 2 & 1 & -4 \end{vmatrix} = 4 \cdot 1 \cdot (-4) + (-1) \cdot (-1) \cdot 2 + 3 \cdot (-1) \cdot 1$$

$-2 \cdot 1 \cdot 3 - 1 \cdot (-1) \cdot 4 - (-4) \cdot (-1) \cdot (-1) = -15$;
d. h. es gibt genau eine Lösung.

$$D_1 = \begin{vmatrix} -1 & -1 & 3 \\ 1 & 1 & -1 \\ -2 & 1 & -4 \end{vmatrix} = (-1) \cdot 1 \cdot (-4) + (-1) \cdot (-1) \cdot (-2) +$$

$3 \cdot 1 \cdot 1 - (-2) \cdot 1 \cdot 3 - 1 \cdot (-1) \cdot (-1) - (-4) \cdot 1 \cdot (-1) = 6$;

$$D_2 = \begin{vmatrix} 4 & -1 & 3 \\ -1 & 1 & -1 \\ 2 & -2 & -4 \end{vmatrix} = -18; \quad D_3 = \begin{vmatrix} 4 & -1 & -1 \\ -1 & 1 & 1 \\ 2 & 1 & -2 \end{vmatrix} = -9.$$

$x_1 = \frac{D_1}{D} = \frac{6}{-15} = -0{,}4$; $x_2 = \frac{D_2}{D} = \frac{-18}{-15} = 1{,}2$ und

$x_3 = \frac{D_3}{D} = \frac{-9}{-15} = 0{,}6$. Ergebnis: $L = \{(-0{,}4|1{,}2|0{,}6)\}$.

1.3 Übersicht über die Anzahl der Lösungen mit Deutungsmöglichkeiten im $\mathbb{R}^2$

Das lineare Gleichungssystem

(I) $a_{11}x_1 + a_{12}x_2 = b_1$ mit $(a_{11}|a_{12}) \neq (0|0)$
(II) $a_{21}x_1 + a_{22}x_2 = b_2$ mit $(a_{21}|a_{22}) \neq (0|0)$

mit den reellen Zahlen a_{11}, a_{12}, a_{21}, a_{22}, b_1 und b_2 besitzt entweder keine oder genau eine oder unendlich viele Lösungen (↗ S. 116 f.). Ist $b_1 = b_2 = 0$ (homogenes Gleichungssystem), so gibt es immer die triviale Lösung $(0|0)$.

Deutungsmöglichkeiten:

- Schnitt zweier Geraden g und h im $\mathbb{R}^2$. (↗ S. 149)
  $g\colon a_{11}x_1 + a_{12}x_2 = b_1;\; h\colon a_{21}x_1 + a_{22}x_2 = b_2.$
  $L = \{\ \} \Leftrightarrow g||h$ und $g \neq h$ (g echt parallel zu h).
  $L = \{(s_1|s_2)\} \Leftrightarrow S(s_1|s_2)$ ist Schnittpunkt von g und h.
  $L = \{(x_1|x_2) \in \mathbb{R}^2 | a_{11}x_1 + a_{12}x_2 = b_1\} \Leftrightarrow g = h.$
- Lineare Abhängigkeit zweier Vektoren im $\mathbb{R}^2$. (↗ S. 124)
  $\vec{a}_1 = \begin{pmatrix} a_{11} \\ a_{21} \end{pmatrix};\quad \vec{a}_2 = \begin{pmatrix} a_{12} \\ a_{22} \end{pmatrix};\ \vec{b} = \begin{pmatrix} b_1 \\ b_2 \end{pmatrix} = \begin{pmatrix} 0 \\ 0 \end{pmatrix} = \vec{0}.$
  $L = \{(0|0)\} \Leftrightarrow \vec{a}_1, \vec{a}_2$ sind linear unabhängig.
  $L = \{(x_1|x_2) \in \mathbb{R}^2 | a_{11}x_1 + a_{12}x_2 = 0\} \neq \{(0|0)\} \Leftrightarrow$
  $\vec{a}_1, \vec{a}_2$ sind linear abhängig. (↗ S. 134)
- Linearkombination im $\mathbb{R}^2$. (↗ S. 124)

  $x_1 \cdot \vec{a}_1 + x_2 \cdot \vec{a}_2 = \vec{b}$, wobei
  $\vec{a}_1 = \begin{pmatrix} a_{11} \\ a_{21} \end{pmatrix},\ \vec{a}_2 = \begin{pmatrix} a_{12} \\ a_{22} \end{pmatrix},\ \vec{b} = \begin{pmatrix} b_1 \\ b_2 \end{pmatrix}.$

  Falls $\{\vec{a}_1, \vec{a}_2\}$ linear unabhängig ist, gibt es genau eine Lösung, mit der sich $\vec{b}$ eindeutig als Linearkombination von $\vec{a}_1$ und $\vec{a}_2$ darstellen lässt.

1.4 Übersicht über die Anzahl der Lösungen mit Deutungsmöglichkeiten im $\mathbb{R}^3$

Das lineare Gleichungssystem

(I) $a_{11}x_1 + a_{12}x_2 + a_{13}x_3 = b_1$
(II) $a_{21}x_1 + a_{22}x_2 + a_{23}x_3 = b_2$
(III) $a_{31}x_1 + a_{32}x_2 + a_{33}x_3 = b_3$

mit den reellen Zahlen $a_{11}, \ldots, a_{33}, b_1, b_2, b_3$ und mit $(a_{11}|a_{12}|a_{13}) \neq (0|0|0)$, $(a_{21}|a_{22}|a_{23}) \neq (0|0|0)$ und $(a_{31}|a_{32}|a_{33}) \neq (0|0|0)$ besitzt entweder keine oder genau eine oder unendlich viele Lösungen (↗ S. 117 f.). Ist $b_1 = b_2 = b_3 = 0$ (homogenes Gleichungssystem), so gibt es immer die triviale Lösung (0|0|0).

Deutungsmöglichkeiten:

- Schnitt einer Geraden g mit einer Ebene E (↗ S. 169)
  g: $\vec{x} = \vec{a} + \lambda \cdot \vec{u}$, $\lambda \in \mathbb{R}$, E: $\vec{x} = \vec{b} + \mu \cdot \vec{v} + \sigma \cdot \vec{w}$, $\mu, \sigma \in \mathbb{R}$.
  Das Gleichsetzungsverfahren ergibt:
  $\vec{a} + \lambda \cdot \vec{u} = \vec{b} + \mu \cdot \vec{v} + \sigma \cdot \vec{w} \Leftrightarrow \lambda \cdot \vec{u} - \mu \cdot \vec{v} - \sigma \cdot \vec{w} = \vec{b} - \vec{a}$
  $L = \{\ \} \Leftrightarrow g || E$ und $g \not\subset E$ (g echt parallel zu E).
  $L = \{(s_1|s_2|s_3)\} \Leftrightarrow S(s_1|s_2|s_3)$ ist Schnittpunkt von g und E.
  $L = \{(x_1|x_2|x_3) \in \mathbb{R}^3 | \vec{x} = \vec{a} + \lambda \cdot \vec{u},\ \lambda \in \mathbb{R}\} \Leftrightarrow g \subset E$.

- Lineare Abhängigkeit dreier Vektoren im $\mathbb{R}^3$. (↗ S. 134)
  $$\vec{a}_1 = \begin{pmatrix} a_{11} \\ a_{21} \\ a_{31} \end{pmatrix}, \vec{a}_2 = \begin{pmatrix} a_{12} \\ a_{22} \\ a_{32} \end{pmatrix}, \vec{a}_3 = \begin{pmatrix} a_{13} \\ a_{23} \\ a_{33} \end{pmatrix}, \vec{b} = \begin{pmatrix} b_1 \\ b_2 \\ b_3 \end{pmatrix} = \begin{pmatrix} 0 \\ 0 \\ 0 \end{pmatrix}.$$
  $L = \{(0|0|0)\} \Leftrightarrow \vec{a}_1, \vec{a}_2$ *und* $\vec{a}_3$ sind linear unabhängig.

- Linearkombination im $\mathbb{R}^3$. (↗ S. 124)
  $x_1 \cdot \vec{a}_1 + x_2 \cdot \vec{a}_2 + x_3 \cdot \vec{a}_3 = \vec{b}$. Falls $\{\vec{a}_1, \vec{a}_2, \vec{a}_3\}$ linear unabhängig ist, gibt es genau eine Lösung, mit der sich $\vec{b}$ eindeutig als Linearkombination von $\vec{a}_1$, $\vec{a}_2$ und $\vec{a}_3$ darstellen lässt.

1.5 Determinanten

$D = \begin{vmatrix} a_{11} & a_{12} \\ a_{21} & a_{22} \end{vmatrix} := a_{11} \cdot a_{22} - a_{21} \cdot a_{12}$ heißt ***zweireihige Determinante***.

Beispiel: $\begin{vmatrix} 4 & 5 \\ 2 & -3 \end{vmatrix} = 4 \cdot (-3) - 2 \cdot 5 = -22$

$$D = \begin{vmatrix} a_{11} & a_{12} & a_{13} \\ a_{21} & a_{22} & a_{23} \\ a_{31} & a_{32} & a_{33} \end{vmatrix} := \begin{array}{l} a_{11} \cdot a_{22} \cdot a_{33} + a_{12} \cdot a_{23} \cdot a_{31} + a_{13} \cdot a_{21} \cdot a_{32} \\ -a_{31} \cdot a_{22} \cdot a_{13} - a_{32} \cdot a_{23} \cdot a_{11} - a_{33} \cdot a_{21} \cdot a_{12} \end{array}$$

heißt ***dreireihige Determinante***.

Graphische Eselsbrücke:

Regel von Sarrus:

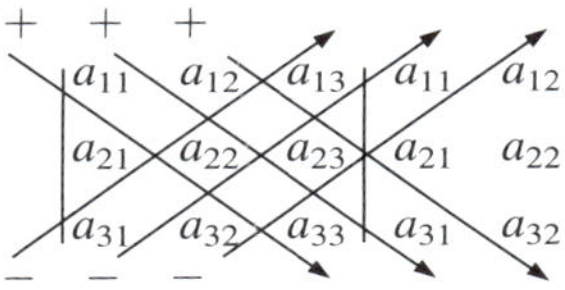

Vorgehensweise:
Die Elemente längs der einzelnen Pfeile werden miteinander multipliziert. Anschließend addiert man die Produkte mit den angegebenen Vorzeichen.

Beispiel: $$\begin{vmatrix} 1 & 2 & 3 \\ 4 & 5 & 6 \\ 7 & 8 & 9 \end{vmatrix} = \begin{matrix} 1 \cdot 5 \cdot 9 + 2 \cdot 6 \cdot 7 + 3 \cdot 4 \cdot 8 \\ -7 \cdot 5 \cdot 3 - 8 \cdot 6 \cdot 1 - 9 \cdot 4 \cdot 2 \end{matrix} =$$

$$45 + 84 + 96 - 105 - 48 - 72 = 0$$

Determinantensätze:

- Der Wert einer Determinante ändert sich nicht, wenn man die Zeilen mit den Spalten vertauscht oder die mit dem gleichen Faktor multiplizierten Elemente einer Reihe zu den entsprechenden Elementen einer parallelen Reihe addiert.
- Eine Determinante ändert ihr Vorzeichen, wenn man zwei parallele Reihen vertauscht.
- Eine Determinante hat den Wert null, wenn alle Elemente einer Reihe null sind oder zwei parallele Reihen gleich oder proportional sind.

2 Vektoren

2.1 Grundbegriffe

Ordnet man einer Strecke eine Orientierung zu, indem man Anfangs- und Endpunkt festlegt, so erhält man eine ***gerichtete Strecke*** bzw. einen ***Pfeil***. (↗ folgendes Beispiel)

Unter einem ***Vektor*** (in der Ebene $\mathbb{R}^2$ oder im Raum $\mathbb{R}^3$) versteht man die Menge aller gerichteten Strecken (Pfeile) mit gleicher Länge, Richtung und Orientierung. Pfeile derselben Länge und Richtung nennt man ***parallelgleich***. Jeder Pfeil eines Vektors heißt ***Repräsentant*** des Vektors.

Beispiel:

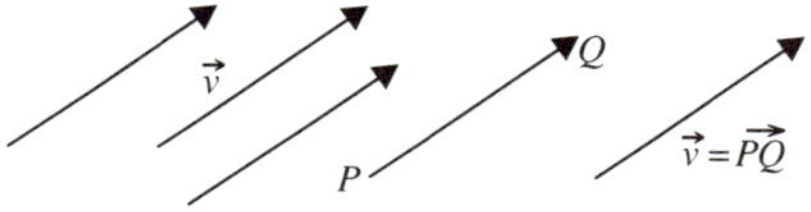

Die Schreibweise $\overrightarrow{PQ}$ wird für Pfeil und Vektor verwendet.

Der Vektor, dessen Repräsentanten die Länge 0 haben, heißt ***Nullvektor*** $\vec{o}$.

Der ***Gegenvektor*** $-\vec{v}$ eines Vektors $\vec{v}$ hat als Repräsentanten Pfeile, die sich von denen des Vektors $\vec{v}$ nur in der Orientierung unterscheiden.

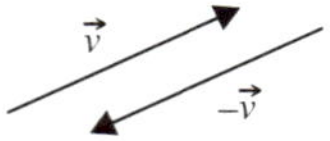

Der ***Summenvektor*** $\vec{a} + \vec{b}$ der Vektoren $\vec{a}$ und $\vec{b}$ hat als Repräsentanten Pfeile, die vom Anfangspunkt eines Pfeiles von $\vec{a}$ zum Endpunkt des Pfeiles von $\vec{b}$ gehen, der den Endpunkt des Pfeiles von $\vec{a}$ als Anfangspunkt hat.

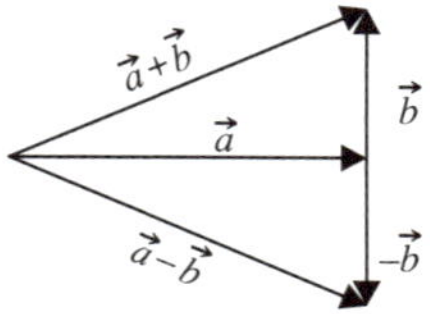

Die Subtraktion eines Vektors ist die Addition des Gegenvektors: $\vec{a} - \vec{b} = \vec{a} + (-\vec{b})$.

Für die ***Vektoraddition*** gilt:

1. Je zwei Vektoren $\vec{a}$ und $\vec{b}$ ist eindeutig ein Summenvektor $\vec{c}$ zugeordnet, so dass gilt: $\vec{c} = \vec{a} + \vec{b}$.
2. Für je drei Vektoren $\vec{a}$, $\vec{b}$ und $\vec{c}$ gilt das ***Assoziativgesetz***: $(\vec{a} + \vec{b}) + \vec{c} = \vec{a} + (\vec{b} + \vec{c})$.

3. Für alle Vektoren $\vec{a}$ gilt: $\vec{a} + \vec{o} = \vec{o} + \vec{a} = \vec{a}$.
4. Zu jedem Vektor $\vec{a}$ gibt es eindeutig ein inverses Element bezüglich der Vektoraddition, den Gegenvektor $-\vec{a}$: $\vec{a} + (-\vec{a}) = (-\vec{a}) + \vec{a} = \vec{o}$.
5. Für je zwei Vektoren $\vec{a}$ und $\vec{b}$ gilt das ***Kommutativgesetz:*** $\vec{a} + \vec{b} = \vec{b} + \vec{a}$.

Die Menge der Vektoren bildet bezüglich der Vektoraddition eine kommutative Gruppe.

Eine ***geschlossene Vektorkette*** ist eine Summe von Vektoren mit dem Summenvektor $\vec{o}$.
$\vec{a} + \vec{b} + \vec{c} + \vec{d} + \vec{e} = \vec{o}$

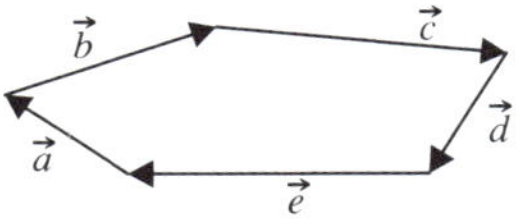

Die Multiplikation eines Vektors mit einer reellen Zahl nennt man ***S-Multiplikation***. Der Vektor $r \cdot \vec{v}$ ($r \in \mathbb{R}$) ist $|r|$-mal so lang wie der Vektor $\vec{v}$. Für $r > 0$ sind $r \cdot \vec{v}$ und $\vec{v}$ gleichgerichtet, für $r < 0$ sind sie entgegengesetzt gerichtet. Statt $r \cdot \vec{v}$ schreibt man kurz: $r\vec{v}$. Es gilt: $1 \cdot \vec{v} = \vec{v}$; $-1 \cdot \vec{v} = -\vec{v}$.

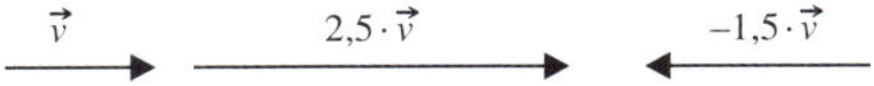

Zwei Vektoren $\vec{u}$ und $\vec{v}$ heißen ***kollinear***, wenn ein Vektor ein Vielfaches des anderen Vektors ist.

Für die S-Multiplikation gilt:

1. Jeder reellen Zahl r und jedem Vektoren $\vec{v}$ ist eindeutig ein Vektor $r \cdot \vec{v}$ zugeordnet.
2. Für zwei reelle Zahlen r und s und einen Vektor $\vec{v}$ gilt das ***Assoziativgesetz***: $r \cdot (s \cdot \vec{v}) = (r \cdot s) \cdot \vec{v}$.
3. Für alle Vektoren $\vec{v}$ gilt: $1 \cdot \vec{v} = \vec{v}$.
4. Für zwei reelle Zahlen r und s und einen Vektor $\vec{v}$ gilt das 1. ***Distributivgesetz***: $(r + s) \cdot \vec{v} = (r \cdot \vec{v}) + (s \cdot \vec{v})$.
5. Für eine reelle Zahl r und zwei Vektoren $\vec{u}$ und $\vec{v}$ gilt das 2. ***Distributivgesetz***: $r \cdot (\vec{u} + \vec{v}) = (r \cdot \vec{u}) + (r \cdot \vec{v})$.

Eine Menge V von Vektoren heißt ***Vektorraum*** über den reellen Zahlen, wenn

1. eine Vektoraddition definiert ist, bezüglich der V eine kommutative Gruppe ist (↗ S. 122 f.) und
2. zwischen den reellen Zahlen und den Vektoren eine S-Multiplikation definiert ist, welche die fünf eben genannten Eigenschaften hat (↗ S. 123).

Sind $\vec{v}_1, \vec{v}_2, \ldots, \vec{v}_n$ n Vektoren eines Vektorraumes V und $r_1, r_2, \ldots, r_n$ n reelle Zahlen, so heißt $r_1 \cdot \vec{v}_1 + r_2 \cdot \vec{v}_2 + \ldots + r_n \cdot \vec{v}_n$ ***Linearkombination*** der Vektoren $\vec{v}_1, \vec{v}_2, \ldots, \vec{v}_n$.

Beispiel:

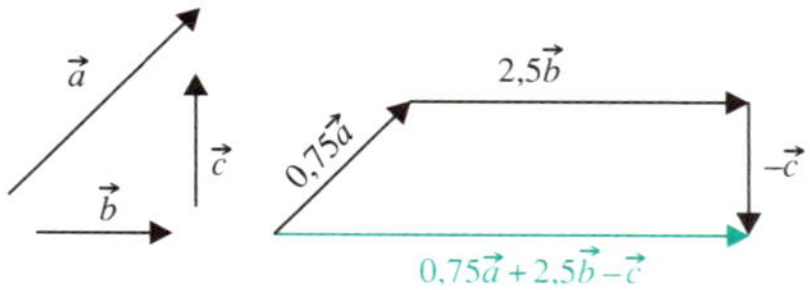

n Vektoren $\vec{v}_1, \vec{v}_2, \ldots, \vec{v}_n$ heißen ***linear abhängig***, wenn es reelle Zahlen $r_1, r_2, \ldots, r_n$ gibt, die nicht alle null sind, so dass gilt: $r_1 \cdot \vec{v}_1 + r_2 \cdot \vec{v}_2 + \ldots + r_n \cdot \vec{v}_n = \vec{o}$. Andernfalls heißen die Vektoren $\vec{v}_1, \vec{v}_2, \ldots, \vec{v}_n$ ***linear unabhängig***.

n Vektoren $\vec{v}_1, \vec{v}_2, \ldots, \vec{v}_n$ sind genau dann linear abhängig, wenn sich mindestens ein Vektor als Linearkombination der anderen Vektoren darstellen lässt.

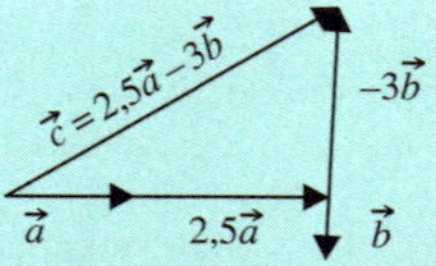

Zwei Vektoren der Ebene ($\mathbb{R}^2$) sind genau dann linear abhängig, wenn sie kollinear sind (↗ S. 123 und S. 134).

Drei Vektoren des Raumes ($\mathbb{R}^3$) sind genau dann linear abhängig, wenn sie ***komplanar*** sind, d. h. zu einer Ebene parallel sind (↗ S. 134).

Eine Menge B linear unabhängiger Vektoren eines Vektorraumes V heißt ***Basis*** des Vektorraumes, wenn sich jeder Vektor des Vektorraumes als Linearkombination der Vektoren der Basis darstellen lässt.

Jede Basis eines Vektorraumes hat die gleiche Anzahl von Vektoren. Diese Anzahl dim (V) heißt ***Dimension*** des Vektorraumes V. dim $(\mathbb{R}^2) = 2$, dim $(\mathbb{R}^3) = 3$.

2.2 Grundlagen des Vektorrechnens

Kartesisches Koordinatensystem des $\mathbb{R}^2$ bzw. $\mathbb{R}^3$

Ein ***kartesisches Koordinatensystem*** besteht in der Ebene $\mathbb{R}^2$ aus zwei, im Raum $\mathbb{R}^3$ aus drei Zahlengeraden, die dieselbe Einheit besitzen und sich rechtwinklig in einem Punkt O, dem ***Ursprung***, schneiden.

Die Zahlengeraden werden x_1-, x_2- und ***x_3-Achse*** genannt. Die Lage von Punkten der Ebene $\mathbb{R}^2$ bzw. des Raumes $\mathbb{R}^3$ lässt sich dann durch zwei bzw. drei Zahlen, die ***Koordinaten*** heißen, angeben.

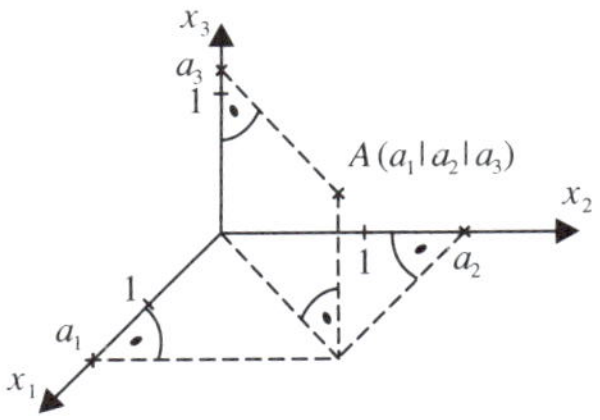

Komponenten- und Koordinatendarstellung von Vektoren

Die Vektoren $\vec{e}_1$ und $\vec{e}_2$ der Länge 1 in Richtung der x_1- und x_2-Achse bilden eine Basis des $\mathbb{R}^2$.

Die Vektoren $\vec{e}_1$, $\vec{e}_2$ und $\vec{e}_3$ der Länge 1 in Richtung der x_1-, x_2- und x_3-Achse bilden eine Basis des $\mathbb{R}^3$.

Jeder Vektor der Ebene bzw. des Raums lässt sich eindeutig als Summe von Vielfachen der Basisvektoren darstellen.

$\vec{a} = a_1\vec{e}_1 + a_2\vec{e}_2 =: \begin{pmatrix} a_1 \\ a_2 \end{pmatrix}$; $a_1, a_2 \in \mathbb{R}$;

Die Zahlen a_1 und a_2 heißen ***Koordinaten*** von $\vec{a}$. Die Vektoren $a_1\vec{e}_1$ und $a_2\vec{e}_2$ heißen ***Komponenten*** von $\vec{a}$.

$\vec{a} = a_1\vec{e}_1 + a_2\vec{e}_2 + a_3\vec{e}_3 =: \begin{pmatrix} a_1 \\ a_2 \\ a_3 \end{pmatrix}$; $a_1, a_2, a_3 \in \mathbb{R}$

Die Zahlen a_1, a_2 und a_3 heißen ***Koordinaten*** von $\vec{a}$. Die Vektoren $a_1\vec{e}_1$, $a_2\vec{e}_2$ und $a_3\vec{e}_3$ heißen ***Komponenten*** von $\vec{a}$.

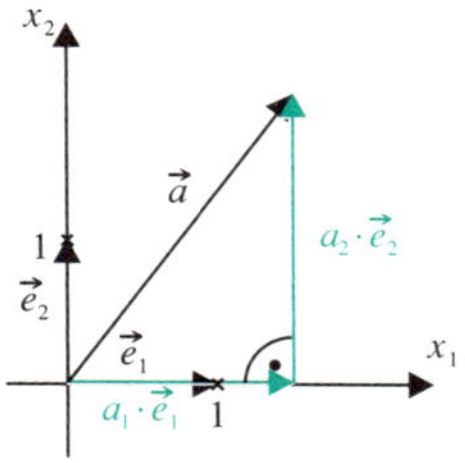

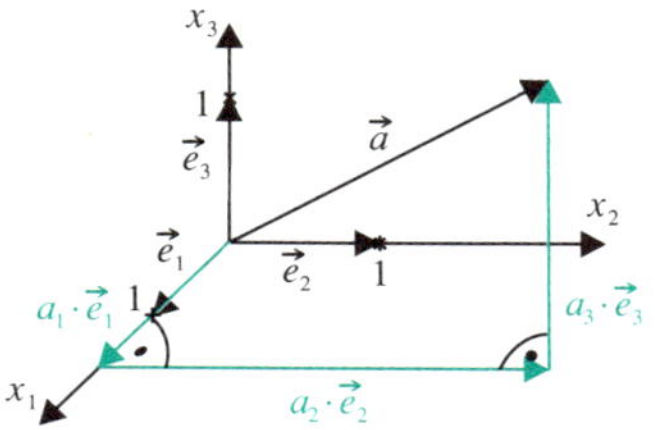

Sonderfälle:

1. Eine Koordinate eines Vektors ist null:
   Dieser Vektor ist im $\mathbb{R}^2$ parallel zu einer Koordinatenachse und im $\mathbb{R}^3$ parallel zu einer Koordinatenebene.
2. Zwei Koordinaten eines Vektors des $\mathbb{R}^3$ sind null:
   Dieser Vektor ist im Raum parallel zu einer Koordinatenachse und damit zu zwei Koordinatenebenen.
3. Alle Koordinaten eines Vektors sind null:

$\vec{o} = \begin{pmatrix} 0 \\ 0 \end{pmatrix}$ bzw. $\vec{o} = \begin{pmatrix} 0 \\ 0 \\ 0 \end{pmatrix}$ heißt ***Nullvektor***.

Beispiele:

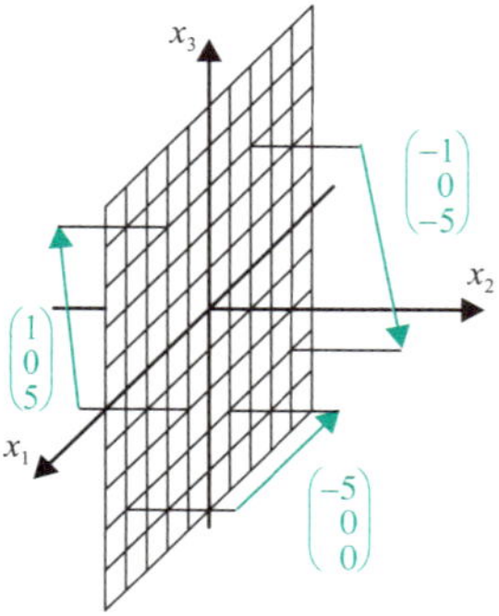

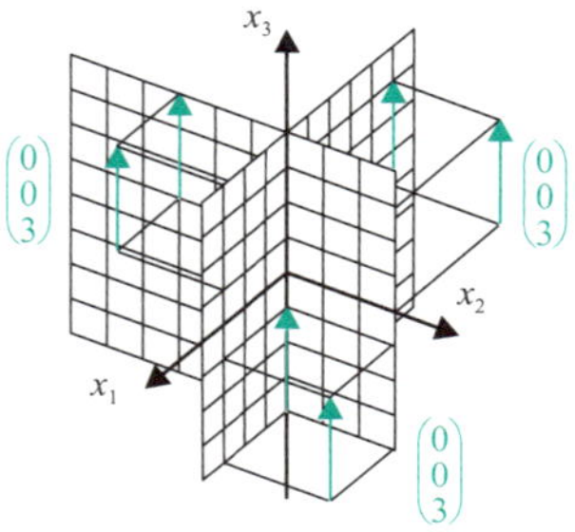

Addition, Subtraktion und *S*-Multiplikation in Komponenten- und Koordinatendarstellung

Komponentendarstellung im $\mathbb{R}^2$:

Es sei $\vec{a} = a_1\vec{e}_1 + a_2\vec{e}_2$, $\vec{b} = b_1\vec{e}_1 + b_2\vec{e}_2$ und $r \in \mathbb{R}$.

- $\vec{a} + \vec{b} = (a_1\vec{e}_1 + a_2\vec{e}_2) + (b_1\vec{e}_1 + b_2\vec{e}_2) = (a_1 + b_1)\vec{e}_1 + (a_2 + b_2)\vec{e}_2$
- $\vec{a} - \vec{b} = (a_1\vec{e}_1 + a_2\vec{e}_2) - (b_1\vec{e}_1 + b_2\vec{e}_2) = (a_1 - b_1)\vec{e}_1 + (a_2 - b_2)\vec{e}_2$
- $r \cdot \vec{a} = r \cdot (a_1\vec{e}_1 + a_2\vec{e}_2) = (r \cdot a_1)\vec{e}_1 + (r \cdot a_2)\vec{e}_2$

Komponentendarstellung im $\mathbb{R}^3$:

Es sei $\vec{a} = a_1\vec{e}_1 + a_2\vec{e}_2 + a_3\vec{e}_3$, $\vec{b} = b_1\vec{e}_1 + b_2\vec{e}_2 + b_3\vec{e}_3$.

- $\vec{a} + \vec{b} = (a_1\vec{e}_1 + a_2\vec{e}_2 + a_3\vec{e}_3) + (b_1\vec{e}_1 + b_2\vec{e}_2 + b_3\vec{e}_3) = (a_1 + b_1)\vec{e}_1 + (a_2 + b_2)\vec{e}_2 + (a_3 + b_3)\vec{e}_3$
- $\vec{a} - \vec{b} = (a_1\vec{e}_1 + a_2\vec{e}_2 + a_3\vec{e}_3) - (b_1\vec{e}_1 + b_2\vec{e}_2 + b_3\vec{e}_3) = (a_1 - b_1)\vec{e}_1 + (a_2 - b_2)\vec{e}_2 + (a_3 - b_3)\vec{e}_3$
- $r \cdot \vec{a} = r \cdot (a_1\vec{e}_1 + a_2\vec{e}_2 + a_3\vec{e}_3) = (r \cdot a_1)\vec{e}_1 + (r \cdot a_2)\vec{e}_2 + (r \cdot a_3)\vec{e}_3$ mit $r \in \mathbb{R}$.

In Koordinatendarstellung:

$$\begin{pmatrix} a_1 \\ a_2 \end{pmatrix} + \begin{pmatrix} b_1 \\ b_2 \end{pmatrix} = \begin{pmatrix} a_1 + b_1 \\ a_2 + b_2 \end{pmatrix} \qquad \begin{pmatrix} a_1 \\ a_2 \\ a_3 \end{pmatrix} + \begin{pmatrix} b_1 \\ b_2 \\ b_3 \end{pmatrix} = \begin{pmatrix} a_1 + b_1 \\ a_2 + b_2 \\ a_3 + b_3 \end{pmatrix}$$

$$\begin{pmatrix} a_1 \\ a_2 \end{pmatrix} - \begin{pmatrix} b_1 \\ b_2 \end{pmatrix} = \begin{pmatrix} a_1 - b_1 \\ a_2 - b_2 \end{pmatrix} \qquad \begin{pmatrix} a_1 \\ a_2 \\ a_3 \end{pmatrix} - \begin{pmatrix} b_1 \\ b_2 \\ b_3 \end{pmatrix} = \begin{pmatrix} a_1 - b_1 \\ a_2 - b_2 \\ a_3 - b_3 \end{pmatrix}$$

$$r \cdot \begin{pmatrix} a_1 \\ a_2 \end{pmatrix} = \begin{pmatrix} r \cdot a_1 \\ r \cdot a_2 \end{pmatrix} \qquad r \cdot \begin{pmatrix} a_1 \\ a_2 \\ a_3 \end{pmatrix} = \begin{pmatrix} r \cdot a_1 \\ r \cdot a_2 \\ r \cdot a_3 \end{pmatrix}.$$

Durch Abspalten eines Faktors lassen sich Vektoren oft einfacher schreiben.

Beispiele: $\begin{pmatrix} \frac{3}{7} \\ -\frac{5}{14} \end{pmatrix} = \frac{1}{14} \cdot \begin{pmatrix} 6 \\ -5 \end{pmatrix}$; $\begin{pmatrix} 144 \\ -72 \\ 84 \end{pmatrix} = 12 \cdot \begin{pmatrix} 12 \\ -6 \\ 7 \end{pmatrix}$

Ortsvektoren

Zu jedem Punkt P in der Ebene bzw. im Raum gibt es einen Pfeil, der im Ursprung beginnt und in P endet. Dieser Pfeil legt eindeutig einen Vektor $\overrightarrow{OP} =: \vec{p}$ fest, der ***Ortsvektor*** des Punktes P heißt.

Zum Punkt $P(p_1|p_2)$ gehört der Ortsvektor $\vec{p} = \begin{pmatrix} p_1 \\ p_2 \end{pmatrix}$.

Zum Punkt $P(p_1|p_2|p_3)$ gehört der Ortsvektor $\vec{p} = \begin{pmatrix} p_1 \\ p_2 \\ p_3 \end{pmatrix}$.

Jeder Vektor kann als Ortsvektor aufgefasst werden.

Für den Verbindungsvektor zweier Punkte $A(a_1|a_2)$ und $B(b_1|b_2)$ gilt:
$\overrightarrow{AB} = \vec{b} - \vec{a} =$

$$\begin{pmatrix} b_1 \\ b_2 \end{pmatrix} - \begin{pmatrix} a_1 \\ a_2 \end{pmatrix} = \begin{pmatrix} b_1 - a_1 \\ b_2 - a_2 \end{pmatrix}$$

Für den Verbindungsvektor zweier Punkte $A(a_1|a_2|a_3)$ und $B(b_1|b_2|b_3)$ gilt:
$\overrightarrow{AB} = \vec{b} - \vec{a} =$

$$\begin{pmatrix} b_1 \\ b_2 \\ b_3 \end{pmatrix} - \begin{pmatrix} a_1 \\ a_2 \\ a_3 \end{pmatrix} = \begin{pmatrix} b_1 - a_1 \\ b_2 - a_2 \\ b_3 - a_3 \end{pmatrix}$$

Beispiel:
$A(1{,}5|-0{,}5)$
$B(1|2)$
$\overrightarrow{AB} = \vec{b} - \vec{a} =$

$$\begin{pmatrix} 1 \\ 2 \end{pmatrix} - \begin{pmatrix} 1{,}5 \\ -0{,}5 \end{pmatrix} = \begin{pmatrix} -0{,}5 \\ 2{,}5 \end{pmatrix}$$

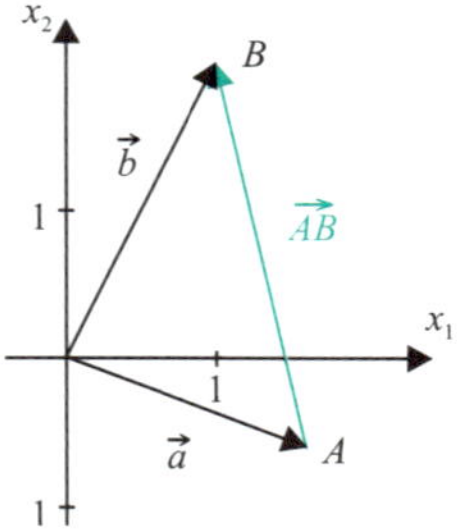

Das Skalarprodukt

Unter dem ***Skalarprodukt*** zweier Vektoren $\vec{a}$ und $\vec{b}$ versteht man die reelle Zahl $\vec{a} \circ \vec{b} = |\vec{a}| \cdot |\vec{b}| \cdot \cos\,\varphi$, wobei φ der Winkel zwischen den Vektoren $\vec{a}$ und $\vec{b}$ ist (mit $0° \leq \varphi \leq 180°$).

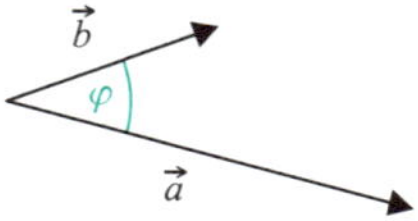

Eigenschaften des Skalarproduktes:

Für Vektoren $\vec{a}$, $\vec{b}$ und $\vec{c}$ und reelle Zahlen r gilt:
1. $\vec{a} \circ \vec{b} = \vec{b} \circ \vec{a}$
2. $\vec{a} \circ (\vec{b} + \vec{c}) = (\vec{a} \circ \vec{b}) + (\vec{a} \circ \vec{c})$
3. $(r \cdot \vec{a}) \circ \vec{b} = r \cdot (\vec{a} \circ \vec{b})$
4. $\vec{a} \circ \vec{a} = 0 \Leftrightarrow \vec{a} = \vec{o}$

Koordinatendarstellung des Skalarproduktes:

$$\begin{pmatrix} a_1 \\ a_2 \end{pmatrix} \circ \begin{pmatrix} b_1 \\ b_2 \end{pmatrix} = a_1 \cdot b_1 + a_2 \cdot b_2$$

$$\begin{pmatrix} a_1 \\ a_2 \\ a_3 \end{pmatrix} \circ \begin{pmatrix} b_1 \\ b_2 \\ b_3 \end{pmatrix} = a_1 \cdot b_1 + a_2 \cdot b_2 + a_3 \cdot b_3$$

Beispiel: $\begin{pmatrix} 3 \\ -3 \\ 1 \end{pmatrix} \circ \begin{pmatrix} 2 \\ 3 \\ 3 \end{pmatrix} = 3 \cdot 2 + (-3) \cdot 3 + 1 \cdot 3 = 0$

Winkel zwischen Vektoren

Für den ***Winkel*** φ zwischen zwei Vektoren $\vec{a}$ und $\vec{b}$ gilt:

$$\cos \varphi = \frac{\vec{a} \circ \vec{b}}{|\vec{a}| \cdot |\vec{b}|}.$$

$0° \leq \varphi \leq 180°$

Beispiel: $\vec{a} = \begin{pmatrix} -3 \\ 4 \end{pmatrix}$, $\vec{b} = \begin{pmatrix} 12 \\ 5 \end{pmatrix}$.

$$\vec{a} \circ \vec{b} = \begin{pmatrix} -3 \\ 4 \end{pmatrix} \circ \begin{pmatrix} 12 \\ 5 \end{pmatrix} = -3 \cdot 12 + 4 \cdot 5 = -16.$$

$$|\vec{a}| = \sqrt{(-3)^2 + 4^2} = 5, \ |\vec{b}| = \sqrt{12^2 + 5^2} = 13.$$

$$\cos \varphi = \frac{\vec{a} \circ \vec{b}}{|\vec{a}| \cdot |\vec{b}|} = \frac{-16}{5 \cdot 13} \Rightarrow \varphi \approx 104°$$

Zwei Vektoren $\vec{a}$ und $\vec{b}$ heißen ***orthogonal,*** wenn sie einen Winkel von 90° einschließen ($\vec{a} \perp \vec{b}$).

Für $\vec{a} \neq \vec{0}$ und $\vec{b} \neq \vec{0}$ gilt: $\vec{a} \circ \vec{b} = 0 \Leftrightarrow \vec{a} \perp \vec{b}$.

Der Betrag oder die Länge eines Vektors

Für den ***Betrag*** (die ***Länge***) des Vektors $\vec{a}$ gilt: $|\vec{a}| = \sqrt{\vec{a} \circ \vec{a}}$.

Eigenschaften des Betrages eines Vektors:

Für Vektoren $\vec{a}$ und $\vec{b}$ und reelle Zahlen r gilt:
1. $|\vec{a} \pm \vec{b}| \leq |\vec{a}| + |\vec{b}|$
2. $|r \cdot \vec{a}| = |r| \cdot |\vec{a}|$
3. $|\vec{a} \circ \vec{b}| \leq |\vec{a}| \cdot |\vec{b}|$

Koordinatendarstellung des Betrages:

$\vec{a} = a_1\vec{e}_1 + a_2\vec{e}_2 =: \begin{pmatrix} a_1 \\ a_2 \end{pmatrix}$;
$|\vec{a}| = \sqrt{a_1^2 + a_2^2}$

$\vec{a} = a_1\vec{e}_1 + a_2\vec{e}_2 + a_3\vec{e}_3 =: \begin{pmatrix} a_1 \\ a_2 \\ a_3 \end{pmatrix}$;
$|\vec{a}| = \sqrt{a_1^2 + a_2^2 + a_3^2}$

Ein Vektor der Länge 1 heißt ***Einheitsvektor***.

Der Einheitsvektor in Richtung $\vec{a} \neq \vec{0}$ ist: $\vec{a}^{\,0} = \frac{1}{|\vec{a}|} \cdot \vec{a}$.

Beispiel: $\vec{a} = \begin{pmatrix} 4 \\ -3 \end{pmatrix}$;

$|\vec{a}| = \sqrt{4^2 + (-3)^2} = 5;\ \vec{a}^{\,0} = \frac{1}{5} \cdot \begin{pmatrix} 4 \\ -3 \end{pmatrix} = \begin{pmatrix} 0{,}8 \\ -0{,}6 \end{pmatrix}$

Vektoren heißen ***orthonormiert***, wenn sie die Länge 1 haben und paarweise orthogonal sind.

Die Basisvektoren $\vec{e}_1$, $\vec{e}_2$ und $\vec{e}_3$ sind orthonormiert.

Das Vektorprodukt

Für zwei linear unabhängige Vektoren $\vec{a}$ und $\vec{b}$ des $\mathbb{R}^3$ ist das ***Vektorprodukt*** $\vec{a} \times \vec{b}$ derjenige Vektor, für den gilt:
1. $\vec{a} \times \vec{b} \perp \vec{a}$ und $\vec{a} \times \vec{b} \perp \vec{b}$
2. $\vec{a}$, $\vec{b}$ und $\vec{a} \times \vec{b}$ bilden ein Rechtssystem.
3. $|\vec{a} \times \vec{b}| = |\vec{a}| \cdot |\vec{b}| \cdot \sin \varphi$, wobei φ der Winkel zwischen den Vektoren $\vec{a}$ und $\vec{b}$ ist (mit $0° \leq \varphi \leq 180°$). (↗ S. 137)

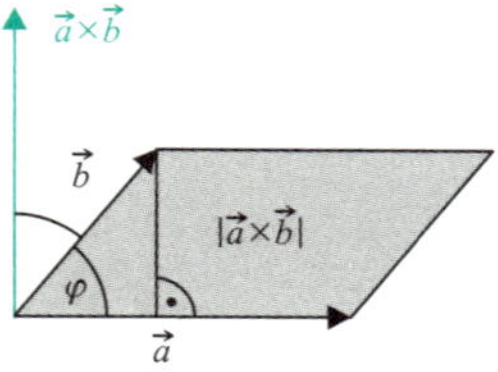

Eigenschaften des Vektorproduktes:

Für Vektoren $\vec{a}$, $\vec{b}$ und $\vec{c}$ und reelle Zahlen r gilt:
1. $\vec{b} \times \vec{a} = -(\vec{a} \times \vec{b})$
2. $r \cdot (\vec{a} \times \vec{b}) = (r \cdot \vec{a}) \times \vec{b} = \vec{a} \times (r \cdot \vec{b})$
3. $(\vec{a} + \vec{b}) \times \vec{c} = (\vec{a} \times \vec{c}) + (\vec{b} \times \vec{c})$

Koordinatendarstellung des Vektorproduktes:

$$\begin{pmatrix} a_1 \\ a_2 \\ a_3 \end{pmatrix} \times \begin{pmatrix} b_1 \\ b_2 \\ b_3 \end{pmatrix} = \begin{pmatrix} a_2 \cdot b_3 - a_3 \cdot b_2 \\ a_3 \cdot b_1 - a_1 \cdot b_3 \\ a_1 \cdot b_2 - a_2 \cdot b_1 \end{pmatrix}$$

Beispiel: $\begin{pmatrix} 5 \\ 6 \\ 1 \end{pmatrix} \times \begin{pmatrix} 2 \\ 3 \\ 4 \end{pmatrix} = \begin{pmatrix} 6 \cdot 4 - 1 \cdot 3 \\ 1 \cdot 2 - 5 \cdot 4 \\ 5 \cdot 3 - 6 \cdot 2 \end{pmatrix} = \begin{pmatrix} 21 \\ -18 \\ 3 \end{pmatrix}.$

2.3 Anwendungen

Besondere Punkte

Für den ***Mittelpunkt*** M einer Strecke $\overline{AB}$ gilt:
$\vec{m} = \frac{1}{2} \cdot (\vec{a} + \vec{b})$.

Für den ***Spatmittelpunkt*** M eines Spates $ABCDEFGH$, das von den Vektoren $\overrightarrow{AB}$, $\overrightarrow{AD}$ und $\overrightarrow{AE}$ aufgespannt wird, gilt:
$\overrightarrow{AM} = \frac{1}{2} \cdot (\overrightarrow{AB} + \overrightarrow{AD} + \overrightarrow{AE})$.

Für den ***Schwerpunkt*** S eines Dreiecks ABC gilt:
$\vec{s} = \frac{1}{3} \cdot (\vec{a} + \vec{b} + \vec{c})$.

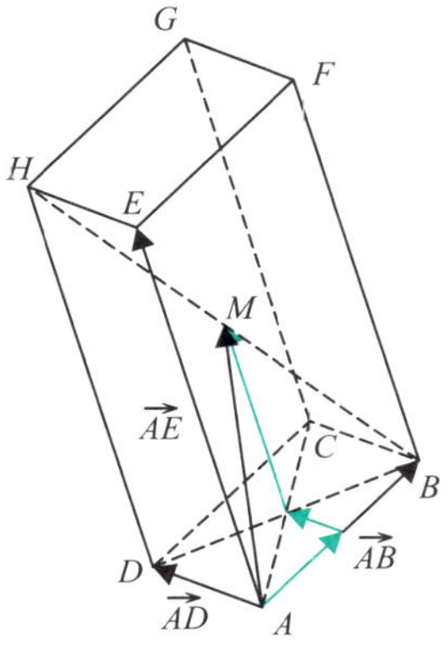

In Koordinaten im $\mathbb{R}^2$: $\begin{pmatrix} s_1 \\ s_2 \end{pmatrix} = \frac{1}{3} \cdot \begin{pmatrix} a_1 + b_1 + c_1 \\ a_2 + b_2 + c_2 \end{pmatrix}.$

Für den ***Schwerpunkt*** S eines Tetraeders $ABCD$ gilt:

$$\vec{s} = \frac{1}{4} \cdot (\vec{a} + \vec{b} + \vec{c} + \vec{d}) \text{ bzw.}$$

$$\begin{pmatrix} s_1 \\ s_2 \\ s_3 \end{pmatrix} = \frac{1}{4} \cdot \begin{pmatrix} a_1 + b_1 + c_1 + d_1 \\ a_2 + b_2 + c_2 + d_2 \\ a_3 + b_3 + c_3 + d_3 \end{pmatrix}$$

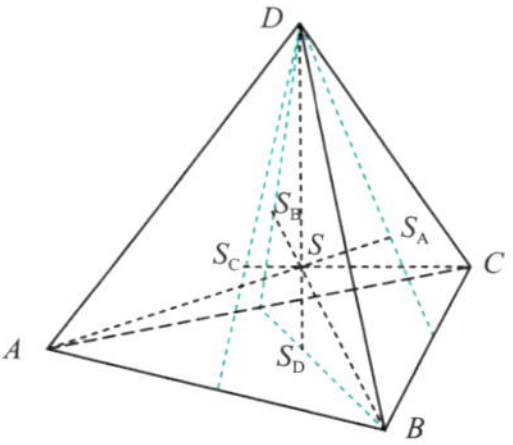

Das Teilverhältnis

Die reelle Zahl τ , die für die drei verschiedenen Punkte A, B und T einer Geraden die Gleichung $\overrightarrow{AT} = \tau \cdot \overrightarrow{TB}$ erfüllt, heißt ***Teilverhältnis*** des Punktes T bzgl. $\overline{AB}$.

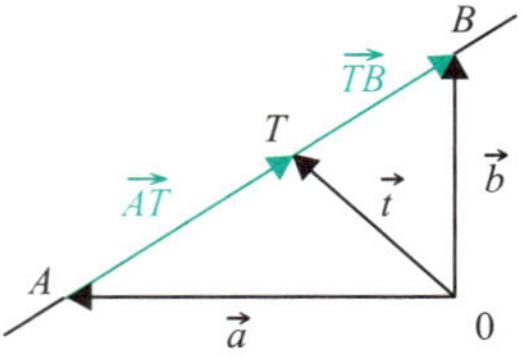

Für $T \in \overline{AB}$ (innere Teilung) gilt: $\tau \geq 0$.
Für $T \in AB \backslash \overline{AB}$ (äußere Teilung) gilt: $\tau < 0$.

Beispiele:

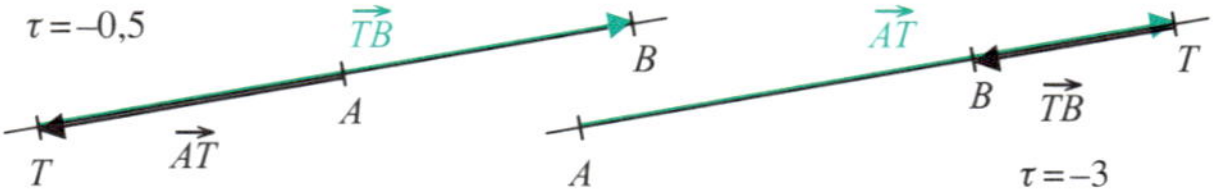

Es seien im Folgenden A, B und T drei verschiedene Punkte auf einer Geraden des $\mathbb{R}^2$ oder $\mathbb{R}^3$ und $\tau \in \mathbb{R} \backslash \{-1; 0\}$.

1. Berechnung des Teilverhältnisses

   $\vec{t} - \vec{a} = \tau \cdot (\vec{b} - \vec{t})$ oder in Koordinaten im $\mathbb{R}^3$:

   $$\begin{pmatrix} t_1 - a_1 \\ t_2 - a_2 \\ t_3 - a_3 \end{pmatrix} = \tau \cdot \begin{pmatrix} b_1 - t_1 \\ b_2 - t_2 \\ b_3 - t_3 \end{pmatrix}$$ (Im $\mathbb{R}^2$ entfällt die dritte Koordinate.)

Da $T \neq B$ ist, gilt für mindestens ein $i \in \{1; 2; 3\}$:
$b_i - t_i \neq 0$ und damit: $\tau = \dfrac{t_i - a_i}{b_i - t_i}$.

2. Berechnung der Koordinaten des Teilpunktes
$\vec{t} = \dfrac{1}{1+\tau} \cdot (\vec{a} + \tau \cdot \vec{b})$ oder in Koordinaten im $\mathbb{R}^3$:
$$\begin{pmatrix} t_1 \\ t_2 \\ t_3 \end{pmatrix} = \frac{1}{1+\tau} \cdot \begin{pmatrix} a_1 \\ a_2 \\ a_3 \end{pmatrix} + \frac{\tau}{1+\tau} \cdot \begin{pmatrix} b_1 \\ b_2 \\ b_3 \end{pmatrix}$$
(Im $\mathbb{R}^2$ entfällt die dritte Koordinate.)

3. Berechnung der Koordinaten des Streckenpunktes B
$\vec{b} = \dfrac{1+\tau}{\tau} \cdot \vec{t} - \dfrac{1}{\tau} \cdot \vec{a}$ oder in Koordinaten im $\mathbb{R}^3$:
$$\begin{pmatrix} b_1 \\ b_2 \\ b_3 \end{pmatrix} = \frac{1+\tau}{\tau} \cdot \begin{pmatrix} t_1 \\ t_2 \\ t_3 \end{pmatrix} - \frac{1}{\tau} \cdot \begin{pmatrix} a_1 \\ a_2 \\ a_3 \end{pmatrix}$$
(Im $\mathbb{R}^2$ entfällt die dritte Koordinate.)

4. Berechnung der Koordinaten des Streckenpunktes A
$\vec{a} = (1+\tau) \cdot \vec{t} - \tau \cdot \vec{b}$ oder in Koordinaten im $\mathbb{R}^3$:
$$\begin{pmatrix} a_1 \\ a_2 \\ a_3 \end{pmatrix} = (1+\tau) \cdot \begin{pmatrix} t_1 \\ t_2 \\ t_3 \end{pmatrix} - \tau \cdot \begin{pmatrix} b_1 \\ b_2 \\ b_3 \end{pmatrix}$$
(Im $\mathbb{R}^2$ entfällt die dritte Koordinate.)

Beispiele:

- Geg.: $A(4|6)$, $B(8|12)$, $T(12|18)$ Ges.: τ

Lös.: $\tau = \dfrac{t_1 - a_1}{b_1 - t_1} = \dfrac{12-4}{8-12} = -2$

- Geg.: $A(4|6)$, $B(8|12)$ und $\tau = 3$ Ges.: T

Lös.: $\vec{t} = \dfrac{1}{1+\tau} \cdot (\vec{a} + \tau \cdot \vec{b}) =$

$\dfrac{1}{1+3} \cdot \left(\begin{pmatrix} 4 \\ 6 \end{pmatrix} + 3 \cdot \begin{pmatrix} 8 \\ 12 \end{pmatrix} \right) = \begin{pmatrix} 7 \\ 10{,}5 \end{pmatrix}$; $T(7|10{,}5)$.

Untersuchung von Vektoren auf lineare Abhängigkeit

In der **Ebene** $\mathbb{R}^2$ gilt für zwei Vektoren $\vec{a}$ und $\vec{b}$:
$\vec{a}$ und $\vec{b}$ sind linear abhängig (↗ S. 124) $\Leftrightarrow$
$\vec{a}$ und $\vec{b}$ sind kollinear (↗ S. 123) $\Leftrightarrow$
$\lambda \cdot \vec{a} + \mu \cdot \vec{b} = \vec{0}$ besitzt eine Lösung $(\lambda|\mu) \neq (0|0) \Leftrightarrow$
$\det(\vec{a}; \vec{b}) = 0$ (↗ S. 117).

In Koordinaten: $\begin{pmatrix} a_1 \\ a_2 \end{pmatrix}$ und $\begin{pmatrix} b_1 \\ b_2 \end{pmatrix}$ sind linear abhängig $\Leftrightarrow$

$\lambda \cdot \begin{pmatrix} a_1 \\ a_2 \end{pmatrix} + \mu \cdot \begin{pmatrix} b_1 \\ b_2 \end{pmatrix} = \begin{pmatrix} 0 \\ 0 \end{pmatrix}$ besitzt eine Lösung

$(\lambda|\mu) \neq (0|0) \Leftrightarrow \begin{vmatrix} a_1 & b_1 \\ a_2 & b_2 \end{vmatrix} = a_1 \cdot b_2 - a_2 \cdot b_1 = 0$

Beispiel: $\vec{a} = \begin{pmatrix} 3 \\ 9 \end{pmatrix}$, $\vec{b} = \begin{pmatrix} -2 \\ 6 \end{pmatrix}$.

$\det(\vec{a}; \vec{b}) = \begin{vmatrix} 3 & -2 \\ 9 & 6 \end{vmatrix} = 3 \cdot 6 - 9 \cdot (-2) = 36$, also sind

$\vec{a}$ und $\vec{b}$ linear unabhängig.

Im **Raum** $\mathbb{R}^3$ gilt für drei Vektoren $\vec{a}$, $\vec{b}$ und $\vec{c}$:
$\vec{a}$, $\vec{b}$ und $\vec{c}$ sind linear abhängig (↗ S. 124) $\Leftrightarrow$
$\vec{a}$, $\vec{b}$ und $\vec{c}$ sind komplanar (↗ S. 124) $\Leftrightarrow$
$\lambda \cdot \vec{a} + \mu \cdot \vec{b} + \sigma \cdot \vec{c} = \vec{0}$ besitzt eine Lösung
$(\lambda|\mu|\sigma) \neq (0|0|0) \Leftrightarrow \det(\vec{a}; \vec{b}; \vec{c}) = 0$ (↗ S. 118)

In Koordinaten: $\begin{pmatrix} a_1 \\ a_2 \\ a_3 \end{pmatrix}$, $\begin{pmatrix} b_1 \\ b_2 \\ b_3 \end{pmatrix}$ und $\begin{pmatrix} c_1 \\ c_2 \\ c_3 \end{pmatrix}$ sind linear

abhängig $\Leftrightarrow \quad \lambda \cdot \begin{pmatrix} a_1 \\ a_2 \\ a_3 \end{pmatrix} + \mu \cdot \begin{pmatrix} b_1 \\ b_2 \\ b_3 \end{pmatrix} + \sigma \cdot \begin{pmatrix} c_1 \\ c_2 \\ c_3 \end{pmatrix} = \begin{pmatrix} 0 \\ 0 \\ 0 \end{pmatrix}$

besitzt eine Lösung $(\lambda|\mu|\sigma) \neq (0|0|0) \Leftrightarrow$

$$0 = \begin{vmatrix} a_1 & b_1 & c_1 \\ a_2 & b_2 & c_2 \\ a_3 & b_3 & c_3 \end{vmatrix} = \begin{matrix} a_1 b_2 c_3 + b_1 c_2 a_3 + c_1 a_2 b_3 \\ -a_3 b_2 c_1 - b_3 c_2 a_1 - c_3 a_2 b_1 \end{matrix}$$ (↗ S. 120)

Beispiel:

$$\vec{a} = \begin{pmatrix}1\\4\\7\end{pmatrix},\ \vec{b} = \begin{pmatrix}2\\5\\8\end{pmatrix},\ \vec{c} = \begin{pmatrix}3\\6\\9\end{pmatrix};\ \begin{vmatrix}1 & 2 & 3\\4 & 5 & 6\\7 & 8 & 9\end{vmatrix} = 0$$ (↗ S. 121)

$\vec{a}$, $\vec{b}$ und $\vec{c}$ sind linear abhängig (komplanar).

Lineare Unabhängigkeit bei Beweisen

Mit Hilfe der linearen Unabhängigkeit von Vektoren können Sätze über Streckenverhältnisse bewiesen werden. Man bildet eine geschlossene Vektorkette, in der die betreffenden Strecken als Vektoren enthalten sind. Die Vektoren der Kette werden als Linearkombinationen geeigneter linear unabhängiger Vektoren dargestellt. Man erhält so eine Linearkombination linear unabhängiger Vektoren, die den Nullvektor ergibt. Die Koeffizienten müssen alle null sein. Hieraus erhält man ein Gleichungssystem aus zwei bzw. drei Gleichungen. Aus den Lösungen können die Streckenverhältnisse gewonnen werden.

Beispiel: Im Parallelogramm halbieren sich die Diagonalen. Die geschlossene Vektorkette mit den linear unabhängigen Vektoren $\vec{a} = \overrightarrow{AB}$ und $\vec{d} = \overrightarrow{AD}$:

$$\overrightarrow{AM} + \overrightarrow{MB} + \overrightarrow{BA} = \lambda \cdot \overrightarrow{AC} + \mu \cdot \overrightarrow{DB} + \overrightarrow{BA} =$$

$$\lambda \cdot (\vec{b} + \vec{a}) + \mu \cdot (-\vec{b} + \vec{a}) - \vec{a} =$$

$$(\lambda + \mu - 1) \cdot \vec{a} + (\lambda - \mu) \cdot \vec{b} = \vec{o}$$

$$\Rightarrow \begin{matrix}\lambda + \mu - 1 = 0\\ \lambda - \mu = 0\end{matrix} \Rightarrow \lambda = \mu = \frac{1}{2}.$$

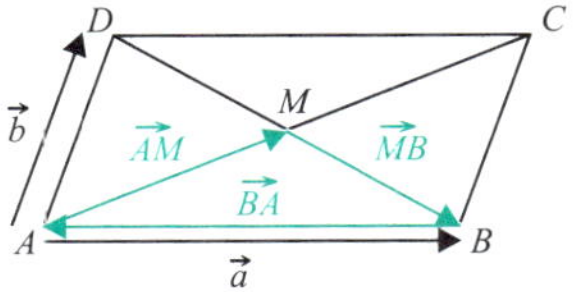

Also $\overline{AM} = \frac{1}{2} \cdot \overline{AC}$ und $\overline{MB} = \frac{1}{2} \cdot \overline{DB}$.

Untersuchung von Vektoren auf Orthogonalität

Zwei Vektoren $\vec{a}$ und $\vec{b}$ sind orthogonal, wenn ihr Skalarprodukt $\vec{a} \circ \vec{b} = 0$ ist (↗ S. 129).

Beispiel: $\vec{a} = \begin{pmatrix} 3 \\ 9 \end{pmatrix}$, $\vec{b} = \begin{pmatrix} 6 \\ -2 \end{pmatrix}$.

$$\vec{a} \circ \vec{b} = \begin{pmatrix} 3 \\ 9 \end{pmatrix} \circ \begin{pmatrix} 6 \\ -2 \end{pmatrix} = 3 \cdot 6 + 9 \cdot (-2) = 0$$

$\vec{a}$ und $\vec{b}$ sind orthogonal.

Ermittlung eines Normalenvektors

Im $\mathbb{R}^2$ sei $\vec{u}$ ein gegebener Vektor. $\vec{n}$ ist ein ***Normalenvektor*** zu $\vec{u}$, falls $\vec{n} \circ \vec{u} = 0$, d. h. $n_1 \cdot u_1 + n_2 \cdot u_2 = 0$.

Da es unendlich viele Normalenvektoren zu einem Vektor $\vec{n}$ gibt, kann eine der beiden Koordinaten von $\vec{n}$ kann frei gewählt werden. Die zweite Koordinate ist dann durch diese Gleichung festgelegt.

Beispiel: $\vec{u} = \begin{pmatrix} 4 \\ -2 \end{pmatrix}$, $\vec{n} = \begin{pmatrix} n_1 \\ n_2 \end{pmatrix}$.

$\vec{n} \circ \vec{u} = 0 \Leftrightarrow n_1 \cdot 4 + n_2 \cdot (-2) = 0$. Wähle z. B. $n_1 = 1$. Dann folgt: $4 \cdot 1 - 2 \cdot n_2 = 0$, d. h. $n_2 = 2$. $\vec{n} = \begin{pmatrix} 1 \\ 2 \end{pmatrix}$.

Im $\mathbb{R}^3$ seien die Vektoren $\vec{u}$ und $\vec{v}$ gegeben. Die Berechnung eines ***Normalenvektor*** $\vec{n}$ zu $\vec{u}$ und $\vec{v}$ kann mit dem Vektorprodukt ($\vec{n} = \vec{u} \times \vec{v}$; ↗ S. 130) oder mit dem Skalarprodukt erfolgen: $\vec{n} \circ \vec{u} = 0$ und $\vec{n} \circ \vec{v} = 0$.

Beispiel: $\vec{u} = \begin{pmatrix} -1 \\ -1{,}5 \\ 2 \end{pmatrix}$; $\vec{v} = \begin{pmatrix} -3 \\ 3 \\ 1 \end{pmatrix}$; $\vec{n} = \begin{pmatrix} n_1 \\ n_2 \\ n_3 \end{pmatrix}$.

$\vec{n} \circ \vec{u} = 0$ und $\vec{n} \circ \vec{v} = 0 \Leftrightarrow$

$$\begin{array}{ll} \text{(I)} & -n_1 - 1{,}5n_2 + 2n_3 = 0 \\ \text{(II)} & -3n_1 + 3n_2 + n_3 = 0 \end{array} \Leftrightarrow \begin{array}{ll} \text{(I)} - 2 \cdot \text{(II)} & 5n_1 - 7{,}5n_2 = 0 \\ & n_3 = 3n_1 - 3n_2 \end{array}$$

Da für die drei Unbekannten nur zwei Gleichungen vorliegen, kann eine Unbekannte frei gewählt werden. Wähle z. B.

$n_2 = 2$, dann folgt: $n_1 = 3$ und $n_3 = 3$. $\vec{n} = \begin{pmatrix} 3 \\ 2 \\ 3 \end{pmatrix}$

Die senkrechte Projektion eines Vektors

$$\vec{b}_{\vec{a}} = (\vec{b} \circ \vec{a}^{\,0}) \cdot \vec{a}^{\,0} = \frac{\vec{b} \circ \vec{a}}{|\vec{a}|^2} \cdot \vec{a}$$

heißt ***senkrechte Projektion*** des Vektors $\vec{b}$ auf den Vektor $\vec{a}$.

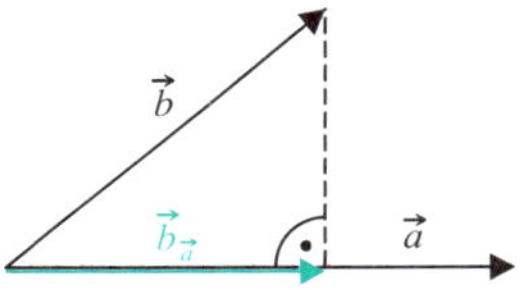

Beispiel:

$\vec{b} = \begin{pmatrix} 12 \\ 5 \end{pmatrix}$, $\vec{a} = \begin{pmatrix} -3 \\ 4 \end{pmatrix}$.

$\vec{b} \circ \vec{a} = \begin{pmatrix} 12 \\ 5 \end{pmatrix} \circ \begin{pmatrix} -3 \\ 4 \end{pmatrix} = -16$ und

$|\vec{a}| = 5$. (↗ S. 130).

$$\vec{b}_{\vec{a}} = \frac{\vec{b} \circ \vec{a}}{|\vec{a}|^2} \cdot \vec{a} = \frac{-16}{25} \cdot \begin{pmatrix} -3 \\ 4 \end{pmatrix}.$$

Flächen- und Rauminhalte im $\mathbb{R}^3$

- Flächeninhalt eines Dreiecks ABC: $A = \frac{1}{2} \cdot |\overrightarrow{AB} \times \overrightarrow{AC}|$

- Flächeninhalt eines Parallelogramms $ABCD$:

  $A = |\overrightarrow{AB} \times \overrightarrow{AD}|$ (Zeichnung ↗ S. 130)

- Volumen eines Spats (Parallelflachs) $ABCDEFGH$:

  $V = \left|\overrightarrow{AB} \circ (\overrightarrow{AD} \times \overrightarrow{AE})\right| = |\det(\overrightarrow{AB}; \overrightarrow{AD}; \overrightarrow{AE})|$

  (Zeichnung ↗ S. 131)

- Volumen einer dreiseitigen Pyramide:

  $V = \frac{1}{6} \cdot |\vec{a} \circ (\vec{b} \times \vec{c})| =$

  $\frac{1}{6} \cdot |\det(\vec{a}; \vec{b}; \vec{c})|$

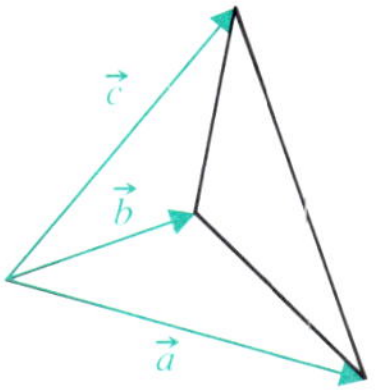

3 Geraden

3.1 Darstellungen

Die folgenden beiden Formen heißen ***Parameterformen.***

- ***Punkt-Richtungs-Form***

Die Lage einer Geraden g im $\mathbb{R}^2$ oder $\mathbb{R}^3$ sei durch einen Punkt A mit Ortsvektor $\vec{a}$ und einen ***Richtungsvektor*** $\vec{u} \neq \vec{0}$ festgelegt. X mit Ortsvektor $\vec{x}$ sei ein beliebiger Punkt von g.

$$g\colon \vec{x} = \vec{a} + \lambda \cdot \vec{u},\ \lambda \in \mathbb{R}.$$

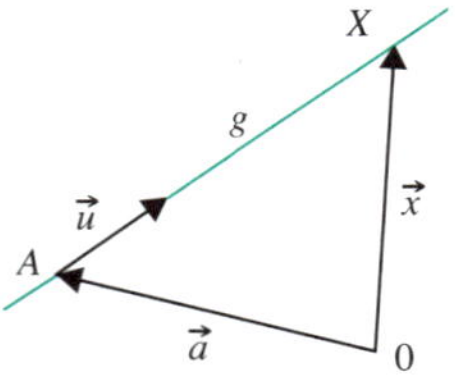

In Koordinatenschreibweise im $\mathbb{R}^3$:

$$g\colon \begin{pmatrix} x_1 \\ x_2 \\ x_3 \end{pmatrix} = \begin{pmatrix} a_1 \\ a_2 \\ a_3 \end{pmatrix} + \lambda \cdot \begin{pmatrix} u_1 \\ u_2 \\ u_3 \end{pmatrix},$$

$\lambda \in \mathbb{R}$.

Im $\mathbb{R}^2$ entfällt die dritte Zeile.

- ***Zwei-Punkte-Form***

Die Lage einer Geraden g im $\mathbb{R}^2$ oder $\mathbb{R}^3$ sei durch zwei verschiedene Punkte A und B mit Ortsvektoren $\vec{a}$ und $\vec{b}$ festgelegt. X mit Ortsvektor $\vec{x}$ sei ein beliebiger Punkt von g.

$$g\colon \vec{x} = \vec{a} + \lambda \cdot (\vec{b} - \vec{a}),\ \lambda \in \mathbb{R}.$$

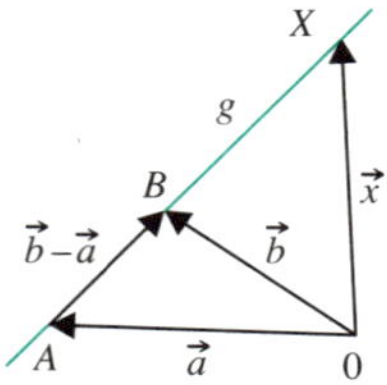

In Koordinatenschreibweise im $\mathbb{R}^3$:

$$g\colon \begin{pmatrix} x_1 \\ x_2 \\ x_3 \end{pmatrix} = \begin{pmatrix} a_1 \\ a_2 \\ a_3 \end{pmatrix} + \lambda \cdot \begin{pmatrix} b_1 - a_1 \\ b_2 - a_2 \\ b_3 - a_3 \end{pmatrix},$$

$\lambda \in \mathbb{R}$.

Im $\mathbb{R}^2$ entfällt die dritte Zeile.

Beispiel: Die Gerade g im $\mathbb{R}^2$ durch die Punkte $A(1|3)$ und $B(-2|2)$:

$$g\colon \begin{pmatrix} x_1 \\ x_2 \end{pmatrix} = \begin{pmatrix} 1 \\ 3 \end{pmatrix} + \lambda \cdot \begin{pmatrix} -2-1 \\ 2-3 \end{pmatrix},\ \lambda \in \mathbb{R}$$

$$g\colon \begin{pmatrix} x_1 \\ x_2 \end{pmatrix} = \begin{pmatrix} 1 \\ 3 \end{pmatrix} + \lambda \cdot \begin{pmatrix} -3 \\ -1 \end{pmatrix},\ \lambda \in \mathbb{R}.$$

Die folgenden ***Koordinatenformen*** sind nur im $\mathbb{R}^2$ möglich.

- ***Achsenabschnittsform*** im $\mathbb{R}^2$
Schneidet die Gerade g die x_1-Achse im Punkt $S(s|0)$ und die x_2-Achse im Punkt $T(0|t)$, so gilt für einen beliebigen Punkt $X(x_1|x_2)$ auf der Geraden g:

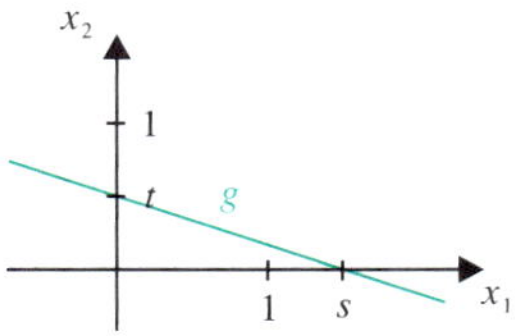

$$g\colon \frac{x_1}{s} + \frac{x_2}{t} = 1.$$

Bei den folgenden Koordinatenformen wird ein kartesisches Koordinatensystem (↗ S. 125) im $\mathbb{R}^2$ vorausgesetzt.

- ***Normalenform*** im $\mathbb{R}^2$
$\vec{n}$ sei ein Normalenvektor (↗ S. 136) der Geraden g, die durch den Punkt A mit Ortvektor $\vec{a}$ verläuft. X mit Ortsvektor $\vec{x}$ sei ein beliebiger Punkt der Geraden g.

$$g\colon \vec{n} \circ (\vec{x} - \vec{a}) = 0$$

In Koordinatenschreibweise:

$$g\colon \begin{pmatrix} n_1 \\ n_2 \end{pmatrix} \circ \left[\begin{pmatrix} x_1 - a_1 \\ x_2 - a_2 \end{pmatrix} \right] = 0;$$

$$g\colon n_1 \cdot x_1 + n_2 \cdot x_2 + n_0 = 0,$$

mit $n_0 = -n_1 \cdot a_1 - n_2 \cdot a_2$

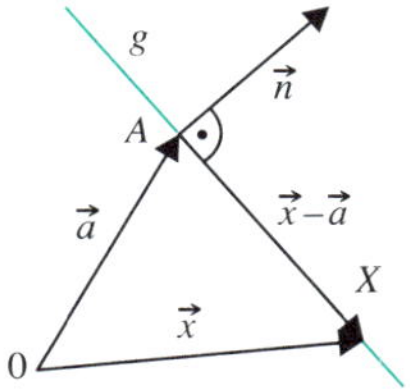

Hessesche Normalenform (HNF) im $\mathbb{R}^2$
Falls g nicht durch den Ursprung geht, sei $\vec{n}^0$ der ***Normaleneinheitsvektor*** (↗ S. 130) der Geraden g, der auf die Seite von g zeigt, die den Ursprung nicht enthält. Falls g durch den Ursprung geht, kann $\vec{n}^0$ beliebig gewählt werden.
$A(a_1|a_2)$ mit Ortsvektoren $\vec{a}$ sei ein fester Punkt und $X(x_1|x_2)$ mit Ortsvektor $\vec{x}$ sei ein beliebiger Punkt der Geraden g.

HNF von g: $\vec{n}^0 \circ (\vec{x} - \vec{a}) = 0$ (mit $\vec{n}^0 \circ \vec{a} \geq 0$)

In Koordinatenschreibweise im $\mathbb{R}^2$:

HNF von g: $\begin{pmatrix} n_1^0 \\ n_2^0 \end{pmatrix} \circ \left[\begin{pmatrix} x_1 - a_1 \\ x_2 - a_2 \end{pmatrix}\right] = 0$;
g: $n_1^0 \cdot x_1 + n_2^0 \cdot x_2 + n_0^0 = 0$, mit
$n_0^0 = -n_1^0 \cdot a_1 - n_2^0 \cdot a_2 \leq 0$.

Umwandeln in andere Darstellungsformen im $\mathbb{R}^2$

1. Die Gerade g ist durch $A(-2|-4)$ und $B(6|2)$ gegeben.
Ermittlung der Zwei-Punkte-Form:

$$g: \begin{pmatrix} x_1 \\ x_2 \end{pmatrix} = \begin{pmatrix} -2 \\ -4 \end{pmatrix} + \lambda \cdot \begin{pmatrix} 6 - (-2) \\ 2 - (-4) \end{pmatrix}, \ \lambda \in \mathbb{R}$$

$$g: \begin{pmatrix} x_1 \\ x_2 \end{pmatrix} = \begin{pmatrix} -2 \\ -4 \end{pmatrix} + \lambda \cdot \begin{pmatrix} 8 \\ 6 \end{pmatrix}, \ \lambda \in \mathbb{R}.$$

Umwandlung in eine Normalenform:
→ Ein Normalenvektor ist senkrecht zum Richtungsvektor.

$$\begin{pmatrix} n_1 \\ n_2 \end{pmatrix} \circ \begin{pmatrix} 8 \\ 6 \end{pmatrix} = 0 \Leftrightarrow 8 \cdot n_1 + 6 \cdot n_2 = 0 \Leftrightarrow n_2 = -\frac{8 \cdot n_1}{6}.$$

Wähle z. B. $n_1 = 3$, dann ist $n_2 = -4$.

$$g: \begin{pmatrix} 3 \\ -4 \end{pmatrix} \circ \left[\begin{pmatrix} x_1 - (-2) \\ x_2 - (-4) \end{pmatrix}\right] = 0;$$

g: $3 \cdot (x_1 + 2) + (-4) \cdot (x_2 + 4) = 0$;

Normalenform von g: $3 \cdot x_1 - 4 \cdot x_2 - 10 = 0$.

Umwandlung in die Hessesche Normalenform:

$$\vec{n}^0 = \frac{1}{|\vec{n}|} \cdot \vec{n} = \frac{1}{\sqrt{n_1^2 + n_2^2}} \cdot \begin{pmatrix} n_1 \\ n_2 \end{pmatrix} =$$

$$\frac{1}{\sqrt{3^2 + (-4)^2}} \cdot \begin{pmatrix} 3 \\ -4 \end{pmatrix} = \frac{1}{5} \cdot \begin{pmatrix} 3 \\ -4 \end{pmatrix} = \begin{pmatrix} 0,6 \\ -0,8 \end{pmatrix}.$$

$$g\colon \begin{pmatrix} 0,6 \\ -0,8 \end{pmatrix} \circ \left[\begin{pmatrix} x_1 - (-2) \\ x_2 - (-4) \end{pmatrix} \right] = 0;$$

g: $0,6 \cdot (x_1 + 2) + (-0,8) \cdot (x_2 + 4) = 0;$

HNF von g: $0,6 \cdot x_1 - 0,8 \cdot x_2 - 2 = 0.$

Oder kurz: $3 \cdot x_1 - 4 \cdot x_2 - 10 = 0 \mid : \sqrt{3^2 + (-4)^2}$

$$g\colon \frac{3 \cdot x_1 - 4 \cdot x_2 - 10}{\sqrt{3^3 + (-4)^2}} = 0. \Leftrightarrow$$

HNF von g: $0,6 \cdot x_1 - 0,8 \cdot x_2 - 2 = 0.$

2. Die Gerade *g* ist in einer Normalenform gegeben.
g: $2x_1 - 6x_2 + 4 = 0$

Umwandlung in eine Punkt-Richtungs-Form:
Ein Richtungsvektor ist senkrecht zum Normalenvektor.

$$\begin{pmatrix} u_1 \\ u_2 \end{pmatrix} \circ \begin{pmatrix} 2 \\ -6 \end{pmatrix} = 0 \Leftrightarrow 2 \cdot u_1 - 6 \cdot u_2 = 0 \Leftrightarrow u_1 = \frac{6 \cdot u_2}{2}.$$

Wähle z. B. $u_2 = 1$, dann ist $u_1 = 3$.
Für einen Punkt $A(a_1|a_2)$ der Geraden g gilt (↗ 3.2):
$2a_1 - 6a_2 + 4 = 0$. Wähle $a_1 = 1$, dann ist $a_2 = 1$. $A(1|1)$

$$g\colon \begin{pmatrix} x_1 \\ x_2 \end{pmatrix} = \begin{pmatrix} 1 \\ 1 \end{pmatrix} + \lambda \cdot \begin{pmatrix} 3 \\ 1 \end{pmatrix}, \quad \lambda \in \mathbb{R}.$$

3.2 Lagebeziehungen

Lage von Punkt und Gerade zueinander

Ein Punkt liegt genau dann auf einer Geraden, wenn sein Ortsvektor bzw. seine Koordinaten die Geradengleichung erfüllen.

Beispiele:

- Im $\mathbb{R}^3$: $g: \vec{x} = \vec{a} + \lambda \cdot \vec{u},\ \lambda \in \mathbb{R}$ und $P(p_1|p_2|p_3)$.

$$g: \begin{pmatrix} x_1 \\ x_2 \\ x_3 \end{pmatrix} = \begin{pmatrix} 2 \\ -3 \\ 0{,}5 \end{pmatrix} + \lambda \cdot \begin{pmatrix} 3 \\ -1 \\ 1{,}5 \end{pmatrix},\ \lambda \in \mathbb{R} \text{ und } \vec{p} = \begin{pmatrix} -1 \\ -2 \\ 2 \end{pmatrix}.$$

Den Ortsvektor $\vec{p}$ in die Geradengleichung einsetzen.

$$\begin{pmatrix} -1 \\ -2 \\ 2 \end{pmatrix} = \begin{pmatrix} 2 \\ -3 \\ 0{,}5 \end{pmatrix} + \lambda \cdot \begin{pmatrix} 3 \\ -1 \\ 1{,}5 \end{pmatrix} \Leftrightarrow \begin{array}{r} -1 = 2 + 3 \cdot \lambda \\ -2 = -3 - \lambda \\ 2 = 0{,}5 + 1{,}5 \cdot \lambda \end{array} \Leftrightarrow \begin{array}{l} \lambda = -1 \\ \lambda = -1 \\ \lambda = 1 \end{array}.$$

Es gibt also keine reelle Zahl die alle drei Gleichungen löst. P liegt also nicht auf der Geraden g.

- Im $\mathbb{R}^2$: $g: 2x_1 - 6x_2 + 4 = 0$ und $Q(-5|-1)$. Die Koordinaten von Q in die Geradengleichung einsetzen.

$2 \cdot (-5) - 6 \cdot (-1) + 4 = 0 \Leftrightarrow -10 + 6 + 4 = 0 \Leftrightarrow 0 = 0$

Die Koordinaten von Q erfüllen die Geradengleichung. Q liegt auf der Geraden g.

Lage von zwei Geraden

Im $\mathbb{R}^2$ oder $\mathbb{R}^3$ können zwei Geraden entweder
- identisch sein oder
- echt parallel sein oder
- genau einen Schnittpunkt haben.

Im $\mathbb{R}^3$ können sie außerdem noch windschief sein.

1. Die Gleichungen der beiden Geraden sind in Parameterform gegeben.

- Zwei Geraden sind genau dann ***parallel***, wenn ihre Richtungsvektoren linear abhängig (kollinear) sind (↗ S. 124).
- Zwei Geraden sind genau dann ***identisch***, wenn sie parallel sind und ein Punkt der einen Geraden auf der anderen Geraden liegt.

Beispiel: Im $\mathbb{R}^3$: $g\colon \vec{x} = \vec{a} + \lambda \cdot \vec{u},\ \ \lambda \in \mathbb{R}$ und $h\colon \vec{x} = \vec{b} + \mu \cdot \vec{v},\ \ \mu \in \mathbb{R}$.

$$g\colon \begin{pmatrix} x_1 \\ x_2 \\ x_3 \end{pmatrix} = \begin{pmatrix} 1 \\ 3 \\ 5 \end{pmatrix} + \lambda \cdot \begin{pmatrix} 3 \\ 2 \\ 1 \end{pmatrix},\ \lambda \in \mathbb{R};$$

$$h\colon \begin{pmatrix} x_1 \\ x_2 \\ x_3 \end{pmatrix} = \begin{pmatrix} 4 \\ 3 \\ 1 \end{pmatrix} + \mu \cdot \begin{pmatrix} -6 \\ -4 \\ -2 \end{pmatrix},\ \mu \in \mathbb{R}$$

Untersuchung der Richtungsvektoren $\vec{u}$ und $\vec{v}$ auf lineare Abhängigkeit:

$$\begin{pmatrix} 3 \\ 2 \\ 1 \end{pmatrix} = \mu \cdot \begin{pmatrix} -6 \\ -4 \\ -2 \end{pmatrix} \Leftrightarrow \begin{matrix} 3 = -6\mu \\ 2 = -4\mu \\ 1 = -2\mu \end{matrix} \Leftrightarrow \begin{matrix} \mu = -0{,}5 \\ \mu = -0{,}5 \\ \mu = -0{,}5 \end{matrix},$$

d. h. $\vec{u}$ und $\vec{v}$ sind linear abhängig und g und h sind parallel. Den Ortsvektor $\vec{b}$ in die Geradengleichung von g einsetzen:

$$\begin{pmatrix} 4 \\ 3 \\ 1 \end{pmatrix} = \begin{pmatrix} 1 \\ 3 \\ 5 \end{pmatrix} + \lambda \cdot \begin{pmatrix} 3 \\ 2 \\ 1 \end{pmatrix} \Leftrightarrow \begin{matrix} 4 = 1 + 3\lambda \\ 3 = 3 + 2\lambda \\ 1 = 5 + \lambda \end{matrix} \Leftrightarrow \begin{matrix} \lambda = 1 \\ \lambda = 0 \\ \lambda = -4 \end{matrix}$$

Es gibt also keine reelle Zahl die alle drei Gleichungen löst. *B* liegt nicht auf der Geraden g. g und h sind echt parallel.

- Zwei Geraden sind genau dann zueinander ***senkrecht*** (***orthogonal***), wenn ihre Richtungsvektoren orthogonal sind. ($\vec{u} \circ \vec{v} = 0$ ↗ S. 129)
- Im $\mathbb{R}^2$ haben zwei Geraden genau dann genau einen ***Schnittpunkt***, wenn ihre Richtungsvektoren linear unabhängig sind.
- Im $\mathbb{R}^3$ haben zwei Geraden genau dann genau einen ***Schnittpunkt***, wenn ihre Richtungsvektoren linear unabhängig sind und beide Richtungsvektoren und ein beliebiger Verbindungsvektor von einem Punkt der einen Geraden zu einem Punkt der anderen Geraden linear abhängig sind.

- Im $\mathbb{R}^3$ sind zwei Geraden genau dann ***windschief***, wenn ihre beiden Richtungsvektoren und ein beliebiger Verbindungsvektor von einem Punkt der einen Geraden zu einem Punkt der anderen Geraden linear unabhängig sind.

Beispiel: $g\colon \vec{x} = \vec{a} + \lambda \cdot \vec{u},\ \lambda \in \mathbb{R}$ und
$h\colon \vec{x} = \vec{b} + \mu \cdot \vec{v},\ \mu \in \mathbb{R}$.

$$g\colon \begin{pmatrix} x_1 \\ x_2 \\ x_3 \end{pmatrix} = \begin{pmatrix} 1 \\ 3 \\ 5 \end{pmatrix} + \lambda \cdot \begin{pmatrix} 3 \\ 2 \\ 1 \end{pmatrix},\ \lambda \in \mathbb{R};$$

$$h\colon \begin{pmatrix} x_1 \\ x_2 \\ x_3 \end{pmatrix} = \begin{pmatrix} 4 \\ 3 \\ 1 \end{pmatrix} + \mu \cdot \begin{pmatrix} -3 \\ -4 \\ 2 \end{pmatrix},\ \mu \in \mathbb{R}$$

Überprüfung der Vektoren $\vec{u}$, $\vec{v}$ und $\vec{b} - \vec{a}$ auf lineare Unabhängigkeit (↗ S. 134):

$\vec{u}$, $\vec{v}$ und $\vec{b} - \vec{a}$ linear unabhängig $\Leftrightarrow \det(\vec{u}, \vec{v}, \vec{b} - \vec{a}) \neq 0$.

$$\det(\vec{u}, \vec{v}, \vec{b} - \vec{a}) = \begin{vmatrix} 3 & -3 & 4-1 \\ 2 & -4 & 3-3 \\ 1 & 2 & 1-5 \end{vmatrix} = \begin{vmatrix} 3 & -3 & 3 \\ 2 & -4 & 0 \\ 1 & 2 & -4 \end{vmatrix} = 3 \cdot (-4) \cdot (-4)$$

$$+(-3) \cdot 0 \cdot 1 + 3 \cdot 2 \cdot 2 - 1 \cdot (-4) \cdot 3 - 2 \cdot 0 \cdot 3 - (-4) \cdot 2 \cdot (-3) =$$

$$48 + 0 + 12 + 12 - 0 - 24 = 48 \neq 0.$$

g und h sind also windschief.

2. Die Gleichungen der beiden Geraden des $\mathbb{R}^2$ sind in Normalenform gegeben.

Zwei Geraden sind genau dann ***parallel***, wenn ihre Normalenvektoren linear abhängig (kollinear) sind (↗ S. 124).

Beispiel: $g\colon 2x_1 - 6x_2 + 4 = 0$ und
$h\colon -0{,}5x_1 + 2{,}5x_2 - 1 = 0$

Untersuchung der Normalenvektoren $\vec{n}_g$ und $\vec{n}_h$ auf lineare Abhängigkeit:

$$\vec{n}_g = \lambda \cdot \vec{n}_h \Leftrightarrow \begin{pmatrix} 2 \\ -6 \end{pmatrix} = \lambda \cdot \begin{pmatrix} -0{,}5 \\ 2{,}5 \end{pmatrix} \Leftrightarrow \begin{array}{r} 2 = -0{,}5\lambda \\ -6 = 2{,}5\lambda \end{array} \Leftrightarrow \begin{array}{r} \lambda = -4 \\ \lambda = -2{,}4 \end{array}$$

Da es keine Lösung gibt, sind die Normalenvektoren linear unabhängig. g und h sind nicht parallel.

> Zwei Geraden sind genau dann ***identisch***, wenn sich eine Gleichung durch Multiplikation mit einer reellen Zahl in die andere Gleichung umformen lässt.

Beispiel: g: $2x_1 - 6x_2 + 4 = 0$ und
h: $-0{,}5x_1 + 1{,}5x_2 - 1 = 0$
Multipliziere die Gleichung von h mit -4:

$$-4 \cdot (-0{,}5x_1 + 1{,}5x_2 - 1) = -4 \cdot 0 \Leftrightarrow 2x_1 - 6x_2 + 4 = 0.$$

g und h sind identisch.

> - Zwei Geraden haben genau dann genau einen ***Schnittpunkt***, wenn ihre Normalenvektoren linear unabhängig sind.
> - Zwei Geraden sind genau dann zueinander ***senkrecht*** (***orthogonal***), wenn ihre Normalenvektoren orthogonal sind. ($\vec{n}_g \circ \vec{n}_h = 0$, ↗ S. 129)

3. Eine Gleichung der beiden Geraden des $\mathbb{R}^2$ ist in Normalenform gegeben, die andere in Parameterform.

> - Zwei Geraden sind genau dann ***parallel***, wenn der Normalenvektor der einen Geraden senkrecht zum Richtungsvektor der anderen Geraden ist.
> - Zwei Geraden sind genau dann ***identisch***, wenn sie parallel sind und ein Punkt der einen Geraden auf der anderen Geraden liegt.

Beispiel: $g: \vec{x} = \vec{a} + \lambda \cdot \vec{u},\ \lambda \in \mathbb{R}$ und
$h: n_1 \cdot x_1 + n_2 \cdot x_2 + n_0 = 0$

$$g: \begin{pmatrix} x_1 \\ x_2 \end{pmatrix} = \begin{pmatrix} 1 \\ 0 \end{pmatrix} + \lambda \cdot \begin{pmatrix} 3 \\ 1 \end{pmatrix},\ \lambda \in \mathbb{R} \text{ und } h: 2x_1 - 6x_2 + 4 = 0$$

$$\vec{u} \circ \vec{n} = \begin{pmatrix} 3 \\ 1 \end{pmatrix} \circ \begin{pmatrix} 2 \\ -6 \end{pmatrix} = 3 \cdot 2 + 1 \cdot (-6) = 0, \text{ d. h. } \vec{u} \perp \vec{n}$$

und $g||h$.

Die Koordinaten von A in die Gleichung für h einsetzen:
$2 \cdot 1 - 6 \cdot 0 + 4 = 0 \Leftrightarrow 6 = 0$ d. h. A liegt nicht auf h.
g und h sind also echt parallel.

- Zwei Geraden haben genau dann genau einen ***Schnittpunkt***, wenn der Normalenvektor der einen Geraden nicht senkrecht zum Richtungsvektor der anderen Geraden ist.
- Zwei Geraden sind genau dann zueinander ***senkrecht*** (***orthogonal***), wenn der Normalenvektor der einen Geraden und der Richtungsvektor der anderen Geraden linear abhängig (kollinear) sind. (↗ S. 124)

Lage einer Geraden im Koordinatensystem

Eine Gerade geht durch den Ursprung, wenn die Koordinaten des Ursprungs die Geradengleichung erfüllen.

1. Die Gleichung der Geraden ist in Parameterform gegeben.

Beispiel: (Im $\mathbb{R}^2$); $g: \begin{pmatrix} x_1 \\ x_2 \end{pmatrix} = \begin{pmatrix} 4{,}5 \\ 1{,}5 \end{pmatrix} + \lambda \cdot \begin{pmatrix} 3 \\ 1 \end{pmatrix},\ \lambda \in \mathbb{R}$

$$\begin{pmatrix} 0 \\ 0 \end{pmatrix} = \begin{pmatrix} 4{,}5 \\ 1{,}5 \end{pmatrix} + \lambda \cdot \begin{pmatrix} 3 \\ 1 \end{pmatrix} \Leftrightarrow \begin{matrix} 0 = 4{,}5 + 3\lambda \\ 0 = 1{,}5 + \lambda \end{matrix} \Leftrightarrow \begin{matrix} \lambda = -1{,}5 \\ \lambda = -1{,}5 \end{matrix},$$

d. h. der Ursprung liegt auf g. g ist also eine Ursprungsgerade.

Vereinfache bei ***Ursprungsgeraden***: $g: \vec{x} = \lambda \cdot \vec{u},\ \lambda \in \mathbb{R}$.

Eine Gerade ist genau dann parallel zur Koordinatenachse x_i, wenn bei ihrem Richtungsvektor nur die i-te Koordinate von 0 verschieden ist.

Beispiel: (Im $\mathbb{R}^3$)

$$g: \begin{pmatrix} x_1 \\ x_2 \\ x_3 \end{pmatrix} = \begin{pmatrix} 1 \\ 3 \\ -2 \end{pmatrix} + \lambda \cdot \begin{pmatrix} 0 \\ 2 \\ 0 \end{pmatrix}, \ \lambda \in \mathbb{R};$$

g ist parallel zur x_2-Achse.

2. Die Gleichung der Geraden des $\mathbb{R}^2$ ist in Koordinatenform gegeben.

Die Gerade geht genau dann durch den Ursprung, wenn $n_0 = 0$.

Beispiel: g: $-0{,}5x_1 + 2{,}5x_2 = 0$ ist eine Ursprungsgerade.

Die Gerade ist genau dann parallel zur Koordinatenachse x_i, wenn der Koeffizient von x_i Null ist.

Beispiel: g: $-2{,}5x_2 + 15 = 0$ ist eine Parallele zur x_1-Achse.
Vereinfache bei Parallelen zu Achsen: g: $x_2 = 6$

Koordinatenachsen im $\mathbb{R}^2$: x_1-Achse: $x_2 = 0$; x_2-Achse: $x_1 = 0$.

3.3 Schnitte von Geraden

Zur Schnittpunktsbestimmung werden Gleichungssysteme aus den beiden Geradengleichungen gebildet (↗ S. 119).

- Besitzt das Gleichungssystem keine Lösung, so sind die Geraden echt parallel oder windschief (nur im $\mathbb{R}^3$).
- Gibt es genau eine Lösung, so liefert sie den Schnittpunkt.
- Gibt es unendlich viele Lösungen, sind die Geraden identisch.

1. Die Gleichungen der beiden Geraden sind in Parameterform gegeben.

Zur Schnittpunktsbestimmung werden die rechten Seiten der Geradengleichungen gleich gesetzt.

Beispiel: (Im $\mathbb{R}^3$)

g: $\vec{x} = \vec{a} + \lambda \cdot \vec{u}$, $\lambda \in \mathbb{R}$ und h: $\vec{x} = \vec{b} + \mu \cdot \vec{v}$, $\mu \in \mathbb{R}$.

$$g: \begin{pmatrix} x_1 \\ x_2 \\ x_3 \end{pmatrix} = \begin{pmatrix} -2 \\ 7 \\ 2 \end{pmatrix} + \lambda \cdot \begin{pmatrix} 3 \\ 2 \\ 1 \end{pmatrix}, \ \lambda \in \mathbb{R};$$

$$h: \begin{pmatrix} x_1 \\ x_2 \\ x_3 \end{pmatrix} = \begin{pmatrix} -6 \\ 4 \\ -1 \end{pmatrix} + \mu \cdot \begin{pmatrix} 1 \\ 1 \\ 2 \end{pmatrix}, \ \mu \in \mathbb{R}$$

$$\begin{pmatrix} -2 \\ 7 \\ 2 \end{pmatrix} + \lambda \cdot \begin{pmatrix} 3 \\ 2 \\ 1 \end{pmatrix} = \begin{pmatrix} -6 \\ 4 \\ -1 \end{pmatrix} + \mu \cdot \begin{pmatrix} 1 \\ 1 \\ 2 \end{pmatrix} \Leftrightarrow \begin{array}{r} -2 + 3\lambda = -6 + \mu \\ 7 + 2\lambda = 4 + \mu \\ 2 + \lambda = -1 + 2\mu \end{array} \Leftrightarrow$$

$$\begin{array}{ll} \text{(I)} & 3\lambda - \mu = -4 \\ \text{(II)} & 2\lambda - \mu = -3 \\ \text{(III)} & \lambda - 2\mu = -3 \end{array} \Leftrightarrow \begin{array}{ll} \text{(I} - \text{II)} & \lambda = -1 \\ \text{(II)} & 2\lambda - \mu = -3 \\ \text{(III} - 2 \cdot \text{II)} & -3\lambda = 3 \end{array} \Leftrightarrow \begin{array}{l} \lambda = -1 \\ \mu = 2\lambda + 3 \\ \lambda = -1 \end{array}$$

$\Leftrightarrow \lambda = -1$ und $\mu = 1$. (↗ Gleichungssysteme S. 114 f.)

Man erhält die Koordinaten des Schnittpunktes S, indem man $\lambda = -1$ in die Gleichung für g oder $\mu = 1$ in die Gleichung für h einsetzt.

$$\begin{pmatrix} s_1 \\ s_2 \\ s_3 \end{pmatrix} = \begin{pmatrix} -2 \\ 7 \\ 2 \end{pmatrix} + (-1) \cdot \begin{pmatrix} 3 \\ 2 \\ 1 \end{pmatrix} = \begin{pmatrix} -5 \\ 5 \\ 1 \end{pmatrix} \text{ oder}$$

$$\begin{pmatrix} s_1 \\ s_2 \\ s_3 \end{pmatrix} = \begin{pmatrix} -6 \\ 4 \\ -1 \end{pmatrix} + 1 \cdot \begin{pmatrix} 1 \\ 1 \\ 2 \end{pmatrix} = \begin{pmatrix} -5 \\ 5 \\ 1 \end{pmatrix}$$

g und h haben den Schnittpunkt $S(-5|5|1)$.

2. Die Gleichungen der beiden Geraden des $\mathbb{R}^2$ sind in Normalenform gegeben.

Beispiel: g: $2x_1 - 6x_2 + 4 = 0$ und h: $-0{,}5x_1 + 2{,}5x_2 - 1 = 0$

$$\begin{array}{rcl} 2x_1 - 6x_2 + 4 &=& 0 \\ -0{,}5x_1 + 2{,}5x_2 - 1 &=& 0 \end{array} \Leftrightarrow \begin{array}{l} x_1 = 3x_2 - 2 \\ x_1 = 5x_2 - 2 \end{array} \Leftrightarrow$$

$$\begin{array}{ll} & x_1 = 3x_2 - 2 \\ (\mathrm{II}) - (\mathrm{I}) & 0 = 2x_2 \end{array} \Leftrightarrow \begin{array}{l} x_1 = -2 \\ x_2 = 0 \end{array}$$

g und h haben den Schnittpunkt $S(-2|0)$.

3. Eine Gleichung der beiden Geraden des $\mathbb{R}^2$ ist in Normalenform gegeben, die andere in Parameterform.

Zur Schnittpunktsbestimmung werden die Koordinaten x_1 und x_2 der Parameterform in die Normalform eingesetzt.

Beispiel:

g: $\begin{pmatrix} x_1 \\ x_2 \end{pmatrix} = \begin{pmatrix} 1 \\ 2 \end{pmatrix} + \lambda \cdot \begin{pmatrix} 3 \\ 1 \end{pmatrix}$, $\lambda \in \mathbb{R}$ und h: $2x_1 - 2x_2 + 6 = 0$.

$2 \cdot (1 + 3\lambda) - 2 \cdot (2 + \lambda) + 6 = 0 \Leftrightarrow 2 + 6\lambda - 4 - 2\lambda + 6 = 0 \Leftrightarrow$
$4\lambda = -4 \Leftrightarrow \lambda = -1$.

Indem man $\lambda = -1$ in die Gleichung für g einsetzt, erhält man die Koordinaten des Schnittpunktes S: $S(-2|1)$.

3.4 Schnittwinkel zwischen Geraden

Unter dem Schnittwinkel φ zwischen zwei verschiedenen Geraden g und h versteht man den nicht stumpfen Winkel an der Geradenkreuzung.

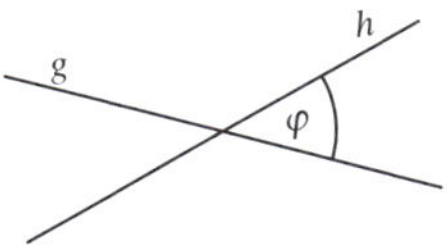

1. Die Gleichungen der beiden Geraden sind in Parameterform gegeben.

g: $\vec{x} = \vec{a} + \lambda \cdot \vec{u}$, $\lambda \in \mathbb{R}$ und h: $\vec{x} = \vec{b} + \mu \cdot \vec{v}$, $\mu \in \mathbb{R}$.

Für den Schnittwinkel φ gilt: $\cos\ \varphi = \frac{|\vec{u} \circ \vec{v}|}{|\vec{u}| \cdot |\vec{v}|}$. (↗ S. 129).

Beispiel: (↗ Beispiel S. 148)

$$g\colon \begin{pmatrix} x_1 \\ x_2 \\ x_3 \end{pmatrix} = \begin{pmatrix} -2 \\ 7 \\ 2 \end{pmatrix} + \lambda \cdot \begin{pmatrix} 3 \\ 2 \\ 1 \end{pmatrix},\ \lambda \in \mathbb{R};$$

$$h\colon \begin{pmatrix} x_1 \\ x_2 \\ x_3 \end{pmatrix} = \begin{pmatrix} -6 \\ 4 \\ -1 \end{pmatrix} + \mu \cdot \begin{pmatrix} 1 \\ 1 \\ 2 \end{pmatrix},\ \mu \in \mathbb{R}$$

$$\cos\ \varphi = \frac{\left| \begin{pmatrix} 3 \\ 2 \\ 1 \end{pmatrix} \circ \begin{pmatrix} 1 \\ 1 \\ 2 \end{pmatrix} \right|}{\sqrt{3^2 + 2^2 + 1^2} \cdot \sqrt{1^2 + 1^2 + 2^2}} =$$

$$\frac{|3 \cdot 1 + 2 \cdot 1 + 1 \cdot 2|}{\sqrt{14} \cdot \sqrt{6}} = \frac{7}{\sqrt{84}}; \quad \varphi = \cos^{-1} \frac{7}{\sqrt{84}} \approx 40°.$$

2. Die Gleichungen der beiden Geraden des $\mathbb{R}^2$ sind in Koordinatenform gegeben.

$g\colon \vec{n}_g \circ (\vec{x} - \vec{a}\,) = 0;\ \ h\colon \vec{n}_h \circ (\vec{x} - \vec{b}\,) = 0.$

Für den Schnittwinkel φ gilt:

$$\cos\ \varphi = \frac{|\vec{n}_g \circ \vec{n}_h|}{|\vec{n}_g| \cdot |\vec{n}_h|}.$$

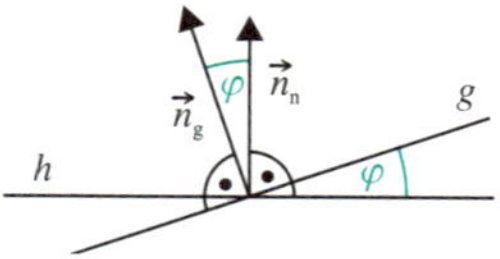

Beispiel: $g\colon 2x_1 - 6x_2 + 4 = 0$ und $h\colon -0{,}5x_1 + 2{,}5x_2 - 1 = 0$

$$\cos\ \varphi = \frac{\left| \begin{pmatrix} 2 \\ -6 \end{pmatrix} \circ \begin{pmatrix} -0,5 \\ 2,5 \end{pmatrix} \right|}{\sqrt{2^2 + (-6)^2} \cdot \sqrt{(-0,5)^2 + 2{,}5^2}} =$$

$$\frac{|2 \cdot (-0{,}5) + (-6) \cdot 2,5|}{\sqrt{40} \cdot \sqrt{6,5}} = \frac{16}{\sqrt{260}}; \ \varphi = \cos^{-1} \frac{16}{\sqrt{260}} \approx 7°$$

3. Eine Gleichung der beiden Geraden des $\mathbb{R}^2$ ist in Koordinatenform gegeben, die andere in Parameterform.

$g\colon \vec{n} \circ (\vec{x} - \vec{a}) = 0;$

$h\colon \vec{x} = \vec{b} + \lambda \cdot \vec{u},\ \lambda \in \mathbb{R}.$

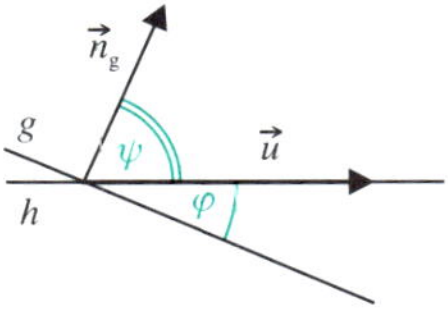

Für den Schnittwinkel φ gilt:

$$\varphi = 90° - \psi, \text{ mit } \cos \psi = \frac{|\vec{u} \circ \vec{n}|}{|\vec{u}| \cdot |\vec{n}|}.$$

3.5 Abstandsberechnungen bei Geraden

Abstand eines Punktes von einer Geraden

Der ***Abstand*** $d(P;\, g)$ eines Punktes P von einer Geraden g ist gleich dem Betrag des Verbindungsvektors $\overrightarrow{PF}$ vom Punkt P zum Lotfußpunkt F des Lotes von P auf g.

$$d(P; g) = |\overrightarrow{PF}|$$

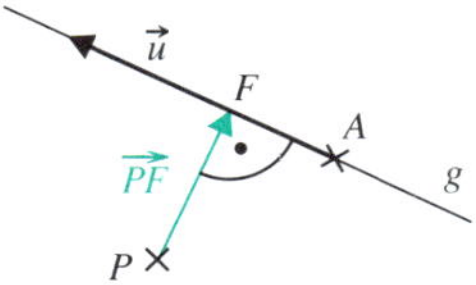

1. Die Gleichung der Geraden ist in Parameterform gegeben.

Man erhält den Lotfußpunkt F, indem man das Skalarprodukt aus dem Richtungsvektor $\vec{u}$ der Geraden und einem Verbindungsvektor des gegebenen Punktes P und des allgemeinen Geradenpunktes X Null setzt. Der so berechnete Parameter liefert nach dem Einsetzen in die Geradengleichung die Koordinaten des Lotfußpunktes F.

Beispiel: (Im $\mathbb{R}^3$); $g\colon \vec{x} = \vec{a} + \lambda \cdot \vec{u},\ \lambda \in \mathbb{R}$. $P(p_1 p_2 | p_3)$.

$$g\colon \begin{pmatrix} x_1 \\ x_2 \\ x_3 \end{pmatrix} = \begin{pmatrix} -2 \\ 7 \\ 2 \end{pmatrix} + \lambda \cdot \begin{pmatrix} 3 \\ 2 \\ 1 \end{pmatrix},\ \lambda \in \mathbb{R};\ P(-3|3|-1).$$

$$\vec{u} \circ \overrightarrow{PX} = 0 \Leftrightarrow$$

$$\begin{pmatrix} u_1 \\ u_2 \\ u_3 \end{pmatrix} \circ \begin{pmatrix} x_1 - p_1 \\ x_2 - p_2 \\ x_3 - p_3 \end{pmatrix} = 0 \Leftrightarrow \begin{pmatrix} 3 \\ 2 \\ 1 \end{pmatrix} \circ \begin{pmatrix} -2 + 3\lambda - (-3) \\ 7 + 2\lambda - 3 \\ 2 + \lambda - (-1) \end{pmatrix} = 0 \Leftrightarrow$$

$$\begin{pmatrix} 3 \\ 2 \\ 1 \end{pmatrix} \circ \begin{pmatrix} 3\lambda + 1 \\ 2\lambda + 4 \\ \lambda + 3 \end{pmatrix} = 0 \Leftrightarrow$$

$$3 \cdot (3\lambda + 1) + 2 \cdot (2\lambda + 4) + 1 \cdot (\lambda + 3) = 0 \Leftrightarrow$$

$$9\lambda + 3 + 4\lambda + 8 + \lambda + 3 = 0 \Leftrightarrow 14\lambda = -14 \Leftrightarrow \lambda = -1$$

$\lambda = -1$ in die Geradengleichung einsetzen:

$$\begin{pmatrix} f_1 \\ f_2 \\ f_3 \end{pmatrix} = \begin{pmatrix} -2 \\ 7 \\ 2 \end{pmatrix} + (-1) \cdot \begin{pmatrix} 3 \\ 2 \\ 1 \end{pmatrix} = \begin{pmatrix} -5 \\ 5 \\ 1 \end{pmatrix};\ F(-5|5|1).$$

$$d(P; g) = \left|\overrightarrow{PF}\right| =$$

$$\left|\begin{pmatrix} f_1 - p_1 \\ f_2 - p_2 \\ f_3 - p_3 \end{pmatrix}\right| = \left|\begin{pmatrix} -5 - (-3) \\ 5 - 3 \\ 1 - (-1) \end{pmatrix}\right| = \left|\begin{pmatrix} -2 \\ 2 \\ 2 \end{pmatrix}\right| =$$

$$\sqrt{(-2)^2 + 2^2 + 2^2} = \sqrt{12};\ d(P; g) = \sqrt{12}.$$

2. Die Gleichung der Geraden des $\mathbb{R}^2$ ist in Koordinatenform gegeben.

Man erhält den Lotfußpunkt F als Schnittpunkt der Geraden g mit der Lotgeraden h durch P, die den Normalenvektor von g als Richtungsvektor hat. $h\colon \vec{x} = \vec{p} + \mu \cdot \vec{n}, \mu \in \mathbb{R}$.

Der Abstand $d(P;\ g)$ kann auch mit der Hesseschen Normalenform berechnet werden. (↗ S. 153)

Beispiel: g: $\vec{n} \circ (\vec{x} - \vec{a}) = 0$; $P(p_1 p_2)$.
g: $-2x_1 - 3x_2 - 1 = 0$; $P(-3|-0{,}5)$

$$h\colon \begin{pmatrix} x_1 \\ x_2 \end{pmatrix} = \begin{pmatrix} -3 \\ -0{,}5 \end{pmatrix} + \mu \cdot \begin{pmatrix} -2 \\ -3 \end{pmatrix},\ \mu \in \mathbb{R}.$$

Bestimmung des Schnittpunktes F (↗ S. 149):
$-2 \cdot (-3 - 2\mu) - 3 \cdot (-0{,}5 - 3\mu) - 1 = 0 \Leftrightarrow$
$6 + 4\mu + 1{,}5 + 9\mu - 1 = 0 \Leftrightarrow 13\mu = -6{,}5 \Leftrightarrow \mu = -0{,}5$

$\mu = -0{,}5$ in die Geradengleichung einsetzen:

$$\begin{pmatrix} f_1 \\ f_2 \end{pmatrix} = \begin{pmatrix} -3 \\ -0{,}5 \end{pmatrix} + (-0{,}5) \cdot \begin{pmatrix} -2 \\ -3 \end{pmatrix} = \begin{pmatrix} -2 \\ 1 \end{pmatrix};\ F(-2|1).$$

$$d(P;g) = \left|\overrightarrow{PF}\right| = \left|\begin{pmatrix} f_1 - p_1 \\ f_2 - p_2 \end{pmatrix}\right| = \left|\begin{pmatrix} -2 - (-3) \\ 1 - (-0{,}5) \end{pmatrix}\right| =$$

$$\left|\begin{pmatrix} 1 \\ 1{,}5 \end{pmatrix}\right| = \sqrt{1^2 + 1{,}5^2} = \sqrt{3{,}25};\ d(P;g) = \sqrt{3{,}25}.$$

3. Die Gleichung der Geraden des $\mathbb{R}^2$ ist in Hessescher Normalenform gegeben.

HNF von g: $\vec{n}^0 \circ (\vec{x} - \vec{a}) = 0$ (mit $\vec{n}^0 \circ \vec{a} \geq 0$); $P(p_1 p_2)$.

$d_P = \vec{n}^0 \circ (\vec{p} - \vec{a}) = n_1^0 \cdot p_1 + n_2^0 \cdot p_2 + n_0^0$, mit
$n_0^0 = -n_1^0 \cdot a_1 - n_2^0 \cdot a_2$ heißt ***gerichteter Abstand*** des Punktes P von der Geraden g.

Es gilt:

Ist $d_P > 0$, so liegen P und der Ursprung auf verschiedenen Seiten von g.
Ist $d_P = 0$, so liegt P auf der Geraden g.
Ist $d_P < 0$, so liegen P und der Ursprung auf derselben Seite von g.

Beispiel: HNF von g: $0{,}6 \cdot x_1 - 0{,}8 \cdot x_2 - 2 = 0$. $P(2|3)$
$d_P = \vec{n}^0 \circ (\vec{p} - \vec{a}) = n_1^0 \cdot p_1 + n_2^0 \cdot p_2 + n_0^0 =$
$0{,}6 \cdot 2 - 0{,}8 \cdot 3 - 2 = -3{,}2$. $d(P;\ g) = |d_P| = 3{,}2$.

Der Punkt P und der Ursprung liegen auf derselben Seite von g.

Abstand zweier paralleler Geraden

Der Abstand $d(g; h)$ zweier paralleler Geraden g und h ist gleich dem Abstand eines beliebigen Punktes der einen Geraden von der anderen Geraden (↗ S. 151).

Abstand zweier windschiefer Geraden des $\mathbb{R}^3$

Der Abstand $d(g; h)$ zweier windschiefer Geraden g und h ist gleich dem Abstand eines beliebigen Punktes der einen Geraden von der zu dieser Geraden parallelen Ebene, die die andere Gerade enthält (↗ S. 177).

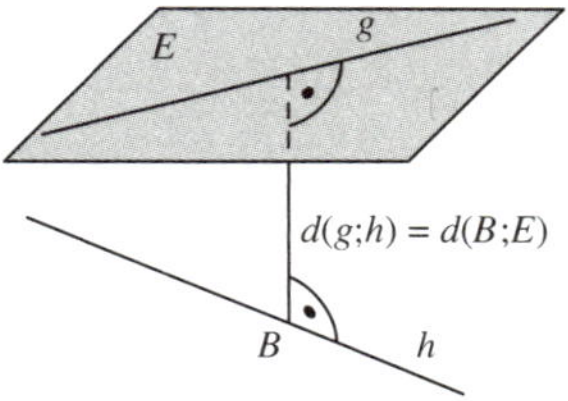

4 Ebenen

4.1 Darstellungen

Eine Ebene im $\mathbb{R}^3$ lässt sich eindeutig festlegen durch
- einen Punkt und zwei linear unabhängige Vektoren,
- drei Punkte, die nicht auf einer Geraden liegen,
- eine Gerade und einen Punkt, der nicht auf dieser Geraden liegt,
- zwei echt parallele Geraden,
- zwei sich schneidende Geraden.

Die beiden folgenden Formen heißen ***Parameterformen***.

- ***Punkt-Richtungs-Form***

Die Lage einer Ebene E im $\mathbb{R}^3$ sei durch einen Punkt A mit Ortsvektor $\vec{a}$ und zwei linear unabhängige ***Richtungsvektoren*** $\vec{u}$ und $\vec{v}$ festgelegt. X sei ein beliebiger Punkt von E.

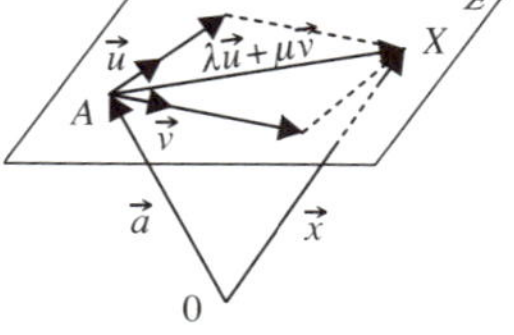

$$E\colon \vec{x} = \vec{a} + \lambda \cdot \vec{u} + \mu \cdot \vec{v},\ \lambda, \mu \in \mathbb{R}.$$

$$E: \begin{pmatrix} x_1 \\ x_2 \\ x_3 \end{pmatrix} = \begin{pmatrix} a_1 \\ a_2 \\ a_3 \end{pmatrix} + \lambda \cdot \begin{pmatrix} u_1 \\ u_2 \\ u_3 \end{pmatrix} + \mu \cdot \begin{pmatrix} v_1 \\ v_2 \\ v_3 \end{pmatrix},\ \lambda, \mu \in \mathbb{R}.$$

- ***Drei-Punkte-Form***

Die Lage einer Ebene E im $\mathbb{R}^3$ sei durch drei Punkte A, B und C, die nicht auf einer Geraden liegen, festgelegt. Die Ortsvektoren $\vec{a}$, $\vec{b}$ und $\vec{c}$ sind dann linear unabhängig. X sei ein beliebiger Punkt von E. Richtungsvektoren sind z. B. $\vec{b} - \vec{a}$ und $\vec{c} - \vec{a}$.

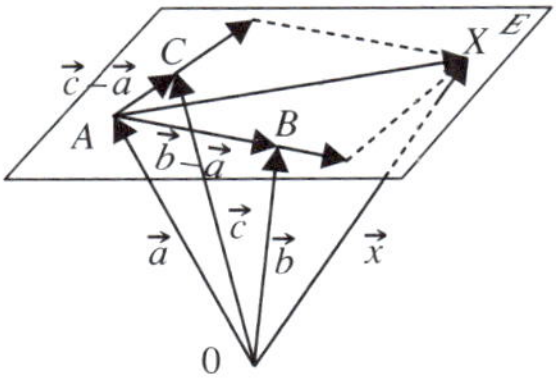

$$E\colon \vec{x} = \vec{a} + \lambda \cdot (\vec{b} - \vec{a}) + \mu \cdot (\vec{c} - \vec{a}),\ \lambda, \mu \in \mathbb{R}.$$

$$E: \begin{pmatrix} x_1 \\ x_2 \\ x_3 \end{pmatrix} = \begin{pmatrix} a_1 \\ a_2 \\ a_3 \end{pmatrix} + \lambda \cdot \begin{pmatrix} b_1 - a_1 \\ b_2 - a_2 \\ b_3 - a_3 \end{pmatrix} + \mu \cdot \begin{pmatrix} c_1 - a_1 \\ c_2 - a_2 \\ c_3 - a_3 \end{pmatrix},\ \lambda, \mu \in \mathbb{R}.$$

Beachte: Es gibt weitere mögliche Ebenengleichungen:

z. B.: $E\colon \vec{x} = \vec{b} + \lambda \cdot (\vec{a} - \vec{b}) + \mu \cdot (\vec{c} - \vec{b}),\quad \lambda, \mu \in \mathbb{R}$. usw.

Beispiele:

- Die Ebene E ist durch die Punkte $A(1|3|2)$, $B(-2|2|-1)$ und $C(3|1|5)$ gegeben.

$$E: \begin{pmatrix} x_1 \\ x_2 \\ x_3 \end{pmatrix} = \begin{pmatrix} 1 \\ 3 \\ 2 \end{pmatrix} + \lambda \cdot \begin{pmatrix} -2-1 \\ 2-3 \\ -1-2 \end{pmatrix} + \mu \cdot \begin{pmatrix} 3-1 \\ 1-3 \\ 5-2 \end{pmatrix},\ \lambda, \mu \in \mathbb{R}.$$

$$E: \begin{pmatrix} x_1 \\ x_2 \\ x_3 \end{pmatrix} = \begin{pmatrix} 1 \\ 3 \\ 2 \end{pmatrix} + \lambda \cdot \begin{pmatrix} -3 \\ -1 \\ -3 \end{pmatrix} + \mu \cdot \begin{pmatrix} 2 \\ -2 \\ 3 \end{pmatrix},\ \lambda, \mu \in \mathbb{R}.$$

- Die Ebene E ist durch zwei echt parallele Geraden g und h (↗ Beispiel S. 143) gegeben bzw. durch eine Gerade g und einen Punkt B, der nicht auf g liegt.

$g: \vec{x} = \vec{a} + \lambda \cdot \vec{u}, \quad \lambda \in \mathbb{R}$ und $h: \vec{x} = \vec{b} + \mu \cdot \vec{v}, \quad \mu \in \mathbb{R}$.

$$g: \begin{pmatrix} x_1 \\ x_2 \\ x_3 \end{pmatrix} = \begin{pmatrix} 1 \\ 3 \\ 5 \end{pmatrix} + \lambda \cdot \begin{pmatrix} 3 \\ 2 \\ 1 \end{pmatrix}, \ \lambda \in \mathbb{R};$$

$$h: \begin{pmatrix} x_1 \\ x_2 \\ x_3 \end{pmatrix} = \begin{pmatrix} 4 \\ 3 \\ 1 \end{pmatrix} + \mu \cdot \begin{pmatrix} -6 \\ -4 \\ -2 \end{pmatrix}, \ \mu \in \mathbb{R}.$$

Einen Punkt und einen Richtungsvektor liefert die eine Gerade. Als zweiten Richtungsvektor nimmt man einen Verbindungsvektor eines Punktes von g mit einem Punkt von h bzw. mit B.

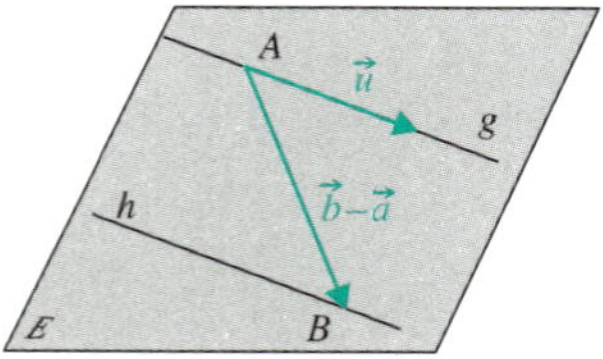

$E: \vec{x} = \vec{a} + \lambda \cdot \vec{u} + \mu \cdot (\vec{b} - \vec{a}), \ \lambda, \mu \in \mathbb{R}$.

$$E: \begin{pmatrix} x_1 \\ x_2 \\ x_3 \end{pmatrix} = \begin{pmatrix} 1 \\ 3 \\ 5 \end{pmatrix} + \lambda \cdot \begin{pmatrix} 3 \\ 2 \\ 1 \end{pmatrix} + \mu \cdot \begin{pmatrix} 3 \\ 0 \\ -4 \end{pmatrix}, \ \lambda, \mu \in \mathbb{R}$$

- Die Ebene E ist durch zwei sich schneidende Geraden g und h gegeben. (↗ Beispiel S. 148)

$g: \vec{x} = \vec{a} + \lambda \cdot \vec{u}, \quad \lambda \in \mathbb{R}$ und $h: \vec{x} = \vec{b} + \mu \cdot \vec{v}, \quad \mu \in \mathbb{R}$.

$$g: \begin{pmatrix} x_1 \\ x_2 \\ x_3 \end{pmatrix} = \begin{pmatrix} -2 \\ 7 \\ 2 \end{pmatrix} + \lambda \cdot \begin{pmatrix} 3 \\ 2 \\ 1 \end{pmatrix}, \ \lambda \in \mathbb{R};$$

$$h: \begin{pmatrix} x_1 \\ x_2 \\ x_3 \end{pmatrix} = \begin{pmatrix} -6 \\ 4 \\ -1 \end{pmatrix} + \mu \cdot \begin{pmatrix} 1 \\ 1 \\ 2 \end{pmatrix}, \ \mu \in \mathbb{R}$$

Die Ebene ist durch einen Punkt von g oder h und deren Richtungsvektoren $\vec{u}$ und $\vec{v}$ festgelegt.

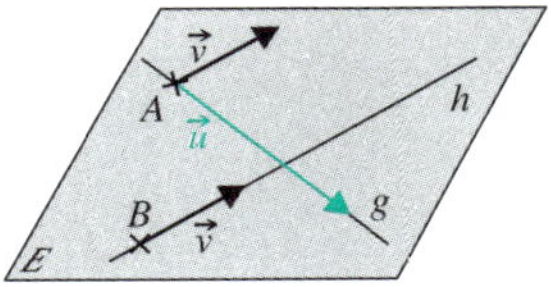

$E\colon \vec{x} = \vec{a} + \lambda \cdot \vec{u} + \mu \cdot \vec{v}$,
$\lambda,\ \mu \in \mathbb{R}$.

$$E\colon \begin{pmatrix} x_1 \\ x_2 \\ x_3 \end{pmatrix} = \begin{pmatrix} -2 \\ 7 \\ 2 \end{pmatrix} + \lambda \cdot \begin{pmatrix} 3 \\ 2 \\ 1 \end{pmatrix} + \mu \cdot \begin{pmatrix} 1 \\ 1 \\ 2 \end{pmatrix},\ \lambda,\ \mu \in \mathbb{R}.$$

Die folgenden Formen heißen ***Koordinatenformen.***

- ***Achsenabschnittsform***

Schneidet die Ebene E die x_1-Achse im Punkt $S(s|0|0)$, die x_2-Achse im Punkt $T(0|t|0)$ und die x_3-Achse im Punkt $U(0|0|u)$, so gilt für einen beliebigen Punkt $X(x_1|x_2|x_3)$ auf der Ebene E:

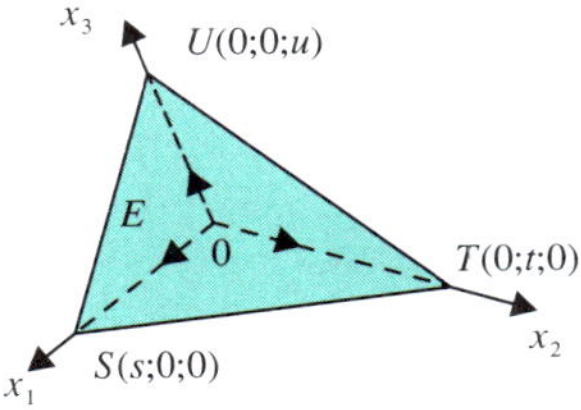

$$E\colon \frac{x_1}{s} + \frac{x_2}{t} + \frac{x_3}{u} = 1;\ (s \neq 0,\ t \neq 0,\ u \neq 0).$$

Beispiel: Die Ebene E ist durch die Achsenschnittpunkte $S(4|0|0)$, $T(0|-2|0)$ und $U(0|0|3)$ gegeben.

$$E\colon \frac{x_1}{4} + \frac{x_2}{-2} + \frac{x_3}{3} = 1$$

Im Folgenden wird ein kartesisches Koordinatensystem (↗ S. 125) im $\mathbb{R}^3$ vorausgesetzt.

- ***Normalenform***

$\vec{n}$ sei ein Normalenvektor (↗ S. 136) der Ebene E, die durch den Punkt A mit Ortvektor $\vec{a}$ verläuft. X mit Ortsvektor $\vec{x}$ sei ein beliebiger Punkt der Ebene E.

$E: \quad \vec{n} \circ (\vec{x} - \vec{a}) = 0$

$$E: \begin{pmatrix} n_1 \\ n_2 \\ n_3 \end{pmatrix} \circ \left[\begin{pmatrix} x_1 - a_1 \\ x_2 - a_2 \\ x_3 - a_3 \end{pmatrix} \right] = 0$$

$E: n_1 \cdot x_1 + n_2 \cdot x_2 + n_3 + n_0 = 0$,
mit $n_0 = -n_1 \cdot a_1 - n_2 \cdot a_2 - n_3 \cdot a_3$

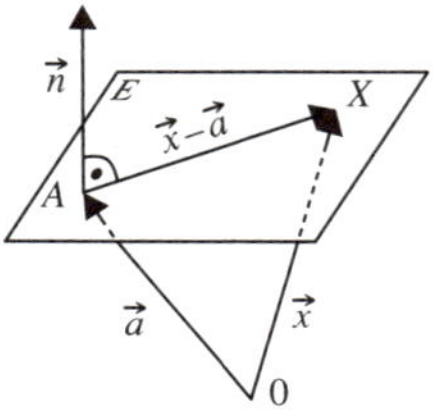

Beispiel: Die Ebene E ist durch den Punkt $A(1|{-3}|1)$ und den Normalenvektor $\vec{n}$ gegeben.

$$\vec{n} = \begin{pmatrix} 1 \\ -2 \\ 2 \end{pmatrix}; \; E: \begin{pmatrix} 1 \\ -2 \\ 2 \end{pmatrix} \circ \left[\begin{pmatrix} x_1 - 1 \\ x_2 - (-3) \\ x_3 - 1 \end{pmatrix} \right] = 0$$

$E: 1 \cdot (x_1 - 1) + (-2) \cdot (x_2 + 3) + 2 \cdot (x_3 - 1) = 0$
$E: x_1 - 1 - 2 \cdot x_2 - 6 + 2 \cdot x_3 - 2 = 0$
$E: x_1 - 2 \cdot x_2 + 2 \cdot x_3 - 9 = 0$

- ***Hessesche Normalenform (HNF)***

Falls die Ebene E nicht durch den Ursprung geht, sei $\vec{n}^0$ der Normaleneinheitsvektor (↗ S. 130) der Ebene E, der auf die Seite von E zeigt, die den Ursprung nicht enthält. Falls E durch den Ursprung geht, kann $\vec{n}^0$ beliebig gewählt werden. $A(a_1|a_2|a_3)$ mit Ortsvektor $\vec{a}$ sei ein fester Punkt und $X(x_1|x_2|x_3)$ mit Ortsvektor $\vec{x}$ sei ein beliebiger Punkt von E.

HNF von E: $\vec{n}^0 \circ (\vec{x} - \vec{a}) = 0$, wobei $\vec{n}^0 \circ \vec{a} \geq 0$ der Abstand des Ursprungs von der Ebene E ist (↗ S. 177).

$$\text{HNF von } E: \begin{pmatrix} n_1^0 \\ n_2^0 \\ n_3^0 \end{pmatrix} \circ \left[\begin{pmatrix} x_1 - a_1 \\ x_2 - a_2 \\ x_3 - a_3 \end{pmatrix} \right] = 0$$

HNF von E: $n_1^0 \cdot x_1 + n_2^0 \cdot x_2 + n_3^0 \cdot x_3 + n_0^0 = 0$,
mit $n_0^0 = -n_1^0 \cdot a_1 - n_2^0 \cdot a_2 - n_3^0 \cdot x_3 \leq 0$.

Umwandeln in andere Darstellungsformen

1. Die Ebene E ist in Parameterform gegeben. Umwandlung in eine Normalenform und die Achsenabschnittsform.

$E\colon \vec{x} = \vec{a} + \lambda \cdot \vec{u} + \mu \cdot \vec{v}, \quad \lambda,\ \mu \in \mathbb{R}.$

$$E\colon \begin{pmatrix} x_1 \\ x_2 \\ x_3 \end{pmatrix} = \begin{pmatrix} 3 \\ 1{,}5 \\ 0 \end{pmatrix} + \lambda \cdot \begin{pmatrix} -1 \\ -1{,}5 \\ 2 \end{pmatrix} + \mu \cdot \begin{pmatrix} -3 \\ 3 \\ 1 \end{pmatrix},\ \lambda,\ \mu \in \mathbb{R}$$

Ansatz: $E\colon \vec{n} \circ (\vec{x} - \vec{a}) = 0$

Berechnung von $\vec{n}$ (↗ S. 136):

Mit dem Vektorprodukt $\vec{n} = \vec{u} \times \vec{v}$ (↗ S. 130) oder mit dem Skalarprodukt: $\vec{n} \circ \vec{u} = 0$ und $\vec{n} \circ \vec{v} = 0$ (↗ Beispiel S. 136 unten)

Einsetzen von $\vec{n} = \begin{pmatrix} 3 \\ 2 \\ 3 \end{pmatrix}$ ergibt: $E\colon \begin{pmatrix} 3 \\ 2 \\ 3 \end{pmatrix} \circ \left[\begin{pmatrix} x_1 - 3 \\ x_2 - 1{,}5 \\ x_3 - 0 \end{pmatrix}\right] = 0 \Leftrightarrow$

$3 \cdot (x_1 - 3) + 2 \cdot (x_2 - 1{,}5) + 3 \cdot (x_3 - 0) = 0 \Leftrightarrow$

$3x_1 - 9 + 2x_2 - 3 + 3x_3 = 0 \Leftrightarrow$

Normalenform: $E\colon 3x_1 + 2x_2 + 3x_3 - 12 = 0.$

Andere Berechnungsmöglichkeit der Normalenform:

Es gibt $\lambda,\ \mu \in \mathbb{R}$ mit $0 = (\vec{a} - \vec{x}) + \lambda \cdot \vec{u} + \mu \cdot \vec{v}$. Folglich sind die Vektoren $\vec{a} - \vec{x}$, $\vec{u}$ und $\vec{v}$ linear abhängig, d. h. ihre Determinante hat den Wert Null (↗ S. 134).

$$0 = \det(\vec{a} - \vec{x},\ \vec{u},\ \vec{v}) = \begin{vmatrix} 3 - x_1 & -1 & -3 \\ 1{,}5 - x_2 & -1{,}5 & 3 \\ 0 - x_3 & 2 & 1 \end{vmatrix} =$$

$(3 - x_1) \cdot (-1{,}5) \cdot 1 + (-1) \cdot 3 \cdot (0 - x_3) + (-3) \cdot (1{,}5 - x_2) \cdot 2 -$
$(0 - x_3) \cdot (-1{,}5) \cdot (-3) - 2 \cdot 3 \cdot (3 - x_1) - 1 \cdot (1{,}5 - x_2) \cdot (-1) =$
$-4{,}5 + 1{,}5x_1 + 3x_3 - 9 + 6x_2 + 4{,}5x_3 - 18 + 6x_1 + 1{,}5 - x_2 =$
$7{,}5x_1 + 5x_2 + 7{,}5x_3 - 30$

Zusammenfassung: $7{,}5x_1 + 5x_2 + 7{,}5x_3 - 30 = 0 \ |:2{,}5$

Normalenform: $E\colon 3x_1 + 2x_2 + 3x_3 - 12 = 0$

Berechnung der Achsenabschnittsform:
$3x_1 + 2x_2 + 3x_3 = 12 \;|:12$

Achsenabschnittsform: $E\colon \frac{x_1}{4} + \frac{x_2}{6} + \frac{x_3}{4} = 1$

2. Die Ebene E ist in Normalenform gegeben. Umwandlung in eine Parameterform.

$E\colon 6x_1 - 4x_2 + 2x_3 - 12 = 0$
Wähle $x_1 = \lambda$ und $x_2 = \mu$ und setze in die Ebenengleichung ein, so folgt: $6\lambda - 4\mu + 2x_3 - 12 = 0 \Leftrightarrow x_3 = 6 - 3\lambda + 2\mu$.

$$E\colon \begin{pmatrix} x_1 \\ x_2 \\ x_3 \end{pmatrix} = \begin{pmatrix} \lambda \\ \mu \\ 6 - 3\lambda + 2\mu \end{pmatrix} \Leftrightarrow$$

$$E\colon \begin{pmatrix} x_1 \\ x_2 \\ x_3 \end{pmatrix} = \begin{pmatrix} 0 \\ 0 \\ 6 \end{pmatrix} + \lambda \cdot \begin{pmatrix} 1 \\ 0 \\ -3 \end{pmatrix} + \mu \cdot \begin{pmatrix} 0 \\ 1 \\ 2 \end{pmatrix}, \quad \lambda,\ \mu \in \mathbb{R}.$$

3. Die Ebene E ist in Normalenform gegeben. Umwandlung in die Hessesche Normalenform.

HNF von E: $\dfrac{n_1 \cdot x_1 + n_2 \cdot x_2 + n_3 \cdot x_3 + n_0}{(-\text{sgn}\, n_0) \cdot \sqrt{n_1^2 + n_2^2 + n_3^2}} = 0$,

mit $n_0 = -n_1 \cdot a_1 - n_2 \cdot a_2 - n_3 \cdot a_3 \neq 0$. (sgn ↗ S. 65)

$\sqrt{n_1^2 + n_2^2 + n_3^2}$ normiert den Normalenvektor auf Länge 1 und (–sgn n_0) stellt sicher, dass $n_0^0 < 0$ ist (↗ S. 158).
Für $n_0 = 0$ entfällt (–sgn n_0) in der Formel.

Beispiel: $E\colon x_1 - 2 \cdot x_2 + 2 \cdot x_3 - 9 = 0$

HNF von E: $\dfrac{x_1 + (-2) \cdot x_2 + 2 \cdot x_3 + (-9)}{(-\text{sgn}\,(-9)) \cdot \sqrt{1^2 + (-2)^2 + 2^2}} = 0$

HNF von E: $\frac{1}{3}x_1 - \frac{2}{3}x_2 + \frac{2}{3}x_3 - 3 = 0$

4.2 Lagebeziehungen

Lage von Punkt und Ebene zueinander

Ein Punkt liegt genau dann in einer Ebene, wenn sein Ortsvektor bzw. seine Koordinaten die Ebenengleichung erfüllen.

Beispiel:

- $E\colon \vec{x} = \vec{a} + \lambda \cdot \vec{u} + \mu \cdot \vec{v},\ \lambda,\ \mu \in \mathbb{R}$ und $P(p_1|p_2|p_3)$.

$$E\colon \begin{pmatrix} x_1 \\ x_2 \\ x_3 \end{pmatrix} = \begin{pmatrix} 3 \\ 1{,}5 \\ 0 \end{pmatrix} + \lambda \cdot \begin{pmatrix} -1 \\ -1{,}5 \\ 2 \end{pmatrix} + \mu \cdot \begin{pmatrix} -3 \\ 3 \\ 1 \end{pmatrix},\ \lambda,\ \mu \in \mathbb{R},$$

$P(5|-3|3)$.

Den Ortsvektor $\vec{p}$ in die Geradengleichung einsetzen.

$$\begin{pmatrix} 5 \\ -3 \\ 3 \end{pmatrix} = \begin{pmatrix} 3 \\ 1{,}5 \\ 0 \end{pmatrix} + \lambda \cdot \begin{pmatrix} -1 \\ -1{,}5 \\ 2 \end{pmatrix} + \mu \begin{pmatrix} -3 \\ 3 \\ 1 \end{pmatrix} \Leftrightarrow$$

$$\begin{aligned} 5 &= 3 - \lambda - 3\mu \\ -3 &= 1{,}5 - 1{,}5\lambda + 3\mu \Leftrightarrow \\ 3 &= 0 + 2\lambda + \mu \end{aligned}$$

$$\begin{aligned} &\text{(I)} & \lambda + 3\mu + 2 &= 0 & &\text{(I)} + \text{(II)} & 2{,}5\lambda - 2{,}5 &= 0 \\ &\text{(II)} & 1{,}5\lambda - 3\mu - 4{,}5 &= 0 \Leftrightarrow & &\text{(II)} & 1{,}5\lambda - 3\mu - 4{,}5 &= 0 \Leftrightarrow \\ &\text{(III)} & -2\lambda - \mu + 3 &= 0 & &\text{(III)} & -2\lambda - \mu + 3 &= 0 \end{aligned}$$

$\lambda = 1$ Es gibt also kein Paar reeller Zahlen,
$\mu = -1$ das alle drei Gleichungen löst.
$2 = 0$ P liegt also nicht in der Ebene E.

- $E\colon n_1 \cdot x_1 + n_2 \cdot x_2 + n_3 + n_0 = 0$ und $Q(q_1|q_2|q_3)$.
  $E\colon x_1 - 2 \cdot x_2 + 2 \cdot x_3 - 9 = 0$ und $Q(4|-1|1{,}5)$.

Die Koordinaten von Q in die Ebenengleichung einsetzen.
$4 - 2 \cdot (-1) + 2 \cdot 1{,}5 - 9 = 0 \Leftrightarrow 4 + 2 + 3 - 9 = 0 \Leftrightarrow 0 = 0$
Die Koordinaten von Q erfüllen die Ebenengleichung.
Q liegt in der Ebene E.

Lage von Gerade und Ebene zueinander

Eine Gerade kann
- zu einer Ebene echt parallel sein oder
- in der Ebene liegen oder
- genau einen Schnittpunkt haben.

- **Die Gleichung der Ebene ist in Parameterform gegeben.**

- Eine Gerade und eine Ebene sind genau dann ***parallel***, wenn ihre drei Richtungsvektoren linear abhängig sind (↗ S. 134).
- Eine Gerade liegt genau dann in einer Ebene, wenn zusätzlich ein Punkt der Geraden in der Ebene liegt.
- Eine Gerade und eine Ebene haben genau dann genau einen ***Schnittpunkt***, wenn ihre drei Richtungsvektoren linear unabhängig sind. (↗ S. 134)
- Eine Gerade und eine Ebene sind genau dann zueinander ***senkrecht*** (***orthogonal***), wenn der Richtungsvektor der Geraden zu beiden Richtungsvektoren der Ebene orthogonal ist.

Beispiel: $g\colon \vec{x} = \vec{p} + \sigma \cdot \vec{w},\ \sigma \in \mathbb{R}$

$$g\colon \begin{pmatrix} x_1 \\ x_2 \\ x_3 \end{pmatrix} = \begin{pmatrix} 5 \\ -3 \\ 3 \end{pmatrix} + \sigma \cdot \begin{pmatrix} 1 \\ -6 \\ 3 \end{pmatrix},\ \sigma \in \mathbb{R};$$

$E\colon \vec{x} = \vec{a} + \lambda \cdot \vec{u} + \mu \cdot \vec{v},\ \ \lambda, \mu \in \mathbb{R}$

$$E\colon \begin{pmatrix} x_1 \\ x_2 \\ x_3 \end{pmatrix} = \begin{pmatrix} 3 \\ 1{,}5 \\ 0 \end{pmatrix} + \lambda \cdot \begin{pmatrix} -1 \\ -1{,}5 \\ 2 \end{pmatrix} + \mu \cdot \begin{pmatrix} -3 \\ 3 \\ 1 \end{pmatrix},\ \lambda,\ \mu \in \mathbb{R}.$$

Untersuchung der drei Richtungsvektoren $\vec{w}$, $\vec{u}$ und $\vec{v}$ auf lineare Abhängigkeit (↗ S. 134):

$$\det(\vec{u}, \vec{v}, \vec{w}) = \begin{vmatrix} 1 & -1 & -3 \\ -6 & -1{,}5 & 3 \\ 3 & 2 & 1 \end{vmatrix} = 0.$$

$\vec{u}$, $\vec{v}$ und $\vec{w}$ sind also linear abhängig. g und E sind parallel. Da P nicht in E liegt (↗ S. 161), sind g und E echt parallel.

- **Die Gleichung der Ebene ist in Normalenform gegeben.**

- Eine Gerade und eine Ebene sind genau dann ***parallel***, wenn der Richtungsvektor der Geraden und der Normalenvektor der Ebene orthogonal sind (↗ S. 129).
- Eine Gerade liegt genau dann in einer Ebene, wenn zusätzlich ein Punkt der Geraden in der Ebene liegt.
- Eine Gerade und eine Ebene haben genau dann einen ***Schnittpunkt***, wenn der Richtungsvektor der Geraden und der Normalenvektor der Ebene nicht orthogonal sind.
- Eine Gerade und eine Ebene sind genau dann zueinander ***senkrecht*** (***orthogonal***), wenn der Richtungsvektor der Geraden und der Normalenvektor der Ebene linear abhängig sind.

Beispiel: $g\colon \vec{x} = \vec{a} + \lambda \cdot \vec{u},\ \lambda \in \mathbb{R}$,

$$g: \begin{pmatrix} x_1 \\ x_2 \\ x_3 \end{pmatrix} = \begin{pmatrix} 4 \\ -4{,}5 \\ 2 \end{pmatrix} + \lambda \cdot \begin{pmatrix} 2 \\ -6 \\ 3 \end{pmatrix},\ \lambda \in \mathbb{R};$$

$E\colon n_1 \cdot x_1 + n_2 \cdot x_2 + n_3 + n_0 = 0$, $E\colon x_1 - 2 \cdot x_2 + 2 \cdot x_3 - 9 = 0$
Untersuchung von $\vec{u}$ und $\vec{n}$ auf Orthogonalität (↗ S. 135 f.):

$$\vec{u} \circ \vec{n} = \begin{pmatrix} 2 \\ -6 \\ 3 \end{pmatrix} \circ \begin{pmatrix} 1 \\ -2 \\ 2 \end{pmatrix} = 2 \cdot 1 + (-6) \cdot (-2) + 3 \cdot 2 = 20 \neq 0.$$

$\vec{u}$ und $\vec{n}$ sind nicht orthogonal, also haben g und E genau einen Schnittpunkt.

Lage von zwei Ebenen zueinander

Zwei Ebenen können entweder
- echt parallel sein oder
- identisch sein oder
- genau eine Schnittgerade haben.

- **Die Gleichungen beider Ebenen sind in Parameterform gegeben.**

E_1: $\vec{x} = \vec{a} + \lambda \cdot \vec{u} + \mu \cdot \vec{v}, \quad \lambda, \mu \in \mathbb{R},$

E_2: $\vec{x} = \vec{b} + \sigma \cdot \vec{w} + \tau \cdot \vec{z}, \quad \sigma, \tau \in \mathbb{R}.$

- Zwei Ebenen E_1 und E_2 sind genau dann ***parallel***, wenn die Richtungsvektoren $\vec{u}$, $\vec{v}$ und $\vec{w}$ und die Richtungsvektoren $\vec{u}$, $\vec{v}$ und $\vec{z}$ linear abhängig (komplanar) sind (↗ S. 124).
- Zwei Ebenen E_1 und E_2 sind genau dann ***identisch***, wenn zusätzlich ein Punkt der einen Ebene in der anderen Ebene liegt.
- Zwei Ebenen E_1 und E_2 haben genau dann eine ***Schnittgerade***, wenn die Richtungsvektoren $\vec{u}$, $\vec{v}$ und $\vec{w}$ oder die Richtungsvektoren $\vec{u}$, $\vec{v}$ und $\vec{z}$ linear unabhängig sind.

Beispiel:

$$E_1: \begin{pmatrix} x_1 \\ x_2 \\ x_3 \end{pmatrix} = \begin{pmatrix} 1 \\ 3 \\ 5 \end{pmatrix} + \lambda \cdot \begin{pmatrix} 3 \\ 2 \\ 1 \end{pmatrix} + \mu \cdot \begin{pmatrix} -1 \\ -2 \\ 1 \end{pmatrix}, \quad \lambda, \mu \in \mathbb{R};$$

$$E_2: \begin{pmatrix} x_1 \\ x_2 \\ x_3 \end{pmatrix} = \begin{pmatrix} 4 \\ 3 \\ 1 \end{pmatrix} + \sigma \cdot \begin{pmatrix} -4 \\ -4 \\ 0 \end{pmatrix} + \tau \cdot \begin{pmatrix} 2 \\ 0 \\ 2 \end{pmatrix}, \quad \sigma, \tau \in \mathbb{R}.$$

Untersuchung der drei Richtungsvektoren $\vec{u}$, $\vec{v}$, $\vec{w}$ und $\vec{u}$, $\vec{v}$, $\vec{z}$ auf lineare Abhängigkeit (↗ S. 134):

$$\det(\vec{u}, \vec{v}, \vec{w}) = \begin{vmatrix} 3 & -1 & -4 \\ 2 & -2 & -4 \\ 1 & 1 & 0 \end{vmatrix} = 3 \cdot (-2) \cdot 0 + (-1) \cdot (-4) \cdot 1 +$$

$(-4) \cdot 2 \cdot 1 - 1 \cdot (-2) \cdot (-4) - 1 \cdot (-4) \cdot 3 - 0 \cdot 2 \cdot (-1) =$
$0 + 4 - 8 - 8 + 12 - 0 = 0;$

$$\det(\vec{u},\ \vec{v},\ \vec{z}) = \begin{vmatrix} 3 & -1 & 2 \\ 2 & -2 & 0 \\ 1 & 1 & 2 \end{vmatrix} = 3 \cdot (-2) \cdot 2 + (-1) \cdot 0 \cdot 1 +$$

$2 \cdot 2 \cdot 1 - 1 \cdot (-2) \cdot 2 - 1 \cdot 0 \cdot 3 - 2 \cdot 2 \cdot (-1) =$
$-12 + 0 + 4 + 4 - 0 + 4 = 0.$

$\vec{u}$, $\vec{v}$, $\vec{w}$ und $\vec{u}$, $\vec{v}$, $\vec{z}$ sind linear abhängig und somit sind E_1 und E_2 parallel.

Überprüfung, ob $A \in E_2$:

$$\begin{pmatrix} 1 \\ 3 \\ 5 \end{pmatrix} = \begin{pmatrix} 4 \\ 3 \\ 1 \end{pmatrix} + \sigma \cdot \begin{pmatrix} -4 \\ -4 \\ 0 \end{pmatrix} + \tau \cdot \begin{pmatrix} 2 \\ 0 \\ 2 \end{pmatrix} \Leftrightarrow$$

$$\begin{matrix} 1 = 4 - 4\sigma + 2\tau \\ 3 = 3 - 4\sigma + 0\tau \\ 5 = 1 + 0\sigma + 2\tau \end{matrix} \Leftrightarrow \begin{matrix} 1 = 8 \\ \sigma = 0 \\ \tau = 2 \end{matrix}$$

Es gibt kein Paar reeller Zahlen, das alle drei Gleichungen löst.

A liegt nicht in E_2, also sind E_1 und E_2 echt parallel.

- **Die Gleichungen der beiden Ebenen sind in Normalenform gegeben.**

◆ Zwei Ebenen sind genau dann ***parallel***, wenn ihre Normalenvektoren linear abhängig (kollinear) sind (↗ S. 123 f.).
◆ Die Ebenen sind genau dann ***identisch***, wenn sich eine Ebenengleichung durch Multiplikation mit einer reellen Zahl in die andere Gleichung umformen lässt.
◆ Zwei Ebenen haben genau dann genau einen ***Schnittgerade***, wenn ihre Normalenvektoren linear unabhängig sind.
◆ Zwei Ebenen sind genau dann zueinander ***senkrecht*** (***orthogonal***), wenn ihre Normalenvektoren orthogonal sind.

Beispiel: E_1: $n_1 \cdot x_1 + n_2 \cdot x_2 + n_3 \cdot x_3 + n_0 = 0$
E_2: $m_1 \cdot x_1 + m_2 \cdot x_2 + m_3 \cdot x_3 + m_0 = 0$
E_1: $x_1 - x_2 + x_3 + 1 = 0$; E_2: $x_1 + 2 \cdot x_2 - x_3 - 5 = 0$

Untersuchung der Normalenvektoren auf lineare Abhängigkeit (↗ S. 134):

$$\begin{pmatrix} 1 \\ -1 \\ 1 \end{pmatrix} = \lambda \cdot \begin{pmatrix} 1 \\ 2 \\ -1 \end{pmatrix} \Leftrightarrow \begin{array}{r} 1 = \lambda \\ -1 = 2\lambda \\ 1 = -\lambda \end{array} \Leftrightarrow \begin{array}{l} \lambda = 1 \\ \lambda = -0{,}5\,, \\ \lambda = -1 \end{array}$$

d. h. die Normalenvektoren sind linear unabhängig. E_1 und E_2 besitzen also eine Schnittgerade.

Untersuchung von $\vec{n}$ und $\vec{m}$ auf Orthogonalität (↗ S. 135 f.):

$$\begin{pmatrix} 1 \\ -1 \\ 1 \end{pmatrix} \circ \begin{pmatrix} 1 \\ 2 \\ -1 \end{pmatrix} = 1 \cdot 1 + (-1) \cdot 2 + 1 \cdot (-1) = -2 \neq 0.$$

E_1 und E_2 sind nicht zueinander senkrecht.

- **Eine Gleichung der beiden Ebenen ist in Koordinatenform gegeben, die andere in Parameterform.**

◆ Die Ebenen sind genau dann ***parallel***, wenn der Normalenvektor der einen Ebene orthogonal zu beiden Richtungsvektoren der anderen Ebene ist (↗ S. 129).

◆ Die Ebenen sind genau dann ***identisch***, wenn zusätzlich ein Punkt der einen Ebene in der anderen Ebene liegt.

◆ Zwei Ebenen haben genau dann genau eine ***Schnittgerade***, wenn der Normalenvektor der einen Ebene nicht orthogonal zu einem Richtungsvektor der anderen Ebene ist.

◆ Zwei Ebenen sind genau dann zueinander ***senkrecht*** (***orthogonal***), wenn der Normalenvektor der einen Ebene und die Richtungsvektoren der anderen Ebene linear abhängig (komplanar) sind (↗ S. 124).

Beispiel: $E_1\colon n_1 \cdot x_1 + n_2 \cdot x_2 + n_3 \cdot x_3 + n_0 = 0$

$E_1\colon 3x_1 + 2x_2 + 3x_3 - 2 = 0$

$E_2\colon \vec{x} = \vec{a} + \lambda \cdot \vec{u} + \mu \cdot \vec{v},\ \lambda,\ \mu \in \mathbb{R},$

$$E_2\colon \begin{pmatrix} x_1 \\ x_2 \\ x_3 \end{pmatrix} = \begin{pmatrix} 3 \\ 1{,}5 \\ 0 \end{pmatrix} + \lambda \cdot \begin{pmatrix} -1 \\ -1{,}5 \\ 2 \end{pmatrix} + \mu \cdot \begin{pmatrix} -3 \\ 3 \\ 1 \end{pmatrix},\ \lambda,\ \mu \in \mathbb{R}$$

Untersuchung von $\vec{u}$ und $\vec{n}$ bzw. $\vec{v}$ und $\vec{n}$ auf Orthogonalität (↗ S. 135 f.):

$$\vec{u} \circ \vec{n} = \begin{pmatrix} -1 \\ -1{,}5 \\ 2 \end{pmatrix} \circ \begin{pmatrix} 3 \\ 2 \\ 3 \end{pmatrix} = 0; \quad \vec{v} \circ \vec{n} = \begin{pmatrix} -3 \\ 3 \\ 1 \end{pmatrix} \circ \begin{pmatrix} 3 \\ 2 \\ 3 \end{pmatrix} = 0.$$

Sowohl $\vec{u}$ und $\vec{n}$ als auch $\vec{v}$ und $\vec{n}$ sind orthogonal.
E_1 und E_2 sind parallel.

Untersuchung auf Identität: (Liegt A in E_1?)
$3 \cdot 3 + 3 \cdot 1{,}5 + 3 \cdot 0 - 2 = 0 \Leftrightarrow 10 = 0$; d. h. A liegt nicht in E_1.
E_1 und E_2 sind echt parallel.

Lage im Koordinatensystem

Wir betrachten Ursprungsebenen und Parallelebenen zu den Koordinatenebenen.

- **Die Gleichung der Ebene ist in Parameterform gegeben.**

Die Ebene E geht durch den Ursprung, wenn die Koordinaten des Ursprungs die Ebenengleichung erfüllen. Dies gilt genau dann, wenn $\vec{a}$, $\vec{u}$ und $\vec{v}$ linear abhängig ist (↗ S. 134).

Beispiel:

$$E\colon \begin{pmatrix} x_1 \\ x_2 \\ x_3 \end{pmatrix} = \begin{pmatrix} -2 \\ 4{,}5 \\ -1 \end{pmatrix} + \lambda \cdot \begin{pmatrix} -1 \\ -1{,}5 \\ 2 \end{pmatrix} + \mu \cdot \begin{pmatrix} -3 \\ 3 \\ 1 \end{pmatrix}, \quad \lambda,\ \mu \in \mathbb{R}$$

$$\begin{pmatrix} 0 \\ 0 \\ 0 \end{pmatrix} = \begin{pmatrix} -2 \\ 4{,}5 \\ -1 \end{pmatrix} + \lambda \cdot \begin{pmatrix} -1 \\ -1{,}5 \\ 2 \end{pmatrix} + \mu \cdot \begin{pmatrix} -3 \\ 3 \\ 1 \end{pmatrix} \Leftrightarrow$$

$$\begin{array}{llll} \text{(I)}\ 0 = -2 - \lambda - 3\mu & \text{(I)} + \text{(II)} & 0 = 2{,}5 - 2{,}5\lambda & \lambda = 1 \\ \text{(II)}\ 0 = 4{,}5 - 1{,}5\lambda + 3\mu \Leftrightarrow & \text{(II)} & 0 = 4{,}5 - 1{,}5\lambda + 3\mu \Leftrightarrow & \mu = -1 \\ \text{(II)}\ 0 = -1 + 2\lambda + \mu & \text{(III)} & 0 = -1 + 2\lambda + \mu & 0 = 0 \end{array}$$

d. h. der Ursprung liegt in E. E ist also eine Ursprungsebene.

Eine Ebene E ist parallel zu einer Koordinatenebene, wenn ihre beiden Richtungsvektoren bei derselben Koordinate den Wert 0 haben.

Beispiel:

$$E\colon \begin{pmatrix} x_1 \\ x_2 \\ x_3 \end{pmatrix} = \begin{pmatrix} 3 \\ 1{,}5 \\ 0 \end{pmatrix} + \lambda \cdot \begin{pmatrix} 0 \\ -1{,}5 \\ 2 \end{pmatrix} + \mu \cdot \begin{pmatrix} 0 \\ 3 \\ 1 \end{pmatrix},\ \lambda,\ \mu \in \mathbb{R}.$$

E ist parallel zur x_2-x_3-Ebene.

- **Die Gleichung der Ebene ist in Normalenenform gegeben.**

Die Ebene E geht durch den Ursprung, wenn die Koordinaten des Ursprungs die Ebenengleichung erfüllen ($n_0 = 0!$).

Beispiel: $E\colon x_1 + 2 \cdot x_2 - x_3 = 0$ ist eine Ursprungsebene.

Die Ebene E ist parallel zu einer Koordinatenebene, wenn nur einer der Koeffizienten von Null verschieden ist.

Beispiel: $E\colon x_2 = -3$ ist eine Parallelebene zur x_1-x_3-Ebene.

Koordinatenebenen im $\mathbb{R}^3$:
x_1-x_2-Ebene: $x_3 = 0$; x_1-x_3-Ebene: $x_2 = 0$; x_2-x_3-Ebene: $x_1 = 0$.

4.3 Schnitte mit Ebenen

Schnitte von Gerade und Ebene

Zur Schnittpunktsbestimmung werden Gleichungssysteme gelöst, die aus den beiden Gleichungen gebildet werden. (↗ S. 120)

- Besitzt das Gleichungssystem keine Lösung, so sind Gerade und Ebene echt parallel.
- Gibt es genau eine Lösung, so liefert sie den Schnittpunkt.
- Gibt es unendlich viele Lösungen, so liegt die Gerade in der Ebene.

- **Die Gleichung der Ebene ist in Parameterform gegeben.**

Zur Schnittpunktsbestimmung werden der allgemeine Geradenpunkt und der allgemeine Ebenenpunkt gleichgesetzt.

Beispiel: $g\colon \vec{x} = \vec{a} + \lambda \cdot \vec{u},\quad \lambda \in \mathbb{R}$ und
$E\colon \vec{x} = \vec{b} + \mu \cdot \vec{v} + \sigma \cdot \vec{w},\quad \mu, \sigma \in \mathbb{R}$.

$$g\colon \begin{pmatrix} x_1 \\ x_2 \\ x_3 \end{pmatrix} = \begin{pmatrix} 3 \\ 0 \\ 1 \end{pmatrix} + \lambda \cdot \begin{pmatrix} 4 \\ -1 \\ 2 \end{pmatrix},\ \lambda \in \mathbb{R};$$

$$E\colon \begin{pmatrix} x_1 \\ x_2 \\ x_3 \end{pmatrix} = \begin{pmatrix} 2 \\ 1 \\ -1 \end{pmatrix} + \mu \cdot \begin{pmatrix} 1 \\ -1 \\ -1 \end{pmatrix} + \sigma \cdot \begin{pmatrix} -3 \\ 1 \\ 4 \end{pmatrix},\ \mu, \sigma \in \mathbb{R}.$$

$$g \cap E\colon \begin{pmatrix} 3 \\ 0 \\ 1 \end{pmatrix} + \lambda \cdot \begin{pmatrix} 4 \\ -1 \\ 2 \end{pmatrix} = \begin{pmatrix} 2 \\ 1 \\ -1 \end{pmatrix} + \mu \cdot \begin{pmatrix} 1 \\ -1 \\ -1 \end{pmatrix} + \sigma \cdot \begin{pmatrix} -3 \\ 1 \\ 4 \end{pmatrix} \Leftrightarrow$$

$$\lambda \cdot \begin{pmatrix} 4 \\ -1 \\ 2 \end{pmatrix} - \mu \cdot \begin{pmatrix} 1 \\ -1 \\ -1 \end{pmatrix} - \sigma \cdot \begin{pmatrix} -3 \\ 1 \\ 4 \end{pmatrix} = \begin{pmatrix} 2 \\ 1 \\ -1 \end{pmatrix} - \begin{pmatrix} 3 \\ 0 \\ 1 \end{pmatrix} \Leftrightarrow$$

$$\begin{array}{rcl} 4\lambda - \mu + 3\sigma = -1 & & \lambda = -0{,}4 \\ -\lambda + \mu - \sigma = 1 & \Leftrightarrow & \mu = 1{,}2 \\ 2\lambda + \mu - 4\sigma = -2 & & \sigma = 0{,}6 \end{array}$$

(↗ Beispiel S. 118)

Man erhält die Koordinaten des Schnittpunktes S, indem man entweder $\lambda = -0{,}4$ in die Gleichung für g oder $\mu = 1{,}2$ und $\sigma = 0{,}6$ in die Gleichung für E einsetzt.

$$\begin{pmatrix} s_1 \\ s_2 \\ s_3 \end{pmatrix} = \begin{pmatrix} 3 \\ 0 \\ 1 \end{pmatrix} + (-0{,}4) \cdot \begin{pmatrix} 4 \\ -1 \\ 2 \end{pmatrix} = \begin{pmatrix} 1{,}4 \\ 0{,}4 \\ 0{,}2 \end{pmatrix}$$

g und E haben den Schnittpunkt $S(1{,}4|0{,}4|0{,}2)$.

Ist bekannt, dass g und E einen Schnittpunkt haben, genügt es, den Parameter λ der Geradengleichung zu bestimmen.

- **Die Gleichung der Ebene ist in Normalenform gegeben.**

Durch das Einsetzen der Koordinaten der Geradengleichung in die Normalenform erhält man eine Gleichung, deren Lösung bestimmt wird.

Beispiel: $g\colon \vec{x} = \vec{a} + \lambda \cdot \vec{u},\ \lambda \in \mathbb{R}$,

$$g\colon \begin{pmatrix} x_1 \\ x_2 \\ x_3 \end{pmatrix} = \begin{pmatrix} 4 \\ -4{,}5 \\ 2 \end{pmatrix} + \lambda \cdot \begin{pmatrix} 2 \\ -6 \\ 3 \end{pmatrix},\ \lambda \in \mathbb{R}.$$

$E\colon n_1 \cdot x_1 + n_2 \cdot x_2 + n_3 \cdot x_3 + n_0 = 0$,

$E\colon x_1 - 2 \cdot x_2 + 2 \cdot x_3 - 9 = 0$.

$g \cap E\colon (4 + 2\lambda) - 2 \cdot (-4{,}5 - 6\lambda) + 2 \cdot (2 + 3\lambda) - 9 = 0 \ \Leftrightarrow$

$4 + 2\lambda + 9 + 12\lambda + 4 + 6\lambda - 9 = 0 \ \Leftrightarrow 20\lambda = -8 \Leftrightarrow \lambda = -0{,}4$

Setzt man $\lambda = -0{,}4$ in die Geradengleichung ein, erhält man die Koordinaten des Schnittpunktes S: $S(3{,}2|-2{,}1|0{,}8)$.

Schnitte von Ebenen

Zur Schnittpunktsbestimmung werden Gleichungssysteme gelöst, die aus den beiden Gleichungen gebildet werden. Besitzt das Gleichungssystem keine Lösung, so sind die Ebenen echt parallel.
Gibt es unendlich viele Lösungen, so gibt es entweder eine Schnittgerade oder die Ebenen sind identisch (↗ S. 164).

- **Die Gleichungen der beiden Ebenen sind in Parameterform gegeben.**

Durch das Verknüpfen der beiden Gleichungen erhält man ein Gleichungssystem (3 Gleichungen mit 4 Variablen). Existiert eine Schnittgerade, so liefert das Lösen des Gleichungssystems eine Beziehung zwischen den Parametern der einen Ebenengleichung. Das Einsetzen dieser Beziehung in die zugehörige Ebenengleichung liefert die Gleichung der Schnittgeraden.

Beispiel: $E_1\colon \vec{x} = \vec{a} + \lambda \cdot \vec{u} + \mu \cdot \vec{v},\quad \lambda, \mu \in \mathbb{R}$,
$E_2\colon \vec{x} = \vec{b} + \sigma \cdot \vec{w} + \tau \cdot \vec{z},\quad \sigma, \tau \in \mathbb{R}$.

$$E_1: \begin{pmatrix} x_1 \\ x_2 \\ x_3 \end{pmatrix} = \begin{pmatrix} 1 \\ 0 \\ 1 \end{pmatrix} + \lambda \cdot \begin{pmatrix} 0 \\ 1 \\ 0 \end{pmatrix} + \mu \cdot \begin{pmatrix} 4 \\ 2 \\ 2 \end{pmatrix}, \ \lambda, \ \mu \in \mathbb{R};$$

$$E_2: \begin{pmatrix} x_1 \\ x_2 \\ x_3 \end{pmatrix} = \begin{pmatrix} 2 \\ 1 \\ 1 \end{pmatrix} + \sigma \cdot \begin{pmatrix} 1 \\ 1 \\ 1 \end{pmatrix} + \tau \cdot \begin{pmatrix} 1 \\ 0 \\ 1 \end{pmatrix}, \ \sigma, \tau \in \mathbb{R}.$$

$$\det(\vec{u}, \ \vec{v}, \ \vec{w}) = \begin{vmatrix} 0 & 4 & 1 \\ 1 & 2 & 1 \\ 0 & 2 & 1 \end{vmatrix} = -2 \neq 0.$$ (↗ S. 134 u. S. 164)

Also haben E_1 und E_2 eine Schnittgerade.

$$E_1 \cap E_2: \begin{pmatrix} 1 \\ 0 \\ 1 \end{pmatrix} + \lambda \cdot \begin{pmatrix} 0 \\ 1 \\ 0 \end{pmatrix} + \mu \cdot \begin{pmatrix} 4 \\ 2 \\ 2 \end{pmatrix} = \begin{pmatrix} 2 \\ 1 \\ 1 \end{pmatrix} + \sigma \cdot \begin{pmatrix} 1 \\ 1 \\ 1 \end{pmatrix} + \tau \cdot \begin{pmatrix} 1 \\ 0 \\ 1 \end{pmatrix}$$

Nach den drei linear unabhängigen Richtungsvektoren $\vec{u}, \vec{v}$ und $\vec{w}$ auflösen:

$$\lambda \cdot \begin{pmatrix} 0 \\ 1 \\ 0 \end{pmatrix} + \mu \cdot \begin{pmatrix} 4 \\ 2 \\ 2 \end{pmatrix} - \sigma \begin{pmatrix} 1 \\ 1 \\ 1 \end{pmatrix} = \begin{pmatrix} 2 \\ 1 \\ 1 \end{pmatrix} - \begin{pmatrix} 1 \\ 0 \\ 1 \end{pmatrix} + \tau \cdot \begin{pmatrix} 1 \\ 0 \\ 1 \end{pmatrix}$$

$$\begin{array}{lrcl} \text{(I)} & 4\mu - \sigma &=& 1 + \tau \\ \text{(II)} & \lambda + 2\mu - \sigma &=& 1 \\ \text{(III)} & 2\mu - \sigma &=& \tau \end{array} \Leftrightarrow \begin{array}{lrcl} \text{(I)} - \text{(III)} & 2\mu &=& 1 \\ \text{(II)} & \lambda + 2\mu - \sigma &=& 1 \\ \text{(III)} & 2\mu - \sigma &=& \tau \end{array} \Leftrightarrow$$

$$\begin{array}{r} \mu = 0{,}5 \\ \lambda - \sigma = 0 \\ 1 - \sigma = \tau \end{array}$$

Das Einsetzen von $1 - \sigma = \tau$ in die Gleichung von E_2 liefert eine Gleichung der Schnittgeraden g:

$$g: \begin{pmatrix} x_1 \\ x_2 \\ x_3 \end{pmatrix} = \begin{pmatrix} 2 \\ 1 \\ 1 \end{pmatrix} + (1 - \tau) \cdot \begin{pmatrix} 1 \\ 1 \\ 1 \end{pmatrix} + \tau \cdot \begin{pmatrix} 1 \\ 0 \\ 1 \end{pmatrix}, \ \tau \in \mathbb{R};$$

$$g: \begin{pmatrix} x_1 \\ x_2 \\ x_3 \end{pmatrix} = \begin{pmatrix} 3 \\ 2 \\ 2 \end{pmatrix} + \tau \cdot \begin{pmatrix} 0 \\ -1 \\ 0 \end{pmatrix}, \ \tau \in \mathbb{R}.$$

- **Die Gleichung der einen Ebene ist in Parameterform gegeben, die der anderen Ebene in Normalenform.**

Die Koordinaten der Ebenengleichung in Parameterform in die Normalenform der anderen Ebenengleichung einsetzen und die Gleichung lösen. Entsteht eine Beziehung zwischen den Parametern, so liefert das Einsetzen dieser Beziehung in die zugehörige Ebenengleichung die Gleichung der Schnittgeraden.

Beispiel: $E_1\colon \vec{x} = \vec{a} + \lambda \cdot \vec{u} + \mu \cdot \vec{v},\quad \lambda, \mu \in \mathbb{R}$,

$$E_1\colon \begin{pmatrix} x_1 \\ x_2 \\ x_3 \end{pmatrix} = \begin{pmatrix} 1 \\ 0 \\ 1 \end{pmatrix} + \lambda \cdot \begin{pmatrix} 0 \\ 1 \\ 0 \end{pmatrix} + \mu \cdot \begin{pmatrix} 4 \\ 2 \\ 2 \end{pmatrix},\ \lambda,\ \mu \in \mathbb{R};$$

$E_2\colon n_1 \cdot x_1 + n_2 \cdot x_2 + n_3 + n_0 = 0.$

$E_2\colon x_1 + 2 \cdot x_2 - x_3 - 5 = 0$

$E_1 \cap E_2\colon (1 + 0\lambda + 4\mu) + 2 \cdot (0 + 1\lambda + 2\mu) - (1 + 0\lambda + 2\mu) - 5 = 0$
$\Leftrightarrow 2\lambda + 6\mu - 5 = 0 \Leftrightarrow \lambda = -3\mu + 2{,}5$

$E_1 \cap E_2 = g\colon$

$$\begin{pmatrix} x_1 \\ x_2 \\ x_3 \end{pmatrix} = \begin{pmatrix} 1 \\ 0 \\ 1 \end{pmatrix} + (-3\mu + 2{,}5) \cdot \begin{pmatrix} 0 \\ 1 \\ 0 \end{pmatrix} + \mu \cdot \begin{pmatrix} 4 \\ 2 \\ 2 \end{pmatrix},\quad \mu \in \mathbb{R};$$

$$g\colon \begin{pmatrix} x_1 \\ x_2 \\ x_3 \end{pmatrix} = \begin{pmatrix} 1 \\ 2{,}5 \\ 1 \end{pmatrix} + \mu \cdot \begin{pmatrix} 4 \\ -1 \\ 2 \end{pmatrix},\ \mu \in \mathbb{R}$$

- **Die Gleichungen der beiden Ebenen sind in Normalenform gegeben.**

$E_1\colon n_1 \cdot x_1 + n_2 \cdot x_2 + n_3 + n_0 = 0.$

$E_2\colon m_1 \cdot x_1 + m_2 \cdot x_2 + m_3 + m_0 = 0.$

$E_1\colon x_1 - x_2 + x_3 + 1 = 0;\ E_2\colon x_1 + 2 \cdot x_2 - x_3 - 5 = 0$

E_1 und E_2 besitzen eine Schnittgerade (↗ S. 165).
Bilde aus den Ebenengleichungen und z. B. $x_1 = \lambda$ ein Gleichungssystem:

$$\begin{array}{lrcll} \text{(I)} & x_1 = \lambda & & \text{(I)} & x_1 = \lambda \\ \text{(II)} & x_1 - x_2 + x_3 + 1 = 0 & \Leftrightarrow & \text{(II)} + \text{(III)} & 2 \cdot \lambda + x_2 - 4 = 0 \quad \Leftrightarrow \\ \text{(III)} & x_1 + 2 \cdot x_2 - x_3 - 5 = 0 & & \text{(III)} & x_3 = \lambda + 2 \cdot x_2 - 5 \end{array}$$

$$\begin{array}{l} x_1 = \lambda \\ x_2 = 4 - 2 \cdot \lambda; \\ x_3 = 3 - 3 \cdot \lambda \end{array} \quad E_1 \cap E_2 = g\colon \begin{pmatrix} x_1 \\ x_2 \\ x_3 \end{pmatrix} = \begin{pmatrix} 0 \\ 4 \\ 3 \end{pmatrix} + \lambda \cdot \begin{pmatrix} 1 \\ -2 \\ -3 \end{pmatrix}, \ \lambda \in \mathbb{R}.$$

Oder: Ein Richtungsvektor der Schnittgeraden ist das Vektorprodukt (↗ S. 130) der beiden Normalenvektoren der Ebenen. Einen Punkt der Schnittgeraden erhält man z. B. durch den Schnitt entsprechender Spurgeraden (↗ S. 174) beider Ebenen.
Ansatz: $g\colon \vec{x} = \vec{a} + \lambda \cdot \vec{u}, \ \lambda \in \mathbb{R}$.

$$\vec{u} = \vec{n} \times \vec{m} = \begin{pmatrix} 1 \\ -1 \\ 1 \end{pmatrix} \times \begin{pmatrix} 1 \\ 2 \\ -1 \end{pmatrix} = \begin{pmatrix} -1 \cdot (-1) - 1 \cdot 2 \\ 1 \cdot 1 - 1 \cdot (-1) \\ 1 \cdot 2 - (-1) \cdot 1 \end{pmatrix} = \begin{pmatrix} -1 \\ 2 \\ 3 \end{pmatrix}$$

Spurgeraden von E_1 bzw. E_2 in der x_1-x_3-Ebene (↗ S. 174):

$g_1\colon x_1 + x_3 + 1 = 0$ bzw. $g_2\colon x_1 - x_3 - 5 = 0$; $(x_2 = 0)$

$$\begin{array}{ll} \text{(I)} & x_1 + x_3 + 1 = 0 \\ \text{(II)} & x_1 - x_3 - 5 = 0 \end{array} \Leftrightarrow \begin{array}{ll} \text{(I)} + \text{(II)} & 2x_1 - 4 = 0 \\ \text{(I)} - \text{(II)} & 2x_3 + 6 = 0 \end{array} \Leftrightarrow \begin{array}{l} x_1 = 2 \\ x_3 = -3 \end{array}$$

Der Schnittpunkt ist $A(2|0|-3)$.

$$g\colon \begin{pmatrix} x_1 \\ x_2 \\ x_3 \end{pmatrix} = \begin{pmatrix} 2 \\ 0 \\ -3 \end{pmatrix} + \lambda \cdot \begin{pmatrix} -1 \\ 2 \\ 3 \end{pmatrix}, \ \lambda \in \mathbb{R}.$$

Spurpunkte und Spurgeraden

Ein Schnittpunkt einer Geraden mit einer Koordinatenebene heißt ***Spurpunkt***.

Beispiel: $g: \begin{pmatrix} x_1 \\ x_2 \\ x_3 \end{pmatrix} = \begin{pmatrix} 1 \\ 1 \\ 4 \end{pmatrix} + \lambda \cdot \begin{pmatrix} 1 \\ -1 \\ -2 \end{pmatrix}, \ \lambda \in \mathbb{R};$

Bestimmung des Spurpunktes S_1 in der x_2-x_3-Ebene $(x_1 = 0)$:
Einsetzen von $x_1 = 1 + \lambda$ in die Ebenengleichung $x_1 = 0$ (↗ S. 170). $1 + \lambda = 0 \Leftrightarrow \lambda = -1$. Den Punkt der Geraden g für den Parameter $\lambda = -1$ bestimmen: $S_1(0|2|6)$.

Bestimmung des Spurpunktes S_2 in der x_1-x_3-Ebene ($x_2 = 0$):
$1 - \lambda = 0 \Leftrightarrow \lambda = 1.$ $S_2(2|0|2)$.

Bestimmung des Spurpunktes S_3 in der x_1-x_2-Ebene ($x_3 = 0$):
$4 - 2\lambda = 0 \Leftrightarrow \lambda = 2.$ $S_3(3|-1|0)$.

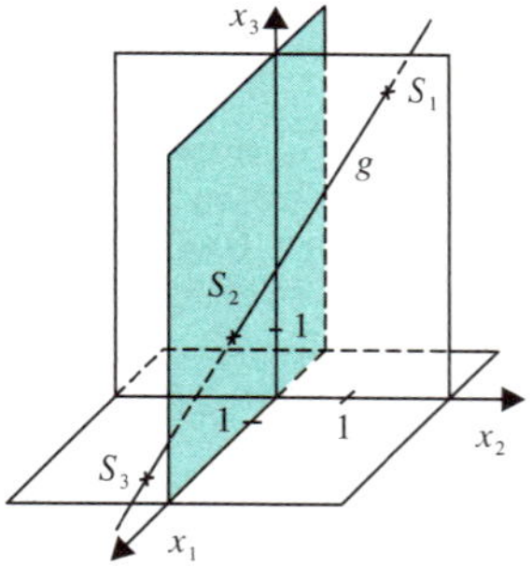

Eine Schnittgerade einer Ebene mit einer Koordinatenebene heißt ***Spurgerade***.

Beispiel:

$$E: \begin{pmatrix} x_1 \\ x_2 \\ x_3 \end{pmatrix} = \begin{pmatrix} 3 \\ 1{,}5 \\ 0 \end{pmatrix} + \lambda \cdot \begin{pmatrix} 2 \\ 3 \\ -4 \end{pmatrix} + \mu \cdot \begin{pmatrix} -3 \\ 3 \\ 1 \end{pmatrix},\ \lambda,\ \mu \in \mathbb{R};$$

Bestimmung der Spurgeraden g_{12} in der x_1-x_2-Ebene ($x_3 = 0$):
$-4\lambda + \mu = 0 \Leftrightarrow \mu = 4\lambda$ (↗ S. 172).
Das Einsetzen von $\mu = 4\lambda$ in die Gleichung von E ergibt die Spurgerade g_{12}:

$$g_{12}: \begin{pmatrix} x_1 \\ x_2 \\ x_3 \end{pmatrix} = \begin{pmatrix} 3 \\ 1{,}5 \\ 0 \end{pmatrix} + \lambda \cdot \begin{pmatrix} 2 \\ 3 \\ -4 \end{pmatrix} + 4\lambda \cdot \begin{pmatrix} -3 \\ 3 \\ 1 \end{pmatrix},\ \lambda \in \mathbb{R};$$

$$g_{12}: \begin{pmatrix} x_1 \\ x_2 \\ x_3 \end{pmatrix} = \begin{pmatrix} 3 \\ 1{,}5 \\ 0 \end{pmatrix} + \lambda \cdot \begin{pmatrix} -10 \\ 15 \\ 0 \end{pmatrix},\ \lambda \in \mathbb{R}.$$

Bestimmung der Spurgeraden g_{23} in der x_2-x_3-Ebene ($x_1 = 0$):
$3 + 2\lambda - 3\mu = 0 \Leftrightarrow \lambda = -1{,}5 + 1{,}5\mu.$

$\lambda = -1{,}5 + 1{,}5\mu$ in die Gleichung von E einsetzen.

$$g_{23}\colon \begin{pmatrix} x_1 \\ x_2 \\ x_3 \end{pmatrix} = \begin{pmatrix} 0 \\ -3 \\ 6 \end{pmatrix} + \mu \cdot \begin{pmatrix} 0 \\ 7{,}5 \\ -5 \end{pmatrix}.$$

Genau so:

$$g_{13}\colon \begin{pmatrix} x_1 \\ x_2 \\ x_3 \end{pmatrix} = \begin{pmatrix} 2 \\ 0 \\ 2 \end{pmatrix} + \mu \cdot \begin{pmatrix} -5 \\ 0 \\ 5 \end{pmatrix}.$$

Für beide Gleichungen gilt $\mu \in \mathbb{R}$.

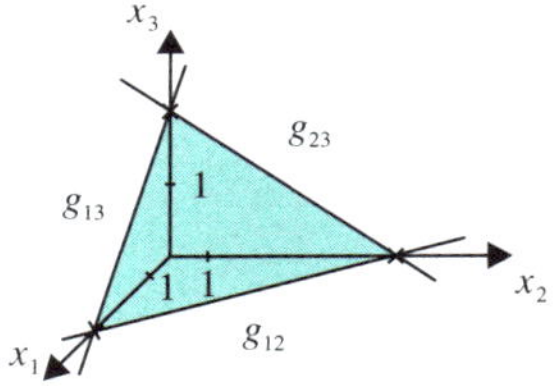

4.4 Schnittwinkel bei Ebenen

Für die Berechnung der Schnittwinkel müssen die Ebenengleichungen in Normalenform vorliegen. Andernfalls müssen sie vorher umgewandelt werden (↗ S. 159).

Schnittwinkel zwischen Gerade und Ebene

$g\colon \vec{x} = \vec{a} + \lambda \cdot \vec{u},\ \lambda \in \mathbb{R}$ und $E\colon \vec{n} \circ (\vec{x} - \vec{a}) = 0$.

Unter dem ***Schnittwinkel*** φ zwischen einer Geraden g und einer Ebenen E versteht man den nicht stumpfen Winkel zwischen der Geraden und ihrer senkrechten Projektion g_E in der Ebene (↗ S. 137).

Ist ψ der Winkel zwischen dem Richtungsvektor $\vec{u}$ der Geraden und dem Normalenvektor $\vec{n}$ der Ebene, so gilt für den Schnittwinkel φ:

$$\varphi = 90° - \psi,$$

$$\text{mit } \cos\ \psi = \frac{|\vec{u} \circ \vec{n}|}{|\vec{u}| \cdot |\vec{n}|}$$

$$\text{und } \sin\ \varphi = \frac{|\vec{u} \circ \vec{n}|}{|\vec{u}| \cdot |\vec{n}|}.$$

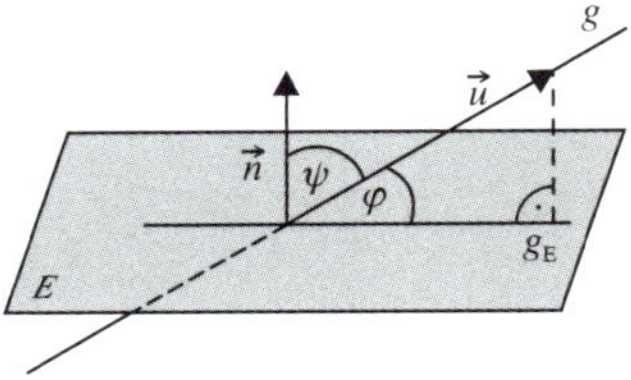

Beispiel: $g: \begin{pmatrix} x_1 \\ x_2 \\ x_3 \end{pmatrix} = \begin{pmatrix} -2 \\ 7 \\ 2 \end{pmatrix} + \lambda \cdot \begin{pmatrix} 3 \\ 2 \\ 1 \end{pmatrix}, \ \lambda \in \mathbb{R};$

E: $2x_1 - 6x_2 + 3x_3 + 4 = 0.$

$$\sin\ \varphi = \frac{\left| \begin{pmatrix} 3 \\ 2 \\ 1 \end{pmatrix} \circ \begin{pmatrix} 2 \\ -6 \\ 3 \end{pmatrix} \right|}{\sqrt{3^2 + 2^2 + 1^2} \cdot \sqrt{2^2 + (-6)^2 + 3^2}} = \frac{3}{\sqrt{14} \cdot 7}$$

$$\varphi = \sin^{-1} \frac{3}{7 \cdot \sqrt{14}} \approx 7^\circ.$$

Schnittwinkel zwischen Ebenen

$E_1: \quad \vec{n}_1 \circ (\vec{x} - \vec{a}) = 0;$

$E_2: \quad \vec{n}_2 \circ (\vec{x} - \vec{b}) = 0.$

Unter dem ***Schnittwinkel*** φ zwischen zwei verschiedenen Ebenen E_1 und E_2 versteht man den nicht stumpfen Winkel zwischen ihren Normalenvektoren $\vec{n}_1$ und $\vec{n}_2$.

Für den Schnittwinkel φ gilt:

$$\cos\ \varphi = \frac{|\vec{n}_1 \circ \vec{n}_2|}{|\vec{n}_1| \cdot |\vec{n}_2|}$$

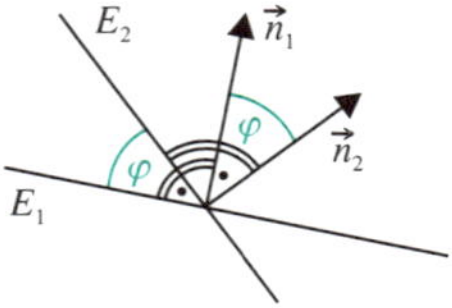

Beispiel: E_1: $2x_1 - 6x_2 + 3x_3 + 4 = 0$ und

E_2: $1{,}5x_1 - x_2 + 3x - 1 = 0$

$$\cos\ \varphi = \frac{\left| \begin{pmatrix} 2 \\ -6 \\ 3 \end{pmatrix} \circ \begin{pmatrix} 1{,}5 \\ -1 \\ 3 \end{pmatrix} \right|}{\sqrt{2^2 + (-6)^2 + 3^2} \cdot \sqrt{1{,}5^2 + (-1)^2 + 3^2}} = \frac{18}{7 \cdot 3{,}5}$$

$$\varphi = \cos^{-1} \frac{18}{7 \cdot 3{,}5} \approx 43^\circ.$$

4.5 Abstandsberechnungen bei Ebenen

Abstand eines Punktes von einer Ebene

Der ***Abstand*** $d(P;E)$ eines Punktes P von einer Ebene E ist gleich dem Betrag des Verbindungsvektors $\overrightarrow{PF}$ vom Punkt P zum Lotfußpunkt F, des Lotes von P auf E.

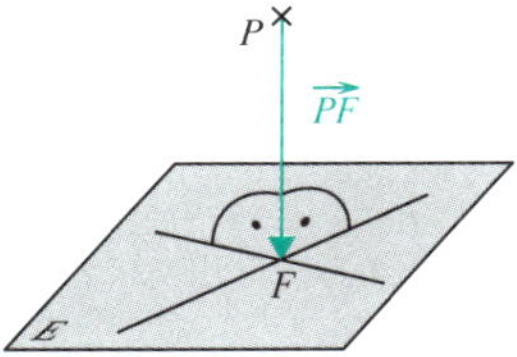

- **Die Gleichung der Ebene ist in Parameterform gegeben.**

Man erhält den Lotfußpunkt F, indem man die Lotgerade h zu E durch P mit der Ebene E zum Schnitt bringt (↗ S. 169). Ein Richtungsvektor für die Lotgerade ist das Vektorprodukt (↗ S. 130) aus den Richtungsvektoren $\vec{u}$ und $\vec{v}$ der Ebene.
h: $\vec{x} = \vec{p} + \lambda \cdot (\vec{u} \times \vec{v})$, $\lambda \in \mathbb{R}$.

Ein Richtungsvektor $\vec{n}$ kann auch mit dem Skalarprodukt bestimmt werden: $\vec{n} \circ \vec{u} = 0$ und $\vec{n} \circ \vec{v} = 0$ (↗ S. 136).
Einfacher ist es meist, die Ebenengleichung in die Hessesche Normalenform umzuwandeln (↗ S. 159 f.) und damit den Abstand zu bestimmen.

- **Die Gleichung der Ebene ist in Hessescher Normalenform gegeben.**

HNF von E: $\vec{n}^0 \circ (\vec{x} - \vec{a}) = 0$ (mit $\vec{n}^0 \circ \vec{a} \geq 0$); $P(p_1|p_2|p_3)$.

$d_P = \vec{n}^0 \circ (\vec{p} - \vec{a}) = n_1^0 \cdot p_1 + n_2^0 \cdot p_2 + n_3^0 \cdot p_3 + n_0^0$,

mit $n_0^0 = -n_1^0 \cdot a_1 - n_2^0 \cdot a_2 - n_3^0 \cdot a_3$ heißt ***gerichteter Abstand*** des Punktes P von der Ebene E.

Ist $d_P > 0$, so liegen P und der Ursprung auf verschiedenen Seiten von E.
Ist $d_P = 0$, so liegen P in der Ebene E.
Ist $d_P < 0$, so liegen P und der Ursprung auf derselben Seite von E.

Beispiel: HNF von E: $\frac{1}{3}x_1 - \frac{2}{3}x_2 + \frac{2}{3}x_3 - 3 = 0$; $P(6|3|-3)$
$d_P = \vec{n}^0 \circ (\vec{p} - \vec{a}) = n_1^0 \cdot p_1 + n_2^0 \cdot p_2 + n_3^0 \cdot p_3 + n_0^0 =$
$\frac{1}{3} \cdot 6 - \frac{2}{3} \cdot 3 + \frac{2}{3} \cdot (-3) - 3 = 2 - 2 - 2 - 3 = -5;$
$d(P; E) = |d_P| = 5.$

Der Punkt P und der Ursprung liegen auf derselben Seite der Ebene E.

Abstand einer Geraden von einer parallelen Ebene

Der ***Abstand*** $d(g; E)$ einer Geraden g von einer parallelen Ebene E ist gleich dem Abstand eines beliebigen Punktes der einen Geraden von der Ebene (↗ S. 177).

Abstand zweier paralleler Ebenen

Der ***Abstand*** $d(E_1; E_2)$ zweier paralleler Ebenen E_1 und E_2 ist gleich dem Abstand eines beliebigen Punktes der einen Ebene von der anderen Ebene (↗ S. 177).

5 Kreise und Kugeln

5.1 Kreis- und Kugelgleichungen

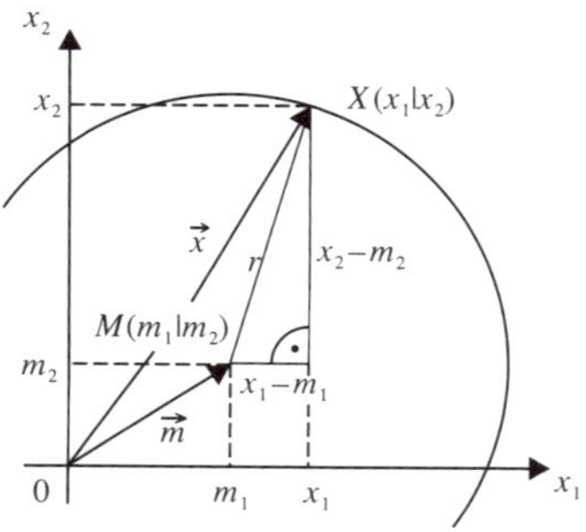

Eine Gleichung des Kreises $k(M;r)$ um den Mittelpunkt $M(m_1|m_2)$ mit dem Radius $r \in \mathbb{R}^+$ lautet:

- in Vektorform: $(\vec{x} - \vec{m})^2 = r^2$;
- in Koordinatenform: $(x_1 - m_1)^2 + (x_2 - m_2)^2 = r^2$;
- in Parameterform: $\begin{cases} x_1 = m_1 + r \cdot \cos t \\ x_2 = m_2 + r \cdot \sin t \end{cases} \quad (0 \leq t \leq 2\pi)$.

Beispiel: Kreis um den Mittelpunkt $M(4|-3)$ mit dem Radius 5.

- In Vektorform: $\left(\vec{x} - \begin{pmatrix} 4 \\ -3 \end{pmatrix}\right)^2 = 5^2$.
- In Koordinatenform: $(x_1 - 4)^2 + (x_2 + 3)^2 = 5^2$.
- In Parameterform: $\begin{cases} x_1 = 4 + 5 \cdot \cos t \\ x_2 = -3 + 5 \cdot \sin t \end{cases} \quad (0 \leq t \leq 2\pi)$.

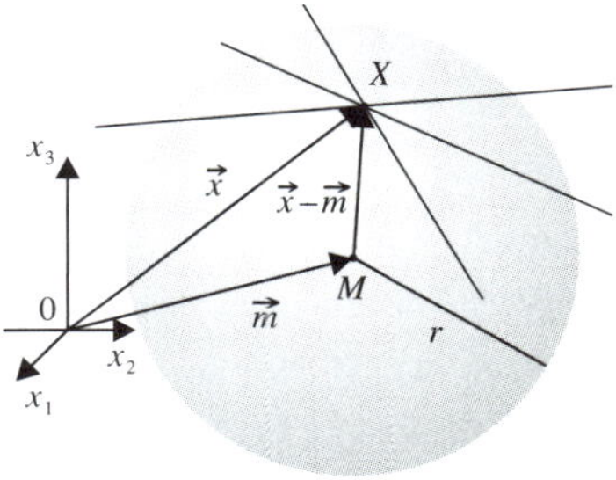

Eine Gleichung der Kugel $k(M;r)$ um den Mittelpunkt $M(m_1|m_2|m_3)$ mit dem Radius $r \in \mathbb{R}^+$ lautet:

- in Vektorform: $(\vec{x} - \vec{m})^2 = r^2$;
- in Koordinatenform:
$$(x_1 - m_1)^2 + (x_2 - m_2)^2 + (x_3 - m_3)^2 = r^2.$$

Beispiel: Kugel um den Mittelpunkt $M(2|-1|3)$ mit dem Radius 4.

- In Vektorform: $\left(\vec{x} - \begin{pmatrix} 2 \\ -1 \\ 3 \end{pmatrix}\right)^2 = 4^2.$
- In Koordinatenform: $(x_1 - 2)^2 + (x_2 + 1)^2 + (x_3 - 3)^2 = 4^2.$

5.2 Lagebeziehungen von Kreis und Kugel

Ein Punkt P kann bezüglich eines Kreises im $\mathbb{R}^2$ bzw. einer Kugel im $\mathbb{R}^3$ mit dem Mittelpunkt M und dem Radius r

- außerhalb von $k(M; r)$ liegen ($\Leftrightarrow (\vec{p} - \vec{m})^2 - r^2 > 0$),
- auf $k(M; r)$ liegen ($\Leftrightarrow (\vec{p} - \vec{m})^2 - r^2 = 0$),
- innerhalb von $k(M; r)$ liegen ($\Leftrightarrow (\vec{p} - \vec{m})^2 - r^2 < 0$).

Beispiele:

- Lage des Punktes $P(1{,}5|{-1})$ bezüglich des Kreises $k(M; r)$ um den Mittelpunkt $M(4|{-3})$ mit dem Radius 5.

  $(1{,}5 - 4)^2 + (-1 + 3)^2 - 5^2 = 6{,}25 + 4 - 25 = -14{,}75 < 0$

  P liegt innerhalb von $k(M; r)$.

- Lage des Punktes $P(3{,}5|{-3}|{-0{,}5})$ bezüglich der Kugel $k(M; r)$ um den Mittelpunkt $M(2|{-1}|3)$ mit Radius 4.

  $(3{,}5 - 2)^2 + (-3 + 1)^2 + (-0{,}5 - 3)^2 - 4^2 =$

  $2{,}25 + 4 + 12{,}25 - 16 = 2{,}5 > 0$

  P liegt außerhalb von $k(M; r)$.

Eine Gerade kann einen Kreis im $\mathbb{R}^2$ bzw. eine Kugel im $\mathbb{R}^3$

- in genau zwei Punkten schneiden (Die Gerade heißt dann ***Sekante*** des Kreises bzw. der Kugel.)
- in genau einem Punkt berühren (Die Gerade heißt dann ***Tangente*** an den Kreis bzw. an die Kugel.)
- in keinem Punkt schneiden (Die Gerade heißt dann ***Passante*** des Kreises bzw. der Kugel.).

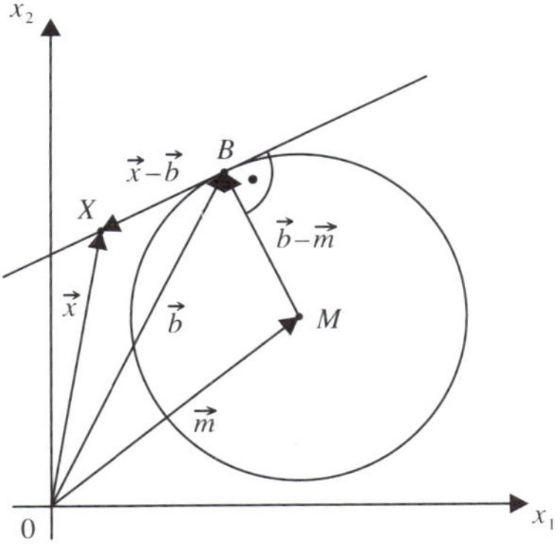

Eine Gleichung der ***Tangente*** im Punkt $B(b_1|b_2)$ an den Kreis $k(M;r)$ um den Mittelpunkt $M(m_1|m_2)$ mit dem Radius r ist in Vektorform:
$(\vec{b}-\vec{m}) \circ (\vec{x}-\vec{b}) = 0$ oder $(\vec{b}-\vec{m}) \circ (\vec{x}-\vec{m}) = r^2$
bzw. in Koordinatenform:
$(b_1-m_1)(x_1-b_1)+(b_2-m_2)(x_2-b_2)=0$ oder
$(b_1-m_1)(x_1-m_1)+(b_2-m_2)(x_2-m_2)=r^2$.

Eine Ebene E kann eine Kugel $k(M;r)$ im $\mathbb{R}^3$

- in keinem Punkt schneiden $(d(M;E) > r)$;
- in genau einem Punkt berühren $(d(M;E) = r)$, (die Ebene heißt dann ***Tangentialebene*** an die Kugel);
- in genau einer Kreislinie schneiden $(d(M;E) < r)$. Der Mittelpunkt M' des Schnittkreises ist der Lotfußpunkt des Lotes von M auf E und für den Radius r' des Schnittkreises gilt:

$$r' = \sqrt{r^2 - d(M;E)^2}\,.$$

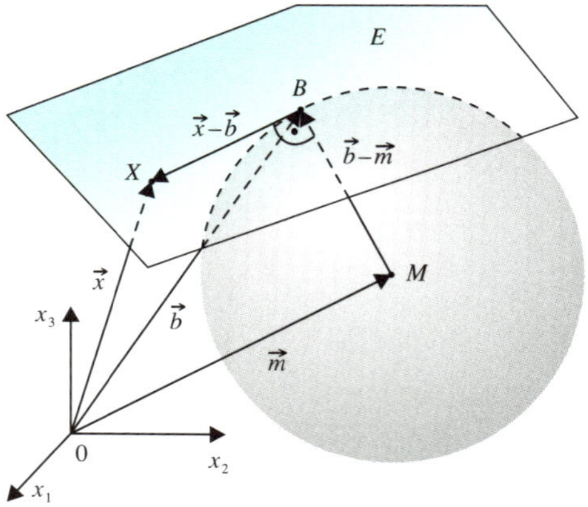

Eine Gleichung der ***Tangentialebene*** im Punkt $B(b_1|b_2|b_3)$ an die Kugel $k(M; r)$ um den Mittelpunkt $M(m_1|m_2|m_3)$ mit dem Radius r ist in Vektorform:
$(\vec{b}-\vec{m}) \circ (\vec{x}-\vec{b}) = 0$ oder $(\vec{b}-\vec{m}) \circ (\vec{x}-\vec{m}) = r^2$
bzw. in Koordinatenform:
$(b_1 - m_1)(x_1 - b_1) + (b_2 - m_2)(x_2 - b_2) +$
$(b_3 - m_3)(x_3 - b_3) = 0$ oder
$(b_1 - m_1)(x_1 - m_1) + (b_2 - m_2)(x_2 - m_2) +$
$(b_3 - m_3)(x_3 - m_3) = r^2$.

Wahrscheinlichkeitsrechnung und Statistik

1 Beschreibende Statistik

1.1 Merkmale und Skalen

Es ist Aufgabe der beschreibenden Statistik, gewonnene Daten aufzubereiten. Bei ***statistischen Erhebungen*** werden an einer Auswahl (***Stichprobe*** ↗ S. 217) von ***Merkmalsträgern*** aus einer ***Grundgesamtheit*** die interessierenden ***Merkmale*** in bestimmten ***Merkmalsausprägungen*** gewonnen. Aus den Daten der Erhebung wird dann auf die Merkmalsausprägungen in der Grundgesamtheit geschlossen.

Beispiele:

Merkmalsträger	Merkmal	Merkmalsausprägungen
Menschen	Familienstand	led., verh., verw., gesch.
Menschen	Geburtsmonat	Jan., Feb., ..., Dez.
Menschen	Körpergröße	Körpergröße in cm
Münzwürfe	Seite	Zahl, Kopf
Würfelwürfe	Augenzahl	1, 2, 3, 4, 5, 6

Die Menge der Merkmalsausprägungen wird mit S bezeichnet, ihre Elemente werden mit $a_1,\ a_2,\ \ldots,\ a_k$ bezeichnet.
$S = \{a_1,\ a_2,\ \ldots,\ a_k\};\ k \in \mathbb{N}$

Die Merkmalsausprägungen werden mit verschiedenen ***Skalen*** gemessen:

Nominalskala: Die Merkmalsausprägungen dienen nur der Klassifizierung.

Beispiele:
- Familienstand (led., verh., verw., gesch.)
- Geschlecht (w, m)

Ordinalskala oder ***Rangskala***: Die Merkmalsausprägungen bringen zusätzlich eine Rangfolge zum Ausdruck.

Beispiel:
Einlauf bei Rennen (1. Sieger, 2. Sieger, ...)

Intervallskala: Zusätzlich haben aufeinander folgende Skalenwerte gleiche Abstände.

Beispiele:
- Intelligenzquotient
- Noten (bei Gleichverteilung der Punkte)

Verhältnisskala oder ***absolute Skala***: Zusätzlich stehen die Merkmalsausprägungen in Bezug zum Skalennullpunkt.

Beispiele:
- Körpergröße (in cm)
- Gewicht (in kg)

1.2 Aufbereitung von Stichprobenwerten

Werden die Daten (***Stichprobenwerte*** $x_1, \ldots, x_n$) so notiert, wie sie sich bei der statistischen Erhebung nacheinander ergeben, so nennt man das Ergebnis eine ***Urliste***.

Beispiel: Alter der Schüler eines Kurses:
Urliste: 17, 17, 19, 18, 17, 18, 19, 18, 18, 17,
20, 18, 17, 19, 17, 16, 19, 18, 18, 18.
Menge der Merkmalsausprägungen $S = \{16, 17, 18, 19, 20\}$
Die 20 Stichprobenwerte haben 5 Merkmalsausprägungen.

Die einfachste Aufbereitung der durch die Urliste gegebenen Stichprobenwerte ist die ***Strichliste***.

Kommt eine Merkmalsausprägung a_i in der Urliste mit n Stichprobenwerten n_i-mal vor, so heißt n_i die ***absolute Häufigkeit*** und $h(a_i) = n_i : n$ ***relative Häufigkeit*** von a_i in der Urliste.
Bei Merkmalsausprägungen $a_1, \ a_2, \ldots, a_k$, die mit mindestens einer Ordinalskala gemessen werden, heißt die Summe der Häufigkeiten n_i bzw. $h(a_i)$ für $a_i \leq c$, wobei c eine obere Grenze der Merkmalsausprägung ist, ***Summenhäufigkeit*** oder ***kumulative Häufigkeit***.

In ***Häufigkeitstabellen*** werden den Merkmalsausprägungen ihre Häufigkeiten zugeordnet.

Beispiel: Altersverteilung des Kurses:

a_i	Strichliste	n_i	$h(a_i)$	Summenhäufigkeiten
16	I	1	5%	$1 \mathrel{\hat{=}} 5\%$
17	IIIIII	6	30%	$7 \mathrel{\hat{=}} 35\%$
18	IIIIIIII	8	40%	$15 \mathrel{\hat{=}} 75\%$
19	IIII	4	20%	$19 \mathrel{\hat{=}} 95\%$
20	I	1	5%	$20 \mathrel{\hat{=}} 100\%$

Werden in der Urliste verschiedene Merkmalsausprägungen zu einer Ausprägung zusammengefasst, so spricht man von einer ***Kategorisierung*** der Stichprobenwerte. (↗ S. 191)

Beispiele: Altersverteilung des Kurses:

Kategorie	Häufigkeit	relative Häufigkeit
nicht volljährig	7	35%
volljährig	13	65%

- Die Zuordnung von Punkten (0, ..., 15) zu Schulnoten (1, ..., 6) ist ebenfalls eine Kategorisierung.

1.3 Graphische Darstellungen

Eine Zuordnung, die jeder Merkmalsausprägung die (absolute oder relative) Häufigkeit zuordnet, heißt ***Häufigkeitsverteilung*** des Merkmals.

Zur graphischen Darstellung von Häufigkeitsverteilungen verwendet man Stab-, Säulen- oder Kreisdiagramme.

Eine Darstellung mit der Zahlengeraden als Achse, bei der die Häufigkeit als Flächeninhalt eines Rechtecks veranschaulicht wird, heißt ***Histogramm***.

Beispiele: Altersverteilung des Kurses:

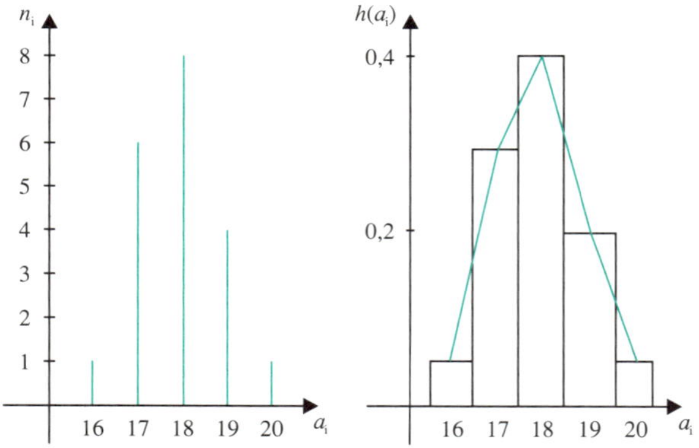

Verbindet man die Mitten benachbarter oberer Rechteckseiten geradlinig, so entsteht ein ***Häufigkeitspolygon***.

Die Summenhäufigkeiten lassen sich durch die ***Summenkurve*** veranschaulichen. Bei diskreten Merkmalen erhält man eine Treppenkurve (↗ S. 207).

1.4 Lage- und Streuungsmaße

Während Tabellen und graphische Darstellungen über die gesamte Verteilung eines Merkmals informieren, haben die statistischen Maßzahlen die Funktion über Lage und Streuung der Stichprobenwerte Auskunft zu geben.

Bei Stichprobenwerten einer Rangskala kann als Lagemaß der ***Zentralwert*** (***Median***) $\tilde{x}$ (lies: „x Schlange“) verwendet werden. Zu seiner Bestimmung werden die Stichprobenwerte der Urliste ihrer Rangfolge nach geordnet. Der Stichprobenwert in der Mitte ist der Median.

Beispiel: Noten eines Kurses:
Urliste: 3, 4, 1, 6, 2, 4, 2, 3, 1, 5, 2, 4, 3, 3, 4, 2, 4, 1, 6, 4.
Geordnet: 1, 1, 1, 2, 2, 2, 2, 3, 3, **3**, **3**, 4, 4, 4, 4, 4, 4, 5, 6, 6.
Da die Anzahl der Stichprobenwerte gerade ist, gibt es zwei Werte in der Mitte. $\tilde{x} = 3$.

Im Folgenden wird Intervallskalenniveau vorausgesetzt.
Das ***arithmetische Mittel*** (***Durchschnitt*** oder ***Mittelwert***) der Stichprobenwerte $x_1, \ldots, x_n$ ist die Zahl

$$\bar{x} = \frac{1}{n}\sum_{i=1}^{n} x_i = \frac{1}{n}(x_1 + \ldots + x_n).$$ (Lies: „x quer“.)

Kommen unter den Stichprobenwerten $x_1, \ldots, x_n$ die Merkmalsausprägungen $a_1, a_2, \ldots, a_k$ mit den absoluten Häufigkeit $n_1, \ldots, n_k$ und relativen Häufigkeit $h(a_1), \ldots, h(a_k)$ vor (↗ S. 185), so ist

$$\bar{x} = \frac{1}{n}\sum_{i=1}^{k} a_i \cdot n_i = \frac{1}{n}(a_1 \cdot n_1 + \ldots + a_k \cdot n_k) \quad \text{bzw.}$$

$$\bar{x} = \sum_{i=1}^{k} a_i \cdot h(a_i) = (a_1 \cdot h(a_1) + \ldots + a_k \cdot h(a_k)).$$

Sind $x_1, \ldots, x_n$ Stichprobenwerte mit dem arithmetischen Mittel $\bar{x}$, so heißt die Zahl

$$\bar{s}^2 = \frac{1}{n}\sum_{i=1}^{n} (x_i - \bar{x})^2 = \frac{1}{n}\left[(x_1 - \bar{x})^2 + \ldots + (x_n - \bar{x})^2\right]$$

Varianz von $x_1, \ldots, x_n$ (↗ S. 208 und S. 219).

Die Quadratwurzel der Varianz heißt ***Standardabweichung*** $\bar{s}$
(↗ S. 208).

Kommen unter den Stichprobenwerten $x_1, \ldots, x_n$ die Merkmalsausprägungen $a_1, a_2, \ldots, a_k$ mit den absoluten Häufigkeit $n_1, \ldots, n_k$ und relativen Häufigkeit $h(a_1), \ldots, h(a_k)$ vor, so ist

$$\bar{s}^2 = \frac{1}{n}\sum_{i=1}^{k}(a_i - \bar{x})^2 \cdot n_i = \frac{1}{n}\left[(a_1 - \bar{x})^2 \cdot n_1 + \ldots + (a_k - \bar{x})^2 \cdot n_k\right]$$

$$\bar{s}^2 = \sum_{i=1}^{k}(a_i - \bar{x})^2 \cdot h(a_i) = \left[(a_1 - \bar{x})^2 \cdot h(a_1) + \ldots + (a_k - \bar{x})^2 \cdot h(a_k)\right]$$

Beispiel: Notenverteilung des Beispiels von S. 187:

$$\bar{x} = \frac{1}{20} \cdot (3 \cdot 1 + 4 \cdot 2 + 4 \cdot 3 + 6 \cdot 4 + 1 \cdot 5 + 2 \cdot 6) = 3{,}2$$

$$\bar{s}^2 = \frac{1}{20} \cdot [(1 - 3{,}2)^2 \cdot 3 + (2 - 3{,}2)^2 \cdot 4 + (3 - 3{,}2)^2 \cdot 4 +$$
$$(4 - 3{,}2)^2 \cdot 6 + (5 - 3{,}2)^2 \cdot 1 + (6 - 3{,}2)^2 \cdot 2] = 2{,}16$$

$$\bar{s} = \sqrt{\bar{s}^2} = \sqrt{2,16} \approx 1{,}5$$

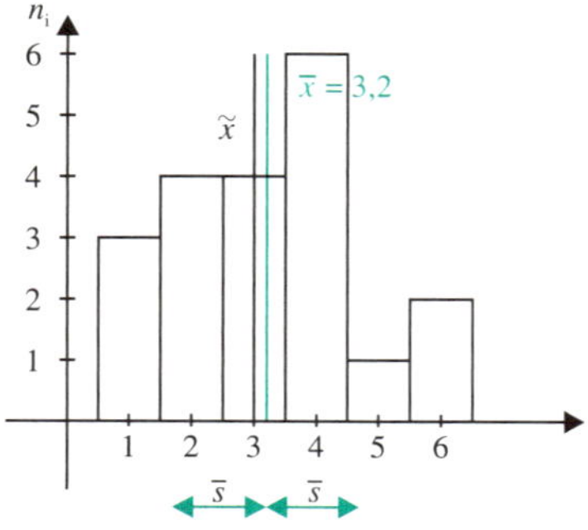

2 Wahrscheinlichkeit

2.1 Zufallsexperimente

Vorgänge, die unter stets gleichen Bedingungen beliebig oft wiederholbar sind und deren Ergebnisse nicht voraussagbar sind, heißen ***Zufallsexperimente***. Die einmalige Ausführung eines Zufallsexperiments nennt man einen ***Versuch***. Jedem Versuchsausgang lässt sich ein ***Ergebnis*** ω (↗ Merkmalsausprägung S. 183) zuordnen. Die Menge aller Ergebnisse $\Omega = \{\omega_1, \omega_2, \ldots, \omega_n\};\ n \in \mathbb{N}$ heißt ***Ergebnisraum*** eines Zufallsexperiments. Die Anzahl der Elemente von Ω nennt man ***Mächtigkeit*** von Ω und schreibt dafür: $|\,\Omega\,|$.

- Werfen einer Münze und Notieren der sichtbaren Seite (z. B. Kopf oder Zahl): $\Omega = \{K,\ Z\};\ |\,\Omega\,| = 2$
- Werfen eines Würfels und Feststellung der Augenzahl: $\Omega_1 = \{1, 2, 3, 4, 5, 6\};\ |\Omega_1| = 6$
- Werfen eines Würfels und Feststellung, ob 6 oder Nicht-6 vorliegt: $\Omega_2 = \{6, \bar{6}\}; |\Omega_2| = 2$
  (Die Negation wird durch Überstreichen gekennzeichnet.)
  $\Omega_1 = \{1, 2, 3, 4, 5, 6\}$ ist eine ***Verfeinerung*** von $\Omega_2 = \{6, \bar{6}\}$ und umgekehrt ist Ω_2 eine ***Vergröberung*** von Ω_1.
- Werfen zweier Würfel und Ermitteln der Augensumme: $\Omega = \{2, 3, 4, \ldots, 12\};\ |\,\Omega\,| = 11$
- Roulett (↗ S. 193): $\Omega_1 = \{0, 1, 2, \ldots, 36\};\ |\Omega_1| = 37$,
  $\Omega_2 = \{\text{gerade}, \text{ungerade}, 0\};\ |\Omega_2| = 3$,
  $\Omega_3 = \{\text{rot}, \text{schwarz}, 0\};\ |\Omega_3| = 3$,
  $\{0, 1, 2, \ldots, 36,\ \text{gerade},\ \text{ungerade}\}$ ist **kein** Ergebnisraum.

Setzt sich ein Zufallsexperiment aus mehreren einfachen Zufallsexperimenten zusammen, die in einer bestimmten Reihenfolge ablaufen, so nennt man es ***mehrstufiges Zufallsexperiment***. Zur Darstellung verwendet man häufig ***Baumdiagramme***. Der Weg vom Start bis zu einem Endpunkt im Baumdiagramm heißt ***Pfad***.

Beispiele:

- Ziehen aus einer Urne mit Zurücklegen
  Aus einer Urne mit 8 Kugeln, die sich nur in der Farbe unterscheiden (1 blaue, 3 rote, 4 schwarze), werden nacheinander zwei Kugeln gezogen. Jede Kugel wird nach dem Ziehen und

Notieren der Farbe (b, r, s) als Teilergebnis in die Urne zurückgelegt und unter die anderen Kugeln gemischt. Damit ist der Inhalt der Urne bei jeder Ziehung gleich.

Baumdiagramm: Ergebnis:

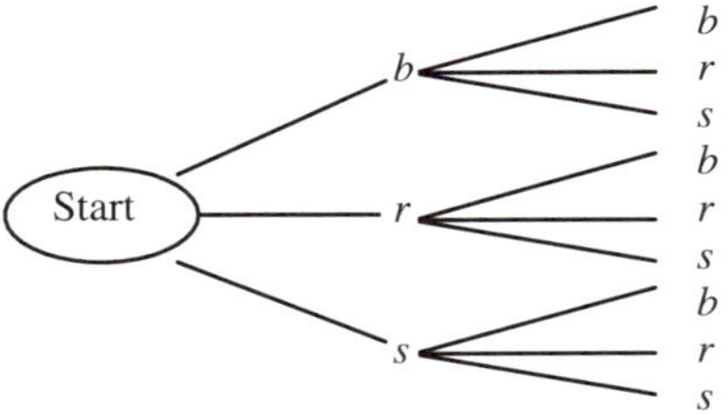

bb, *br*, *bs*, *rb*, *rr*, *rs*, *sb*, *sr*, *ss*

Ergebnisraum $\Omega_1 = \{bb, br, bs, rb, rr, rs, sb, sr, ss\}$.

Ohne Berücksichtigung der Reihenfolge erhält man als Vergröberung von Ω_1: $\Omega_2 = \{bb, br, bs, rr, rs, ss\}$.

- Ziehen aus einer Urne ohne Zurücklegen
  Aus einer Urne mit 8 Kugeln, die sich nur in der Farbe unterscheiden (1 blaue, 3 rote, 4 schwarze), werden nacheinander zwei Kugeln gezogen und die Farbe (b, r, s) wird notiert (↗ Baumdiagramm S. 199).
  Ergebnisraum $\Omega_1 = \{br, bs, rb, rr, rs, sb, sr, ss\}$.

Ohne Berücksichtigung der Reihenfolge oder beim gleichzeitigen Ziehen erhält man als Vergröberung von Ω_1:
$\Omega_2 = \{br, bs, rr, rs, ss\}$.

Verallgemeinerung:
Bei einem n-stufigen Zufallsexperiments stellt jedes Ergebnis genau einen ***Pfad*** durch das Baumdiagramm vom Start bis zu einem Endpunkt dar und besteht aus den n Einzelergebnissen der n Teilexperimente. Man schreibt deshalb die Ergebnisse eines n-stufigen Zufallsexperiments als n-Tupel $(a_1; a_2; \ldots; a_n)$, oder kurz $a_1 a_2 \ldots a_n$, wobei a_i $(i \in \{1, 2, \ldots, n\})$ ein Ergebnis des i-ten Teilexperiments ist. Der Ergebnisraum Ω ist dann die Menge aller dieser n-Tupel.

Beispiel: Dreimaliges Werfen einer Münze:
$\Omega_1 = \{KKK, KKZ, KZK, ZKK, KZZ, ZKZ, ZZK, ZZZ\}$.

2.2 Ereignisse

Beim Roulett (↗ S. 193) werden die Gewinnmöglichkeiten für die verschiedenen Setzmöglichkeiten durch Teilmengen des Ergebnisraums $\Omega = \{0, 1, 2, \ldots, 35, 36\}$ dargestellt, z. B. durch A = „Eine Zahl aus dem 2. Dutzend“ = $\{13, 14, \ldots, 23, 24\}$.
Liegt das Spielergebnis ω in der Menge A, so sagt man, das Ereignis A ist eingetreten.

Jede Teilmenge A des Ergebnisraums Ω eines Zufallsexperiments heißt ***Ereignis*** (↗ Kategorisierung S. 185). Das Ereignis A tritt genau dann ein, wenn ein Versuchsergebnis ω auftritt, das in A enthalten ist. Die Menge aller Ereignisse heißt ***Ereignisraum*** $\mathcal{P}(\Omega)$.
Der Ereignisraum $\mathcal{P}(\Omega)$ besteht aus 2^n Elementen, wenn der Ergebnisraum Ω n Elemente besitzt: $|\Omega| = n \Rightarrow |\mathcal{P}(\Omega)| = 2^n$.

Bezeichnungen:
Die leere Menge $\{\ \}$ heißt ***unmögliches Ereignis***, eine einelementige Menge $\{\omega\}$ nennt man ***Elementarereignis*** und der ganze Ergebnisraum Ω heißt ***sicheres Ereignis***.
$\bar{A}$ heißt ***Gegenereignis*** zum Ereignis A.

Beispiele:

- Werfen einer Münze: $\Omega = \{K, Z\}$; $|\Omega| = 2$
  $\mathcal{P}(\Omega) = \{\{\ \}, \{K\}, \{Z\}, \Omega\}$; $|\mathcal{P}(\Omega)| = 2^2 = 4$
- Werfen eines Würfels: $\Omega = \{1, 2, 3, 4, 5, 6\}$; $|\Omega| = 6$
  A = „Nicht-6“ $\quad A = \{1, 2, 3, 4, 5\}$
  B = „Gerade Augenzahl“ $\quad B = \{2, 4, 6\}$
  C = „Augenzahl 4“ $\quad C = \{4\}$
  $|\mathcal{P}(\Omega)| = 2^6 = 64$ (Wegen der großen Anzahl der Elemente wird $\mathcal{P}(\Omega)$ nicht ausgeschrieben.)

2.3 Verknüpfung von Ereignissen

Tabellarische Übersicht:

Sprechweisen	Mengen	Diagramm
Nicht das Ereignis A, Gegenereignis zu A	$\bar{A}$	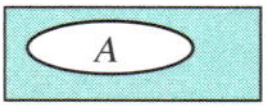
Ereignis A oder Ereignis B, mindestens eines der beiden Ereignisse	$A \cup B$	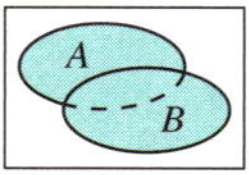
Ereignis A und Ereignis B, beide Ereignisse	$A \cap B$	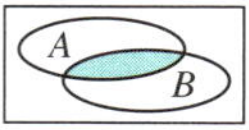
Weder A noch B, keines der beiden Ereignisse	$\bar{A} \cap \bar{B} = \overline{A \cup B}$	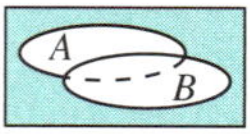
Nicht beide Ereignisse, höchstens eines der beiden Ereignisse	$\bar{A} \cup \bar{B} = \overline{A \cap B}$	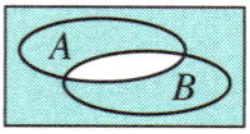
Entweder A oder B, genau eines von beiden Ereignissen	$(\bar{A} \cap B) \cup (A \cap \bar{B}) =$ $(A \cup B) \setminus (A \cap B)$	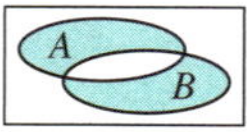

Rechengesetze: Für A, B, $C \in \mathcal{P}(\Omega)$ gilt:

- $A \cap B = B \cap A$; $A \cup B = B \cup A$; Kommutativgesetze
- $(A \cap B) \cap C = A \cap (B \cap C)$; Assoziativgesetze
  $(A \cup B) \cup C = A \cup (B \cup C)$;
- $A \cap (B \cup C) = (A \cap B) \cup (A \cap C)$; Distributivgesetze
  $A \cup (B \cap C) = (A \cup B) \cap (A \cup C)$;
- $A \cup \{\ \} = A$; $A \cap \Omega = A$; Gesetze der neutralen Elemente
  $A \cap \{\ \} = \{\ \}$; $A \cup \Omega = \Omega$; Gesetze der dominanten Elemente
  $A \cup \bar{A} = \Omega$; $A \cap \bar{A} = \{\ \}$; $\bar{\bar{A}} = A$;
  Gesetze für das komplementäre Element
- $A \cup A = A$; $A \cap A = A$; Idempotenzgesetze

- $A \cup (A \cap B) = A$; $A \cap (A \cup B) = A$; Absorptionsgesetze
- $\overline{A \cup B} = \bar{A} \cap \bar{B}$; $\overline{A \cap B} = \bar{A} \cup \bar{B}$; ***Gesetze von de Morgan.***

Zwei Ereignisse A und B eines Ereignisraums $\mathcal{P}(\Omega)$ heißen ***unvereinbar*** oder ***disjunkt***, wenn $A \cap B = \{\}$, andernfalls heißen sie ***vereinbar***.

Jedes Ereignis lässt sich als Vereinigung von Elementarereignissen schreiben: $A = \bigcup_{\omega \in A} \{\omega\}$.

Eine Menge $\{A_1, A_2, \ldots, A_k\}$ aus paarweise unvereinbaren Ereignissen mit $A_i \cup A_2 \cup \ldots \cup A_k = \Omega$ heißt ***Zerlegung*** von Ω.

Beispiel: Ein Spieler setzt beim Roulett je einen Chip auf rot und auf gerade (pair). A = „Eine rote Zahl gewinnt“ = {1, 3, 5, 7, 9, 12, 14, 16, 18, 19, 21, 23, 25, 27, 30, 32, 34, 36};
B = „Eine gerade Zahl gewinnt“ = {2, 4, 6, ..., 34, 36};
C = „keiner der beiden Chips gewinnt“.
$C = \bar{A} \cap \bar{B} = \overline{A \cup B} = \{0, 11, 13, 15, 17, 29, 31, 33, 35\}$

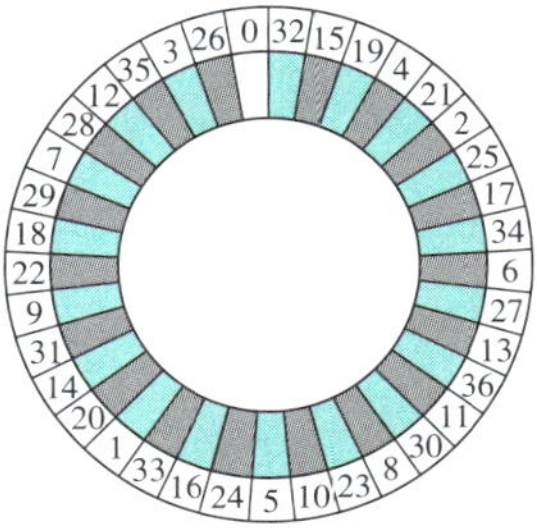

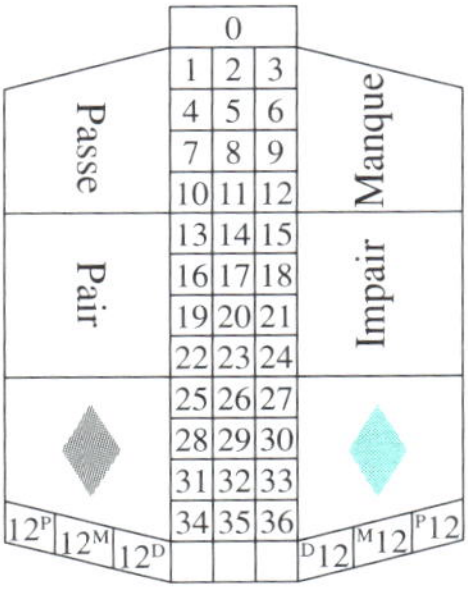

2.4 Häufigkeiten von Ereignissen

Tritt ein Ereignis A bei einer Folge von n Versuchen desselben Zufallsexperimentes genau k-mal ein, so heißt k die ***absolute Häufigkeit*** von A und $h_n = \frac{k}{n}$ die ***relative Häufigkeit*** von A bei dieser Versuchsfolge (↗ S. 185).

Eigenschaften der relativen Häufigkeit:
Für $A, B, C \in \mathcal{P}(\Omega)$ und $n \in \mathbb{N}$ gilt:

- $h_n(A) \in \mathbb{Q}$ mit $0 \leq h_n(A) \leq 1$
- $h_n(\{\}) = 0$ und $h_n(\Omega) = 1$
- $h_n(A) = \sum\limits_{\omega \in A} h_n(\{\omega\})$
- $A \cap B = \{\} \Rightarrow h_n(A \cup B) = h_n(A) + h_n(B)$
- $h_n(A \cup B) = h_n(A) + h_n(B) - h_n(A \cap B)$
- $h_n(\bar{A}) = 1 - h_n(A)$

Gesetz der großen Zahlen: Die relative Häufigkeit $h_n(A)$ eines Ereignisses A stabilisiert sich mit zunehmender Versuchszahl n um einen festen Wert.

2.5 Die Axiome von Kolmogorow

Es sei $\Omega = \{\omega_1, \ \omega_2, \ \ldots \ \omega_n\}$ ein Ergebnisraum, $\mathcal{P}(\Omega)$ der zugehörige Ereignisraum.

Eine reellwertige Funktion P, die jedem Ereignis A aus dem Ereignisraum $\mathcal{P}(\Omega)$ eine reelle Zahl zuordnet, heißt ***Wahrscheinlichkeitsverteilung***, wenn die folgenden drei ***Axiome von Kolmogorow*** gelten:

1. $P(A) \geq 0$ (Nichtnegativität)
2. $P(\Omega) = 1$ (Normierung)
3. $(A, B \in \mathcal{P}(\Omega) \wedge A \cap B = \{\,\}) \Rightarrow$
   $P(A \cup B) = P(A) + P(B)$ (Additivität)

$P(A)$ nennt man ***Wahrscheinlichkeit*** von A und (Ω, P) heißt ***Wahrscheinlichkeitsraum***.

Durch Ω und P ist ein Zufallsexperiment eindeutig beschrieben. Zufallsexperimente mit gleichem Ω und P sind gleich.

2.6 Laplace-Wahrscheinlichkeit

Sind bei einem Zufallsexperiment alle Elementarereignisse (Ergebnisse) gleichwahrscheinlich, so nennt man es ***Laplace-Experiment***. Die Wahrscheinlichkeiten bei solchen Laplace-Experimenten nennt man ***Laplace-Wahrscheinlichkeiten***.

Für die Wahrscheinlichkeit $P(A)$ des Ereignisses A eines Laplace-Experiments gilt dann:

$$P(A) := \frac{\text{Anzahl der für } A \text{ günstigen Ergebnisse}}{\text{Anzahl aller möglichen Ergebnisse}} = \frac{|A|}{|\Omega|}.$$

Ein Ergebnis $\omega_i \in \Omega$ ist für ein Ereignis A günstig, falls $\omega_i \in A$.

Beispiel: Roulett (↗ S. 193):
$\Omega = \{0, 1, 2, \ldots, 35, 36\}$; $|\Omega| = 37$;
$$P(\{0\}) = P(\{1\}) = \ldots = P(\{35\}) = P(\{36\}) = \frac{1}{37};$$
$$A = \{1, 2, \ldots 12\};\ |A| = 12;\ P(A) = \frac{|A|}{|\Omega|} = \frac{12}{37}.$$

3 Berechnung von Wahrscheinlichkeiten

3.1 Kombinatorische Hilfsmittel

Der Ergebnisraum eines mehrstufigen Zufallsexperiments kann sehr umfangreich sein. Durch die Zerlegung in die Teilexperimente lässt er sich leichter überblicken.

Beispiel: Wie viele vierstellige Zahlen mit lauter verschiedenen Ziffern gibt es?
An der 1. Stelle steht eine der Ziffern 1 bis 9.
An der 2. Stelle steht eine der Ziffern 0 bis 9, jedoch nicht die Ziffer der 1. Stelle.
An der 3. Stelle steht eine der Ziffern 0 bis 9, jedoch nicht die Ziffern der 1. und 2. Stelle.
An der 4. Stelle steht eine der Ziffern 0 bis 9, jedoch nicht die Ziffern der 1., 2. und 3. Stelle.
Ω sei die Menge aller vierstelligen Zahlen mit lauter verschiedenen Ziffern. $|\Omega| = 9 \cdot 9 \cdot 8 \cdot 7 = 4\,536$

***Zählprinzip* (*Produktregel*):**
Gibt es bei einem n-Tupel für die Besetzung der i-ten Stelle ($i \in \{1, 2, \ldots, n\}$) k_i Möglichkeiten, dann gibt es insgesamt $k_1 \cdot k_2 \cdot \ldots \cdot k_n$ verschiedene n-Tupel.

Beispiele:

- Tippmöglichkeiten beim Toto (11 Fußballspiele tippen: 0 = unentschieden, 1 = Heimsieg oder 2 = Auswärtssieg):
  Ω sei die Menge aller Tippmöglichkeiten beim Toto.
  $|\Omega| = 3^{11} = 177\,147$
- Tippmöglichkeiten bei der Dreierwette 3 aus 20 (Es sind die ersten drei Sieger beim Pferderennen zu tippen):
  Ω sei die Menge aller Tippmöglichkeiten der Dreierwette.
  $|\Omega| = 20 \cdot 19 \cdot 18 = 6\,840$

Im Folgenden geht es um die Anwendung des Zählprinzips auf die Auswahl von k Elementen aus n verschiedenen Elementen (***Stichprobe*** vom Umfang k). (↗ S. 217)
Dabei verwendet man Fakultäten und Binomialkoeffizienten.

Unter $n!$ (sprich: „n ***Fakultät***") versteht man das Produkt der ersten n natürlichen Zahlen. $n! := 1 \cdot 2 \cdot \ldots \cdot n,\ n \in \mathbb{N}\backslash\{1\}$.
Ferner definiert man $1! := 1$ und $0! := 1$.

Die Symbole $\binom{n}{k} := \dfrac{n!}{(n-k)! \cdot k!}$ für $n, k \in \mathbb{N}_0, k \leq n$ heißen ***Binomialkoeffizienten*** (↗ S. 212).

(Man spricht sie: „n über k" oder „k aus n".)
Fakultäten und Binomialkoeffizienten werden Tabellen entnommen oder mit dem Taschenrechner berechnet.

Variationen (***geordnete Stichproben***) vom Umfang k berücksichtigen die Reihenfolge der ausgewählten k Elemente. Sind Wiederholungen der Elemente zulässig, erhält man ***k-Tupel***, ohne Wiederholungen erhält man ***k-Permutationen***.

a) Anzahl der Variationen zu je k Elementen aus n verschiedenen Elementen mit Wiederholung der Elemente (Anzahl der k-Tupel): $V_{\text{mW}}(n;\, k) = n^{k};\ n, k \in \mathbb{N}$.

Beispiel: Anzahl der Einstellmöglichkeiten eines Zahlenschlosses eines Aktenkoffers (3 Einstellungen von je 0 bis 9):
$(n = 10, k = 3)\ \ V_{\text{mW}}(10;\, 3) = 10^3 = 1\,000.$

b) Anzahl der Variationen zu je k Elementen aus n verschiedenen Elementen ohne Wiederholung der Elemente (Anzahl der k-Permutationen):

$$V_{\mathrm{oW}}(n;k) = \frac{n!}{(n-k)!} = k! \cdot \binom{n}{k}; \quad \mathrm{n},\, k \in \mathbb{N},\, k \leq n.$$

Beispiel: Anzahl der dreistelligen Zahlen aus ungeraden, verschiedenen Ziffern: $(n = 5,\ k = 3)$

$$V_{\mathrm{oW}}(5;3) = \frac{5!}{(5-3)!} = \frac{5!}{2!} = 60.$$

Kombinationen (***ungeordnete Stichproben***) vom Umfang k berücksichtigen die Reihenfolge der ausgewählten k Elemente nicht. Sind Wiederholungen der Elemente nicht zulässig, erhält man ***k-Teilmengen***.

a) Anzahl der Kombinationen zu je k Elementen aus n verschiedenen Elementen mit Wiederholung der Elemente:

$$K_{\mathrm{mW}}(n;k) = \binom{n+k-1}{k} = \frac{(n+k-1)!}{k! \cdot (n-1)!}; \quad n,\ k \in \mathbb{N}.$$

Beispiel: In einem Sack befinden sich viele Bausteine in den vier Farben blau, gelb, rot und weiß. Fünf Steine werden gleichzeitig gezogen. Anzahl der möglichen Farbkombinationen: $(n = 4,\ k = 5)$ $K_{\mathrm{mW}}(4;\,5) = \binom{4+5-1}{5} = \binom{8}{5} = 56.$

b) Anzahl der Kombinationen zu je k Elementen aus n verschiedenen Elementen ohne Wiederholung der Elemente (Anzahl der k-Teilmengen):

$$K_{\mathrm{oW}}(n;k) = \binom{n}{k} = \frac{n!}{k! \cdot (n-k)!}; \quad n,\, k \in \mathbb{N},\, k \leq n.$$

Beispiel: Anzahl der Tippmöglichkeiten beim Lotto (6 aus 49): $(n = 49,\ k = 6)$

$$K_{\mathrm{oW}}(49;\,6) = \frac{49!}{6! \cdot (49-6)!} = \binom{49}{6} = 13\,983\,816.$$

Treten in einem k-Tupel teilweise ununterscheidbare Elemente auf, so folgt aus dem Zählprinzip: Besteht ein k-Tupel aus n verschiedenen Elementen, die jeweils k_1-, k_2-, $\ldots, k_n$-mal vorkommen $(k_1 + k_2 + \ldots + k_n = k)$, so gibt es $\frac{k!}{k_1! \cdot k_2! \cdot \ldots \cdot k_n!}$ verschiedene k-Tupel.

Beispiel: Anzahl der Möglichkeiten 5 blaue, 3 gelbe und 4 rote Glühlampen in einer Lichterkette (12-Tupel) anzuordnen:

$(n = 3,\ k = 12,\ k_1 = 5,\ k_2 = 3,\ k_3 = 4)\quad \frac{12!}{5! \cdot 3! \cdot 4!} = 27\,720.$

3.2 Rechenregeln für Wahrscheinlichkeiten

Aus den Axiomen von Kolmogorow (↗ S. 194) ergeben sich folgende Rechenregeln für Wahrscheinlichkeiten:

1. $A \subset \Omega \Rightarrow P(\bar{A}) = 1 - P(A)$; insbesondere $P(\{\,\}) = 0$
2. $A \subset B \subset \Omega \Rightarrow P(A) \leq P(B)$ (Monotoniegesetz)
3. $A \subset \Omega \Rightarrow 0 \leq P(A) \leq 1$; insbesondere: $0 \leq P(\{\omega_i\}) \leq 1$
4. $A, B \subset \Omega \Rightarrow P(A \cup B) = P(A) + P(B) - P(A \cap B)$ (***Additionssatz***)
5. $A_1, A_2, \ldots, A_k \subset \Omega$ paarweise disjunkt $\Rightarrow$
   $P(A_1 \cup A_2 \cup \ldots \cup A_k) = \sum_{i=1}^{k} P(A_i)$ (***Summenregel***)
6. Ist $A_1, A_2, \ldots, A_k$ eine Zerlegung von Ω (↗ S. 193) so gilt:
   $P(A_1) + P(A_2) + \ldots + P(A_k) = 1.$

Beispiele:

- Werfen eines Würfels:
  A = „Keine 6“, B = „gerade Augenzahl“
  $P(A) = 1 - P(\{6\}) = 1 - \frac{1}{6} = \frac{5}{6}$ (nach 1.)
  $P(B) = P(\{2\}) + P(\{4\}) + P(\{6\}) = \frac{1}{6} + \frac{1}{6} + \frac{1}{6} = \frac{1}{2}$ (nach 5.)
- Beim Roulett (↗ S. 193) setzt ein Spieler auf rot und pair.
  A = „ Rot gewinnt“, B = „Eine gerade Zahl gewinnt“.

Für die Wahrscheinlichkeit, dass er gewinnt, gilt (nach 4.):

$$P(A \cup B) = P(A) + P(B) - P(A \cap B) = \frac{18}{37} + \frac{18}{37} - \frac{8}{37} = \frac{28}{37}.$$

3.3 Wahrscheinlichkeiten mehrstufiger Zufallsexperimente

Beispiel:
Zweimaliges Ziehen aus einer Urne <u>ohne</u> Zurücklegen.
Aus einer Urne mit 8 Kugeln, die sich nur in der Farbe unterscheiden (1 blaue, 3 rote, 4 schwarze), werden nacheinander zwei Kugeln gezogen und die Farbe (b, r, s) wird notiert.

Baumdiagramm:

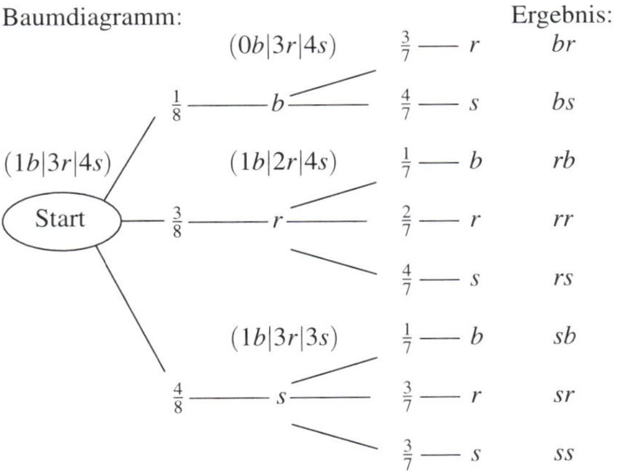

Im Baumdiagramm sind der jeweilige Urneninhalt und an den Ästen die Wahrscheinlichkeiten für das Ergebnis des jeweiligen Teilexperiments angegeben. Es gilt:

Die Summe der Wahrscheinlichkeiten auf den Ästen, die von einem Verzweigungspunkt ausgehen, ist immer 1.

Beispiel: Für den 1. Verzweigungspunkt im vorigen Beispiel gilt: $P(\{b\}) + P(\{r\}) + P(\{s\}) = \frac{1}{8} + \frac{3}{8} + \frac{4}{8} = 1.$

> ***1. Pfadregel*:**
> Die Wahrscheinlichkeit eines Elementarereignisses in einem mehrstufigen Zufallsexperiment ist gleich dem Produkt der Wahrscheinlichkeiten auf dem Pfad, der zu diesem Elementarereignis führt.

Beispiele:

- Für das beschriebene Urnenexperiment gilt:

  $P(\{br\}) = \frac{1}{8} \cdot \frac{3}{7} = \frac{3}{56}$; $P(\{rr\}) = \frac{3}{8} \cdot \frac{2}{7} = \frac{3}{28}$.

- Dreimaliges Werfen eines Würfels:

  P („Dreimal keine Sechs") $= \frac{5}{6} \cdot \frac{5}{6} \cdot \frac{5}{6} = \frac{125}{216} \approx 58\%$.

> ***2. Pfadregel*:**
> Die Wahrscheinlichkeit eines Ereignisses ist gleich der Summe der Wahrscheinlichkeiten der Pfade, die dieses Ereignis bilden.

Beispiel: Im beschriebenen Urnenexperiment gilt für das Ereignis A = „Zwei gleichfarbige Kugeln werden gezogen":

$$P(A) = P(\{rr\}) + P(\{ss\}) = \frac{3}{8} \cdot \frac{2}{7} + \frac{4}{8} \cdot \frac{3}{7} = \frac{3}{28} + \frac{3}{14} = \frac{9}{28}.$$

3.4 Berechnung von Laplace-Wahrscheinlichkeiten

Bei Laplace-Experimenten (↗ S. 194) gilt:

$$P(A) := \frac{\text{Anzahl der für } A \text{ günstigen Ergebnisse}}{\text{Anzahl aller möglichen Ergebnisse}} = \frac{|A|}{|\Omega|}.$$

$|A|$ und $|\Omega|$ werden mit kombinatorischen Hilfsmitteln bestimmt (↗ S. 195 f.).

Beispiele:

- A = „Genau fünf Richtige im Lotto"
  Die Lotto-Ergebnisse (ohne Zusatzzahl) sind Kombinationen von 6 Zahlen ohne Wiederholung aus den 49 Zahlen 1 bis 49.

  $$|\Omega| = K_{\mathrm{oW}}(49;6) = \binom{49}{6} = \frac{49!}{6!\cdot(49-6)!} = 13\,983\,816$$

  Es wurden fünf Zahlen der sechs gezogenen Zahlen getippt und eine Zahl aus den 43 nicht gezogenen Zahlen.

  $$|A| = \binom{6}{5}\cdot\binom{43}{1} = 6\cdot 43 = 258$$

  $$P(A) = \frac{|A|}{|\Omega|} = \frac{258}{13\,983\,816} \approx 0{,}0018\%$$

- B = „Ein bestimmter Spieler bekommt vier Asse bei einem Kartenspiel mit 32 Karten und vier Spielern"
  Es werden jeweils 8 Karten auf 4 Spieler verteilt.

  $$|\Omega| = \binom{32}{8}\cdot\binom{24}{8}\cdot\binom{16}{8}\cdot\binom{8}{8} = \frac{32!}{(8!)^4}$$

  Der bestimmte Spieler erhält die 4 Asse und 4 andere Karten.

  $$|B| = \binom{4}{4}\cdot\binom{28}{4}\cdot\binom{24}{8}\cdot\binom{16}{8}\cdot\binom{8}{8} = \frac{28!}{4!\cdot(8!)^3}$$

  $$P(B) = \frac{|B|}{|\Omega|} = \frac{28!\cdot(8!)^4}{4!\cdot(8!)^3\cdot 32!} = \frac{5\cdot 6\cdot 7\cdot 8}{29\cdot 30\cdot 31\cdot 32} \approx 0{,}195\%$$

3.5 Urnenmodelle

Viele Zufallsexperimente entsprechen dem Ziehen aus einer Urne mit oder ohne Zurücklegen, wenn die Wahrscheinlichkeiten des Zufallsexperiments durch die Anzahl der Kugeln gleicher Merkmale wiedergegeben werden. (***Urnenmodell***)

Eine Urne enthalte N gleichartige Kugeln, die je nach Problemstellung mit verschiedenen Merkmalen (Farbe, Nummer, usw.) versehen sind. Das Zufallsexperiment besteht darin, der

Reihe nach n Kugel zu ziehen und deren Merkmale zu notieren. Ziehen ohne Zurücklegen und Ziehen mit Zurücklegen der gezogenen Kugel sind zu unterscheiden.

- **Ziehen ohne Zurücklegen**: (↗ S. 190 und S. 214)

Beispiel: Eine Urne enthält 5 schwarze und 3 weiße gleichartige Kugeln. Es werden 6 Kugeln gezogen. Ω besteht aus allen 6-Teilmengen aus der Menge der acht Kugeln.

$$|\Omega| = K_{\mathrm{oW}}(8;6) = \binom{8}{6} = \frac{8!}{6! \cdot (8-6)!} = 28.$$

A = „Es werden 4 schwarze und zwei weiße Kugeln gezogen“

$$|A| = \binom{5}{4} \cdot \binom{3}{2} = 5 \cdot 3 = 15.$$

$$P(A) = \frac{|A|}{|\Omega|} = \frac{15}{28} \approx 53{,}6\%.$$

Verallgemeinerung:
Zieht man aus einer Urne, die N gleichartige Kugeln enthält (S schwarze und N–S weiße) n Kugeln ohne Zurücklegen, so gilt für die Anzahl X der gezogenen schwarzen Kugeln:

$$P(X = s) = \frac{\binom{S}{s} \cdot \binom{N-S}{n-s}}{\binom{N}{n}} \text{ für } 0 \leq s \leq n.$$ (↗ S. 213)

- **Ziehen mit Zurücklegen**: (↗ S. 189 und S. 210)

Beispiel: Eine Urne enthält 5 schwarze und 3 weiße gleichartige Kugeln. Es werden 6 Kugeln nacheinander gezogen. Jede gezogene Kugel wird nach dem Notieren der Farbe in die Urne zurückgelegt.
A = „Es werden 4 schwarze und zwei weiße Kugeln gezogen“. Bei jeder der 6 Ziehungen gilt:

P („Die gezogene Kugel ist schwarz") $= \frac{5}{8}$;

P („Die gezogene Kugel ist weiß") $= \frac{3}{8}$.

4 der 6 Ziehungen liefern eine schwarze Kugel. Also gilt:

$$P(A) = \binom{6}{4} \cdot \left(\frac{5}{8}\right)^4 \cdot \left(\frac{3}{8}\right)^2 \approx 32,2\%.$$

Verallgemeinerung:
Zieht man aus einer Urne, die N gleichartige Kugeln enthält, nämlich S schwarze und N-S weiße, n Kugeln nacheinander mit Zurücklegen, so gilt für die Anzahl X der gezogenen schwarzen Kugeln:

$$P(X = s) = \binom{n}{s} \cdot \left(\frac{S}{N}\right)^s \cdot \left(\frac{N-S}{N}\right)^{n-s} \quad \text{für } 0 \leq s \leq n.$$

Anwendungsbeispiel für das Urnenmodell:
Bei einer Losbude soll jedes 10. Los gewinnen. Ein Prüfer nimmt 10 Lose. Wie groß ist die Wahrscheinlichkeit dafür, dass mindestens ein Gewinnlos dabei ist?
Urnenmodell: 10 schwarze und 90 weiße Kugeln, 10 Kugeln werden ohne Zurücklegen gezogen. X ist die Anzahl der gezogenen schwarzen Kugeln (Gewinnlose).

$$P(X \geq 1) = 1 - P(X = 0) = 1 - \frac{\binom{10}{0} \cdot \binom{90}{10}}{\binom{100}{10}} =$$

$$1 - \frac{1 \cdot 90! \cdot 10! \cdot 90!}{10! \cdot 80! \cdot 100!} = 1 - \frac{90 \cdot 89 \cdot \ldots \cdot 82 \cdot 81}{100 \cdot 99 \cdot \ldots \cdot 92 \cdot 91} \approx 1 - 0{,}33 = 67\%$$

3.6 Bedingte Wahrscheinlichkeit

In einer Klasse sind 18 Jungen und 12 Mädchen. 9 Jungen und 3 Mädchen sind Auswärtige. Betrachte die Ereignisse A = „Schüler(in) ist auswärtig", B = „Schüler(in) ist Junge".

$h(A) = \frac{12}{30} = 0{,}4;\; h(B) = \frac{18}{30} = 0{,}6;\; h(A \cap B) = \frac{9}{30} = 0{,}3.$

Für die relative Häufigkeit der Jungen unter den Auswärtigen gilt: $h_A(B) = \frac{9}{12} = 0{,}75$. Dabei gilt: $h_A(B) = \frac{h(A \cap B)}{h(A)}$.

$h_A(B)$ heißt durch A ***bedingte relative Häufigkeit*** von B. Entsprechend definiert man:

Sind A und B Ereignisse aus einem Ereignisraum $\mathcal{P}(\Omega)$ und P eine Wahrscheinlichkeitsverteilung auf $\mathcal{P}(\Omega)$ mit $P(A) \neq 0$, dann heißt $P_A(B) = \frac{P(A \cap B)}{P(A)}$ durch A ***bedingte relative Wahrscheinlichkeit*** von B.

P_A ist auch eine Wahrscheinlichkeitsverteilung. (↗ S. 194)
Somit erhalten die ***Pfadregeln*** (↗ S. 200) folgende Form:

1. ***Allgemeiner Multiplikationssatz***: $P(A \cap B) = P(A) \cdot P_A(B)$
2. ***Satz von der totalen Wahrscheinlichkeit***:
   Ist $\{A_1, A_2, \ldots, A_k\}$ eine Zerlegung von Ω mit $P(A_i) \neq 0$ für alle i, so gilt für die Wahrscheinlichkeit eines Ereignisses B:
   $$P(B) = \sum_{i=1}^{n} P(A_i) \cdot P_{A_i}(B).$$

In Baumdiagrammen (↗ S. 199) werden also an den Ästen die bedingten Wahrscheinlichkeiten angetragen.

Beispiel (↗ S. 199): Zweimaliges Ziehen aus einer Urne ohne Zurücklegen.
Aus einer Urne mit 8 Kugeln, die sich nur in der Farbe unterscheiden (1 blaue, 3 rote, 4 schwarze), werden nacheinander zwei Kugeln gezogen und die Farbe (b, r, s) wird notiert.
A = „Blau beim 1. Ziehen“, B = „Rot beim 2. Ziehen“.
$P(A) = \frac{1}{8}; P_A(B) = \frac{3}{7}; P(A \cap B) = P(A) \cdot P_A(B) = \frac{1}{8} \cdot \frac{3}{7} = \frac{3}{56}.$
$P(B) = P(\{b\}) \cdot P_b(\{r\}) + P(\{r\}) \cdot P_r(\{r\}) + P(\{s\}) \cdot P_s(\{r\}) =$
$\frac{1}{8} \cdot \frac{3}{7} + \frac{3}{8} \cdot \frac{2}{7} + \frac{4}{2} \cdot \frac{3}{7} = \frac{3}{56} + \frac{6}{56} + \frac{12}{56} = \frac{3}{8}$

Weitere Berechnungsformeln:

Sind A und B Ereignisse mit $P(A) \neq 0, P(\bar{A}) \neq 0$ und $P(B) \neq 0$, so gilt:

1. $P_B(A) = \frac{P(A)}{P(B)} \cdot P_A(B)$;
2. $P_B(A) = \frac{P(A)}{P(A) \cdot P_A(B) + P(\overline{A}) \cdot P_{\overline{A}}(B)} \cdot P_A(B)$.

Ist $\{A_1, A_2, \ldots, A_k\}$ eine Zerlegung von Ω mit $P(A_i) \neq 0$ für alle i und B ein Ereignis mit $P(B) \neq 0$, so gilt für jedes A_i:

$$P_B(A_i) = \frac{P(A_i) \cdot P_{A_i}(B)}{\sum_{i=1}^{n} P(A_i) \cdot P_{A_i}(B)}.$$ (***Satz von Bayes***)

3.7 Unabhängigkeit

Zwei Ereignisse A und B heißen ***unabhängig***, wenn gilt:
$P(A \cap B) = P(A) \cdot P(B)$. (***Spezieller Multiplikationssatz***)
Andernfalls heißen A und B ***abhängig***.

Sind die Ereignisse A und B unabhängig, so sind auch die folgenden Ereignisse unabhängig: A und $\overline{B}$, $\overline{A}$ und B, $\overline{A}$ und $\overline{B}$.
Für zwei Ereignisse A und B mit $P(A), P(B) > 0$ gilt:
A und B unabhängig $\Rightarrow$ A und B vereinbar;
A und B unvereinbar $\Rightarrow$ A und B abhängig

Beispiele:

- Zweimaliges Werfen eines Würfels. $|\Omega| = 36$.
  A = „Gerade Augensumme", B = „1. Augenzahl gerade".
  $P(A) = 0{,}5$; $P(B) = 0{,}5$; $P(A \cap B) = 0{,}25 = P(A) \cdot P(B)$.
  A und B sind also unabhängig.
- Dreimaliges Werfen einer Münze. $|\Omega| = 8$. (↗ S. 191)
  A = „Mindestens einmal Kopf", B = „Höchstens einmal Zahl".
  $P(A) = \frac{7}{8}$; $P(B) = \frac{1}{2}$; $P(A \cap B) = \frac{4}{8} \neq P(A) \cdot P(B)$.
  A und B sind also abhängig.

4 Zufallsgrößen

4.1 Grundbegriffe

Die Grundbegriffe werden an einem Beispiel eingeführt.

Beispiel: Ein Spieler wählt eine der Ziffern 1 bis 6 (z. B. 1) und wirft dann 3 Würfel. Für jeden Würfel, der seine gewählte Zahl zeigt, erhält er 1 Euro als Gewinn, fällt die gewählte Zahl nicht, verliert er 1 Euro.
Den Spieler interessieren nicht so sehr die Versuchsausgänge selbst, als vielmehr die zugeordneten Gewinne und deren Wahrscheinlichkeiten.

Ausgang	Keine 1	Einmal 1	Zweimal 1	Dreimal 1
Gewinn/Verlust in Euro	–1	1	2	3
Wahrscheinlichkeit	$\frac{125}{216}$	$\frac{75}{216}$	$\frac{15}{216}$	$\frac{1}{216}$

Eine Abbildung $X\colon \Omega \to \mathbb{R}$, die jedem Ergebnis eine reelle Zahl zuordnet, heißt ***Zufallsgröße*** oder ***Zufallsvariable***.

Ist auf dem Ergebnisraum Ω mit der Wahrscheinlichkeitsverteilung P eine Zufallsgröße X definiert, die die Werte $x_1, \ldots, x_n$ annimmt, so schreibt man für die Ereignisse $\{\omega \mid X(\omega) = x_i\}$ kurz: $X = x_i$. Die Abbildung $W\colon x_i \mapsto P(X = x_i)$ heißt dann ***Wahrscheinlichkeitsverteilung*** (***Wahrscheinlichkeitsfunktion***) der Zufallsgröße X.
Die Wahrscheinlichkeitsverteilung einer Zufallsgröße X wird oft als Stabdiagramm oder Histogramm dargestellt (↗ S. 207).
Die Abbildung $F\colon x \mapsto P(X \leq x)$ mit $x \in \mathbb{R}$ heißt ***Verteilungsfunktion*** der Zufallsgröße X (↗ S. 207).

Beispiel: Eine Münze wird dreimal geworfen (↗ S. 191).
Die Zufallsgröße X gibt an, wie oft die Zahl fällt.

$P(X = 0) = \frac{1}{8};\ P(X = 1) = \frac{3}{8};\ P(X = 2) = \frac{3}{8};\ P(X = 3) = \frac{1}{8}.$

x	$]-\infty; 0[$	$[0; 1[$	$[1; 2[$	$[2; 3[$	$]3; \infty[$
$F(x) = P(X \leq x)$	0	$\frac{1}{8}$	$\frac{4}{8}$	$\frac{7}{8}$	1

Graphische Darstellung:

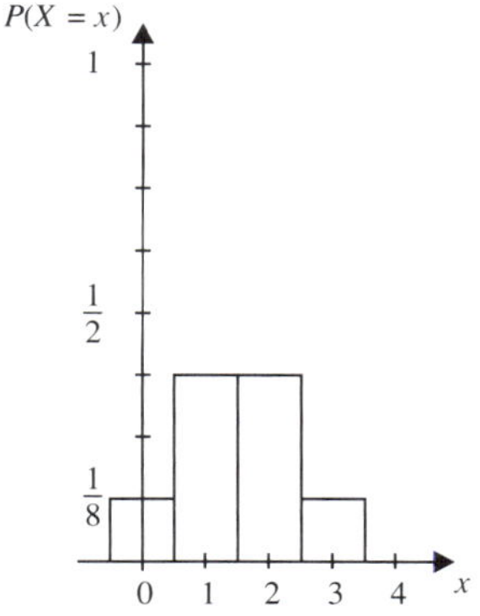

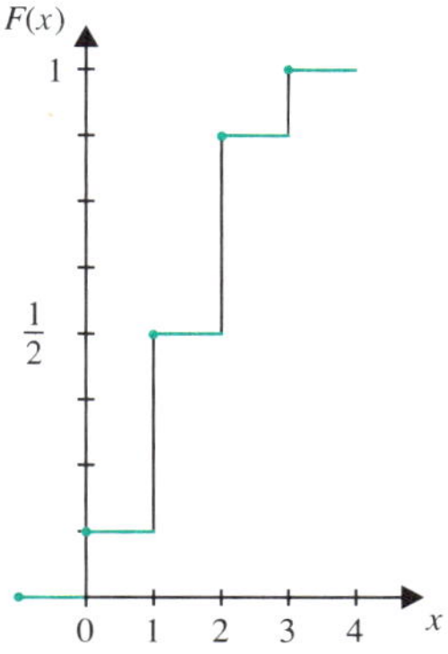

Eigenschaften der Verteilungsfunktion F:
1. $F(x) = \sum_{x_i \leq x} P(X = x_i)$, mit $x \in \mathbb{R}$ und x_i Werte von X
2. $P(X > a) = 1 - F(a)$, mit $a \in \mathbb{R}$
3. $P(a < X \leq b) = F(b) - F(a)$, mit $a, b \in \mathbb{R}$

Zwei Zufallsgrößen X und Y, die die Werte $x_1, \ldots, x_n$ bzw. $y_1, \ldots, y_n$ annehmen, heißen ***unabhängig***, wenn für alle Paare $(x_i;\ y_j)$ gilt: $P(X = x_i \wedge Y = y_j) = P(X = x_i) \cdot P(Y = y_j)$.

4.2 Erwartungswert, Varianz, Standardabweichung

Ist X eine Zufallsgröße, die die Werte $x_1, \ldots, x_n$ annimmt, so heißt die reelle Zahl $E(X) = \sum_{i=1}^{n} x_i \cdot P(X = x_i)$ ***Erwartungswert*** der Zufallsgröße X (↗ S. 218).
Statt $E(X)$ schreibt man oft μ.

Beispiele:

- Werfen eines Würfels. X sei die Augenzahl.

  $$\mu = E(X) = 1 \cdot \frac{1}{6} + 2 \cdot \frac{1}{6} + 3 \cdot \frac{1}{6} + 4 \cdot \frac{1}{6} + 5 \cdot \frac{1}{6} + 6 \cdot \frac{1}{6} = 3{,}5$$

- Dreimaliges Werfen einer Münze (↗ S. 191).
  X sei die Zahl der Münzen, die Zahl zeigen.

  $$\mu = E(X) = 0 \cdot \frac{1}{8} + 1 \cdot \frac{3}{8} + 2 \cdot \frac{3}{8} + 3 \cdot \frac{1}{8} = 1{,}5$$

Ist X eine Zufallsgröße, die die Werte $x_1, \ldots, x_n$ annimmt, und $\mu = E(X)$, dann heißt die reelle Zahl

$$\mathrm{Var}(X) = E((X-\mu)^2) = \sum_{i=1}^{n} (x_i - \mu)^2 \cdot P(X = x_i)$$

Varianz von X oder ***mittlere quadratische Abweichung***.
$\sigma(X) = \sqrt{\mathrm{Var}(X)}$ heißt ***Standardabweichung*** von X
(↗ S. 187 f.).

Beispiele:

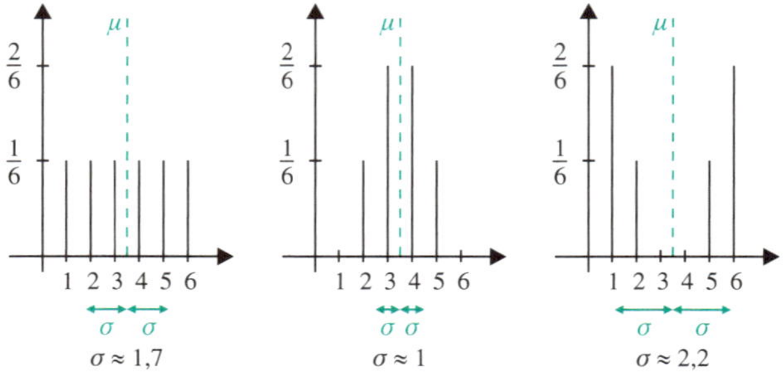

Sätze über Erwartungswert und Varianz:

> X, Y sind Zufallsgrößen, $a \in \mathbb{R}$
> $X = a = \text{konstant} \Rightarrow E(X) = a, \mathrm{Var}(X) = 0$
> $E(X + Y) = E(X) + E(Y)$
> $E(X + a) = E(X) + a, \mathrm{Var}(X + a) = \mathrm{Var}(X)$

$E(a \cdot X) = a \cdot E(X), \mathrm{Var}(a \cdot X) = a^2 \cdot \mathrm{Var}(X)$
X, Y unabhängig $\Rightarrow E(X \cdot Y) = E(X) \cdot E(Y),$
$\mathrm{Var}(X + Y) = \mathrm{Var}(X) + \mathrm{Var}(Y)$

Eine Zufallsgröße mit Erwartungswert 0 und Varianz 1 heißt ***normiert*** oder ***standardisiert***. Die zu X gehörige standardisierte Zufallsgröße ist $Y = \dfrac{X - E(X)}{\sigma(X)}$.

4.3 Ungleichungen von Tschebyschew

Ist X eine Zufallsgröße mit der Wahrscheinlichkeitsverteilung P, so gelten für alle $a \in \mathbb{R}^+$ die Abschätzungen:

$$P(|X - E(X)| > a) < \frac{\sigma^2(X)}{a^2}; \quad P(|X - E(X)| < a) \geq 1 - \frac{\sigma^2(X)}{a^2};$$

$$P(|X - E(X)| \geq a) \leq \frac{\sigma^2(X)}{a^2}; \quad P(|X - E(X)| \leq a) > 1 - \frac{\sigma^2(X)}{a^2}.$$

(***Ungleichungen von Tschebyschew***)
Man erhält nur für $a > \sigma(X)$ vernünftige Abschätzungen.

Beispiel: X ist die Abmessung eines Lineals in mm. Es gilt $E(X) = 100$ und $\sigma(X) = 0{,}2$. Die Wahrscheinlichkeit, mit der X um mehr als $a = 0{,}4$ von 100 abweicht, lässt sich mit der Ungleichung von Tschebyschew abschätzen.

$$P(|X - 100| > 0{,}4) < \frac{0{,}2^2}{0{,}4^2} = 25\%$$

5 Wahrscheinlichkeitsverteilungen

In diesem Kapitel werden die Binomialverteilung, die hypergeometrische Verteilung und die Poissonverteilung als Beispiele diskreter Verteilungen und die Normalverteilung als Beispiel einer stetigen Verteilung behandelt.

5.1 Bernoulli-Kette

Ein Zufallsexperiment mit genau zwei Ergebnissen, Treffer (1) oder Niete (0), heißt ***Bernoulli-Experiment***.
$\Omega = \{0, 1\}$, $P(\{1\}) = p$ heißt ***Trefferwahrscheinlichkeit*** oder ***Parameter*** des Bernoulli-Experimentes, $P(\{0\}) = q = 1 - p$.

Beispiele:

Experiment	Treffer	Niete
Werfen einer Münze	Kopf	Zahl
Werfen eines Würfels	Sechs	Nicht Sechs
Ziehen einer Kugel aus einer Urne	Schwarz	Weiß
Qualitätsprüfung	Gut	Schlecht

Eine Folge von n unabhängigen Bernoulli-Experimenten mit jeweils gleicher Trefferwahrscheinlichkeit p heißt ***Bernoulli-Kette*** der Länge n.
Der Ergebnisraum Ω einer Bernoulli-Kette ist die Menge aller n-Tupel aus der Menge $\{0, 1\}$. $\Omega = \{0, 1\}^n$, $|\Omega| = 2^n$.

Beispiele:

- Dreimaliges Werfen einer Münze (↗ S. 191) mit Treffer „Kopf" und Niete „Zahl". $|\Omega| = 2^3 = 8$, $p = 0{,}5$.
- Sechsmaliges Ziehen aus einer Urne mit Zurücklegen, die 5 schwarze und drei weiße Kugeln enthält (↗ S. 202).

  Treffer „schwarz" und Niete „weiß". $|\Omega| = 2^6 = 64$, $p = \frac{5}{8}$.

  Eine Bernoulli-Kette kann im Urnenmodell (↗ S. 201) dargestellt werden, wenn das Verhältnis von schwarzen zu weißen Kugeln so ist, dass das Ziehen mit Zurücklegen bei einer schwarzen Kugel mit Wahrscheinlichkeit p erfolgt.

Liefert die Zufallsgröße X die Anzahl der Treffer bei einer Bernoulli-Kette der Länge n mit Trefferwahrscheinlichkeit p, so gilt für die Wahrscheinlichkeit genau k Treffer zu

erzielen:
$P(X = k) = \binom{n}{k} \cdot p^{\mathrm{k}} \cdot (1-p)^{\mathrm{n-k}} =: B_{\mathrm{n;p}}(k)$ mit $0 \leq k \leq n$.

(***Formel von Bernoulli***) (↗ Binomialkoeffizient S. 196)

Die Werte für $B_{\mathrm{n;p}}(k)$ und die Werte der Summenwahrscheinlichkeiten $\sum\limits_{k=0}^{x} B_{\mathrm{n;p}}(k)$ findet man für verschiedene Werte von n und p in Tabellen.

Mit $q = 1 - p$ gilt nach dem ***binomischen Lehrsatz***:

$$\sum_{k=0}^{n} B_{n;p}(k) = \sum_{k=0}^{n} \binom{n}{k} \cdot p^k \cdot q^{n-k} = (p+q)^n = 1.$$

Beispiele für Standardaufgaben zu Bernoulli-Ketten:

Fünfmaliges Werfen eines Würfels: $\left(n = 5,\ p = \frac{1}{6}\right)$;
X sei die Anzahl der Treffer (Sechser).

- „Genau einmal 6“:
  $P(X = 1) = B_{5;\frac{1}{6}}(1) = \binom{5}{1} \cdot \left(\frac{1}{6}\right)^1 \cdot \left(\frac{5}{6}\right)^4 \approx 40\%.$
- „Mindestens zweimal 6“:
  $P(X \geq 2) = 1 - P(X \leq 1) = 1 - \sum\limits_{k=0}^{1} B_{5;\frac{1}{6}}(k) \approx 1 - 0{,}80 = 20\%.$
- „Mindestens zweimal und höchstens viermal 6“:
  $P(2 \leq X \leq 4) = P(X \leq 4) - P(X \leq 1) =$
  $\sum\limits_{k=0}^{4} B_{5;\frac{1}{6}}(k) - \sum\limits_{k=0}^{1} B_{5;\frac{1}{6}}(k) \approx 0{,}99987 - 0{,}80376 \approx 19{,}6\%.$

Der folgende Aufgabentyp heißt ***Drei-Mindestens-Aufgabe***.

- Wie oft muss ein Würfel **mindestens** geworfen werden, damit die Wahrscheinlichkeit, dass **mindestens** einmal eine Sechs fällt, **mindestens** 95% ist?
  Es liegt eine Bernoulli-Kette der Länge n mit $p = \frac{1}{6}$ vor.

  P („Bei n Würfen mindestens einmal 6“) $\geq 95\% \Leftrightarrow$
  $1 - P$ („Bei n Würfen keine 6“) $\geq 0{,}95 \Leftrightarrow$
  P („Bei n Würfen keine 6“) $\leq 0{,}05$

$$\Leftrightarrow (1-p)^n \leq 0{,}05 \Leftrightarrow \left(\frac{5}{6}\right)^n \leq 0{,}05 \Leftrightarrow \lg\left(\frac{5}{6}\right)^n \leq \lg 0{,}05$$

$$\Leftrightarrow n \cdot \lg\left(\frac{5}{6}\right) \leq \lg 0{,}05 \quad \Leftrightarrow n \geq \frac{\lg 0{,}05}{\lg\left(\frac{5}{6}\right)} \Leftrightarrow n \geq 16{,}4\ldots$$

$\Rightarrow n_{\min} = 17$. Man muss mindestens 17-mal werfen.

5.2 Binomialverteilung

Eine Zufallsgröße X mit der Wahrscheinlichkeitsverteilung

$$B_{n;p}\colon k \mapsto P(X=k) = B_{n;p}(k) = \binom{n}{k} \cdot p^k \cdot (1-p)^{n-k}$$

mit $n \in \mathbb{N}$, $p \in [0;\,1]$ und $k \in \{0;\,1;\,\ldots;\,n\}$ heißt ***binomialverteilt*** nach $B_{n;p}$. $B_{n;p}$ heißt ***Binomialverteilung*** (mit den Parametern n und p). (↗ Binomialkoeffizient S. 196)

Ist eine Zufallsgröße X binomialverteilt nach $B_{n;p}$, so gilt:
$E(X) = \mu = n \cdot p$; $\mathrm{Var}(X) = \sigma^2 = n \cdot p \cdot q$; $\sigma = \sqrt{n \cdot p \cdot q}$ und
$F\colon x \mapsto P(X \leq x) = \sum_{k=0}^{x} B_{n;p}(k)$ mit $x \in \mathbb{R}$ (↗ S. 206–208).

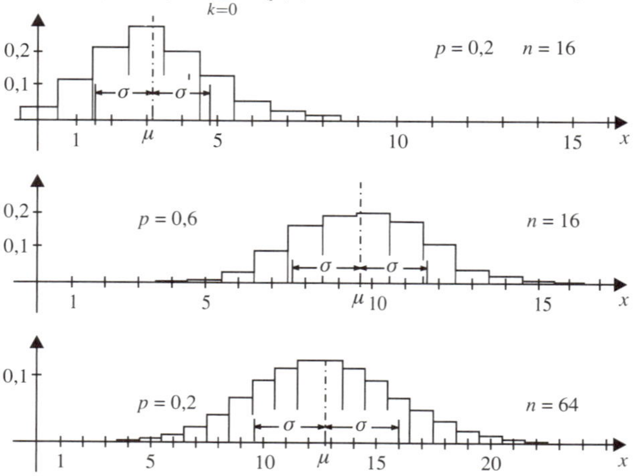

Für den Erwartungswert und die Varianz der relativen Häufigkeit $\frac{X}{n}$ für Treffer bei n Versuchen folgt (↗ S. 209):

$$E\left(\frac{X}{n}\right) = \frac{1}{n} \cdot E(X) = \frac{1}{n} \cdot n \cdot p = p \text{ und}$$

$$\mathrm{Var}\left(\frac{X}{n}\right) = \frac{1}{n^2} \cdot Var(X) = \frac{1}{n^2} \cdot n \cdot p \cdot q = \frac{p \cdot q}{n}.$$

Somit gilt für alle $\varepsilon \in \mathbb{R}^+$ (↗ S. 209):

$$P\left(\left|\frac{X}{n} - p\right| > \varepsilon\right) < \frac{p \cdot q}{n \cdot \varepsilon^2}; \quad P\left(\left|\frac{X}{n} - p\right| < \varepsilon\right) \geq 1 - \frac{p \cdot q}{n \cdot \varepsilon^2};$$

$$P\left(\left|\frac{X}{n} - p\right| \geq \varepsilon\right) \leq \frac{p \cdot q}{n \cdot \varepsilon^2}; \quad P\left(\left|\frac{X}{n} - p\right| \leq \varepsilon\right) > 1 - \frac{p \cdot q}{n \cdot \varepsilon^2}.$$

(***Ungleichungen von Tschebyschew*** für Bernoulli-Ketten)

Ist p unbekannt, verwendet man die Abschätzung $p \cdot q \leq \frac{1}{4}$.

Gesetz der großen Zahlen: Ist $h_n(A)$ die relative Häufigkeit eines Ereignisses A mit der Wahrscheinlichkeit $P(A) = p$ in einer Bernoulli-Kette der Länge n, so gilt für jedes $\varepsilon \in \mathbb{R}^+$: $\lim\limits_{n \to \infty} P(|h_n(A) - p| < \varepsilon) = 1$.

5.3 Hypergeometrische Verteilung

Eine Zufallsgröße X mit der Wahrscheinlichkeitsverteilung

$$H_{N;K;n}\colon k \mapsto P(X = k) = H_{N;K;n}(k) = \frac{\binom{K}{k} \cdot \binom{N-K}{n-k}}{\binom{N}{n}} \text{ mit}$$

$n \in \mathbb{N}$ und $k \in \{0; 1; \ldots; n\}$ heißt ***hypergeometrisch*** nach $H_{N;K;n}$ verteilt. $H_{N;K;n;}$ heißt ***hypergeometrische Verteilung*** (mit den Parametern N, K und n).

Dabei ist n der Umfang einer Stichprobe aus einer Menge mit N Elementen, von denen K eine bestimmte Eigenschaft haben, und k die Anzahl der Elemente mit dieser Eigenschaft in der Stichprobe (↗ Ziehen ohne Zurücklegen S. 202).

Für $n \ll \min(N, K, N-K)$ gilt: $H_{\mathrm{N;K;n}} \approx B_{\mathrm{n;p}}$ mit $p = \frac{K}{N}$.

5.4 Poissonverteilung

Eine Zufallsgröße X mit der Wahrscheinlichkeitsverteilung

$$P_\mu\colon k \mapsto P(X=k) = P_\mu(k) = \frac{\mu^k}{k!} \cdot e^{-\mu} \text{ mit } k \in \mathbb{N}_0 \text{ und } \mu \in \mathbb{R}^+$$

heißt ***poissonverteilt*** nach P_μ. P_μ heißt ***Poisson-Verteilung***.

Für eine P_μ-verteilte Zufallsgröße X gilt: $E(X) = \mu$ und $\mathrm{Var}(X) = \mu$.

Für großes n und kleines p („seltene Ereignisse") gilt:

$B_{\mathrm{n;p}}(k) \approx P_\mu(k) \approx \frac{\mu^k}{k!} \cdot e^{-\mu}$ mit $\mu = n \cdot p$. (***Poisson-Näherung*** für die Binomialverteilung)

5.5 Normalverteilung

Die Funktion $\varphi\colon x \mapsto \frac{1}{\sqrt{2\pi}} \cdot e^{-\frac{1}{2} \cdot x^2}$, $x \in \mathbb{R}$, heißt ***Gauß-Funktion***, ihr glockenförmiger Graph heißt ***Gauß-Kurve***.

Die Funktion $\Phi\colon x \mapsto \int_{-\infty}^{x} \varphi(t)\,dt = \frac{1}{\sqrt{2\pi}} \cdot \int_{-\infty}^{x} e^{-\frac{1}{2} \cdot t^2}\,dt$, $x \in \mathbb{R}$,

heißt ***Gaußsche Integralfunktion***. (↗ S. 107)

Die Werte der Funktionen φ und Φ findet man für verschiedene Werte von x in Tabellen.
Es gilt für alle $x \in \mathbb{R}$:
$\varphi(-x) = \varphi(x)$;
$\Phi(-x) = 1 - \Phi(x)$.

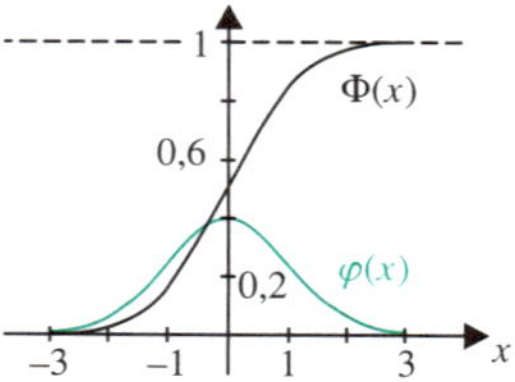

Eine stetige Zufallsgröße X mit dem Erwartungswert μ und der Varianz σ^2 heißt ***normalverteilt*** nach $N_{\mu;\sigma}$, wenn

$$N_{\mu;\sigma}\colon x \mapsto N_{\mu;\sigma}(x) = P(X \leq x) = \Phi\left(\frac{x-\mu}{\sigma}\right) \text{ für alle } x \in \mathbb{R}.$$

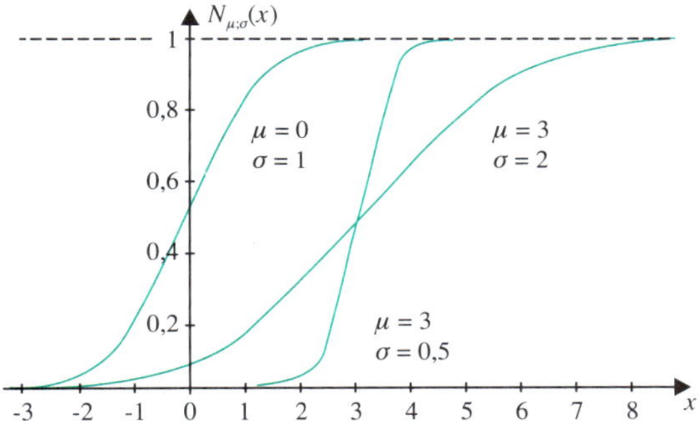

Für die Binomialverteilung $B_{n;p}$ gilt:

$$B_{n;p}(k) \approx \frac{1}{\sigma} \cdot \varphi\left(\frac{k-\mu}{\sigma}\right) = \frac{1}{\sigma \cdot \sqrt{2\pi}} \cdot e^{-\frac{1}{2}\cdot\left(\frac{k-\mu}{\sigma}\right)^2}$$

mit $\mu = n \cdot p$ und $\sigma = \sqrt{n \cdot p \cdot q}$.
(***Lokale Näherungsformel von De Moivre-Laplace***)
Für $\sigma^2 = n \cdot p \cdot q > 9$ erhält man brauchbare Werte.

Beispiel: $n = 100$, $p = 0{,}5$, $k = 60$. $\sigma^2 = n \cdot p \cdot q = 25 > 9$; $\mu = n \cdot p = 50$ und $\sigma = \sqrt{n \cdot p \cdot q} = \sqrt{25} = 5$.

$$B(100;\, 0{,}5;\, 60) \approx \frac{1}{5} \cdot \varphi\left(\frac{60-50}{5}\right) = \frac{1}{5 \cdot \sqrt{2\pi}} \cdot e^{-\frac{1}{2}\cdot\left(\frac{60-50}{5}\right)^2}$$

$\approx 0{,}01080$. Der Tabellenwert: $B(100;\, 0{,}5;\, 60) = 0{,}01084$

Für eine $B_{n;p}$-verteilte Zufallsgröße X gilt für großes n:

$$P(X \leq k) = \sum_{i=0}^{k} B_{n;p}(i) \approx \int_{-\infty}^{x} \varphi(t)dt = \Phi(x),\ x = \frac{k + 0{,}5 - n \cdot p}{\sqrt{n \cdot p \cdot q}}.$$

$$P(k_1 \leq X \leq k_2) = \sum_{k=k_1}^{k_2} B_{n;p}(k) \approx \int_{x_1}^{x_2} \varphi(t)dt = \Phi(x_2) - \Phi(x_1),$$

wobei $x_1 = \dfrac{k_1 - 0{,}5 - n \cdot p}{\sqrt{n \cdot p \cdot q}}$; $\quad x_2 = \dfrac{k_2 + 0{,}5 - n \cdot p}{\sqrt{n \cdot p \cdot q}}$.

(***Globale Näherungsformel von De Moivre-Laplace***)
Bei sehr großem n kann bei x_1 bzw. x_2 auf –0,5 bzw. +0,5 im Zähler verzichtet werden.

Beispiel: $n = 1\,000$, $p = 0{,}88$, $k_1 = 860$, $k_2 = 900$.
$\mu = n \cdot p = 880$ und $\sigma = \sqrt{n \cdot p \cdot q} = \sqrt{105{,}6} \approx 10,28$.

$$x_1 = \frac{860 - 0{,}5 - 880}{\sqrt{105{,}6}} \approx -1{,}99; \quad x_2 = \frac{900 + 0{,}5 - 880}{\sqrt{105{,}6}} \approx 1{,}99.$$

$$\sum_{k=860}^{900} B_{1\,000;\,0{,}98}(k) \approx \Phi(1{,}99) - \Phi(-1{,}99) = 2 \cdot \Phi(1{,}99) - 1 =$$

$2 \cdot 0{,}97670 - 1 \approx 95\%$

Eine binomialverteilte Zufallsgröße ist für großes n näherungsweise normalverteilt.

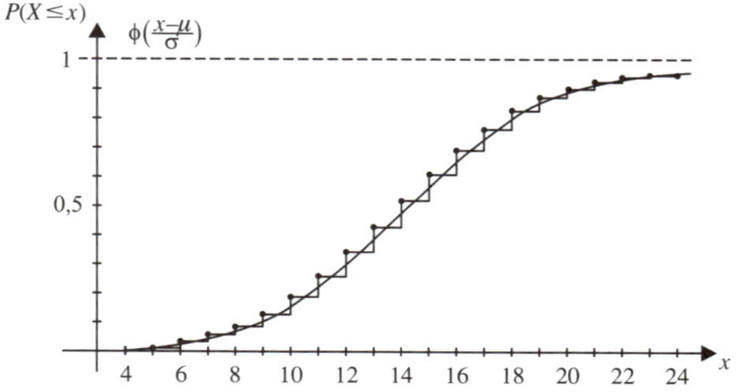

Zentraler Grenzwertsatz: Ist eine Zufallsvariable X Summe von n unabhängigen Zufallsvariablen $X_1, X_2, \ldots, X_n$, mit

Erwartungswerten μ_i und Varianzen $\mathrm{Var}(X_i)$, so gilt für hinreichend große Werte von n:

X ist annähernd normalverteilt, d. h. $P(X \leq x) \approx \Phi\left(\frac{x-\mu}{\sigma}\right)$,

wobei $\mu = E(X) = \sum_{i=1}^{n} \mu_i$ und $\sigma^2 = \mathrm{Var}(X) = \sum_{i=1}^{n} \mathrm{Var}(X_i)$.

6 Beurteilende Statistik

In der beurteilenden Statistik wird von einer gegebenen Stichprobe auf die zugrundeliegende Grundgesamtheit geschlossen (↗ S. 183). Die Grundgesamtheit wird theoretisch durch die Wahrscheinlichkeitsverteilung einer Zufallsgröße X beschrieben, die eine Merkmalsausprägung dieser Grundgesamtheit wiedergibt.

Unter einer ***Stichprobe*** vom Umfang n aus der zu X gehörigen Grundgesamtheit versteht man jedes Wertetupel $(x_1, x_2, \ldots, x_n)$ von n unabhängigen Zufallsgrößen $X_1, X_2, \ldots, X_n$, die alle die gleiche Wahrscheinlichkeitsverteilung wie die Zufallsgröße haben (↗ S. 206). Die Zufallsgrößen $X_1, X_2, \ldots, X_n$ nennt man ***Stichprobenvariable*** zu X.

Wir betrachten im Folgenden Schätzprobleme und das Testen von Hypothesen.

6.1 Parameterschätzung

Bei der Parameterschätzung werden Schätzwerte für die unbekannten Parameter (Erwartungswert μ und Varianz σ^2) der Verteilungsfunktion einer Zufallsgröße X aus einer Stichprobe (mit $\bar{x}$ und $\bar{s}^2$) gewonnen. Eine Abbildung, die jeder Stichprobe vom Umfang n aus einer Grundgesamtheit einen Schätzwert für einen bestimmten Parameter der Grundgesamtheit zuordnet, heißt ***Schätzfunktion*** für diesen Parameter.

Eine Schätzfunktion Z für den unbekannten Parameter ϑ der Grundgesamtheit heißt

- ***erwartungstreu***, falls $E(Z) = \vartheta$, und
- ***konsistent***, falls $\lim\limits_{n \to \infty} P(|Z - \vartheta| \geq \varepsilon) = 0$ für $\varepsilon \in \mathbb{R}^+$.

Schätzen eines unbekannten Erwartungswertes μ
Sind die Zufallsgrößen $X_1, X_2, \ldots, X_n$ Stichprobenvariable zu X, so gilt: $E(X_1) = E(X_2) \ldots = E(X_n) = E(X) = \mu$ und $\sigma^2(X_1) = \sigma^2(X_2) = \ldots = \sigma^2(X_n) = \sigma^2(X) = \sigma^2$.

Also hat das ***Stichprobenmittel*** $\bar{X} = \frac{1}{n}(X_1 + \ldots + X_n)$ den Erwartungswert $E(\bar{X}) = \mu$ und die Varianz $\sigma^2(\bar{X}) = \frac{1}{n} \cdot \sigma^2$.

Für $\bar{X}$ gilt die Ungleichung von Tschebyschew (↗ S. 209):

$$P(|\bar{X} - E(\bar{X})| > a) < \frac{\sigma^2(\bar{X})}{a^2} \Leftrightarrow P(|\bar{X} - \mu| > a) < \frac{\sigma^2}{n \cdot a^2},\ a > 0.$$

Die Wahrscheinlichkeit, dass das Stichprobenmittel $\bar{X}$ Werte annimmt, die um mehr als eine vorgegebene, positive Zahl a von μ abweichen, geht also mit wachsendem n gegen Null. Deshalb eignet sich in einer Stichprobe vom Umfang n der Mittelwert (↗ S. 187) $\bar{x} = \frac{1}{n}\sum_{i=1}^{n} x_i = \frac{1}{n}(x_1 + \ldots + x_n)$ als Schätzwert für μ. Das Stichprobenmittel $\bar{X}$ ist eine erwartungstreue und konsistente Schätzfunktion für den Erwartungswert μ der Grundgesamtheit.

Beispiel: X sei eine normalverteilte, standardisierte Zufallsgröße ($\mu = 0$ $\sigma = 1$) und $n = 4$.
Dann gilt für $\bar{X}$:
$E(\bar{X}) = \mu = 0$,
$\sigma^2(\bar{X}) = \frac{1}{4}\sigma^2 = 0{,}25$,
$\sigma(\bar{X}) = \frac{1}{2}\sigma = 0{,}5$.
(Das Stichprobenmittel $\bar{X}$ streut also weniger als X.)

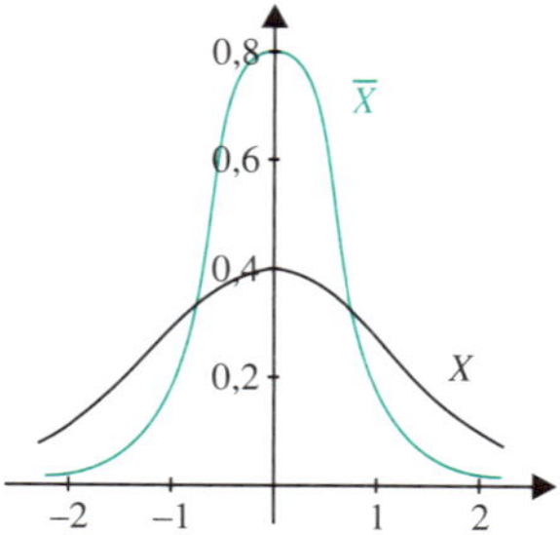

Schätzen einer unbekannten Varianz σ^2
Als Schätzwert für die Varianz σ^2 einer Zufallsgröße X nimmt man aus einer Stichprobe vom Umfang n den Wert

$$s^2 = \frac{1}{n-1} \cdot \sum_{i=1}^{n} (x_i - \bar{x})^2.$$

(**Beachte:** $\frac{1}{n-1}$ statt $\frac{1}{n}$; ↗ S. 187)

Die ***Stichprobenvarianz*** $S^2 = \frac{1}{n-1} \cdot \sum_{i=1}^{n} (X_i - \bar{X})^2$ ist eine erwartungstreue und konsistente Schätzfunktion für die Varianz σ^2 der Grundgesamtheit.

Beispiel: Bei 10 Bremstests erhält man folgende Bremswege in *m*: 45,3; 46,6; 48,1; 44,9; 45,6; 47,7; 46,8; 47,2; 45,3; 46,5.

$$\mu \approx \bar{x} = \frac{1}{10} \cdot (45{,}3 + 46{,}6 + 48{,}1 + 44{,}9 + 45{,}6 + 47{,}7 + 46{,}8 + 47{,}2 + 45{,}3 + 46{,}5) = 46{,}4$$

$$\sigma^2 \approx s^2 = \frac{1}{9} \cdot [(45{,}3 - 46{,}4)^2 + (46{,}6 - 46{,}4)^2 + (48{,}1 - 46{,}4)^2 + (44{,}9 - 46{,}4)^2 + (45{,}6 - 46{,}4)^2 + (47{,}7 - 46{,}4)^2 + (46{,}8 - 46{,}4)^2 + (47{,}2 - 46{,}4)^2 + (45{,}3 - 46{,}4)^2 + (46{,}5 - 46{,}4)^2] \approx 1{,}2$$

6.2 Alternativtest

Beim Testen hat man Vermutungen (***Hypothesen***) über die Grundgesamtheit und schließt auf Grund der gewonnenen Daten aus einer statistischen Erhebung unter Verwendung einer Entscheidungsregel, welche Hypothesen man verwirft.

Beispiel: Eine Firma fertigt an zwei Maschinen. Bei der ersten Maschine halten erfahrungsgemäß 10% der produzierten Stücke die geforderten Toleranzen nicht ein (Ausschussstükke), bei der zweiten Maschine 30%. Große Stückzahlen werden hinter jeder Maschine in Schachteln verpackt, die mit Aufklebern „1. Wahl" bzw. „2. Wahl" bei Maschine 1 bzw. 2 versehen werden. Bei einigen Schachteln ist der Aufkleber verlorengegangen. Es soll möglichst rasch entschieden werden, ob es sich um 1. oder 2. Wahl handelt. Dazu werden aus jeder Schachtel n Stücke rein zufällig entnommen und geprüft (***Stichprobe*** vom Umfang n).

Die Anzahl X (***Testgröße***) der Ausschussstücke in der Stichprobe hängt vom Umfang n der Stichprobe, vom Anteil p der Ausschussstücke in der Schachtel und vom Zufall ab.
Vor dem Ziehen der Stichprobe wird eine Entscheidungsregel festgelegt. Es stehen zwei alternative Hypothesen zur Wahl, weshalb man diesen Test ***Alternativtest*** nennt:

Hypothesen: H_1: Es liegt 1. Wahl vor. $p_1 = 10\%$
H_2: Es liegt 2. Wahl vor. $p_2 = 30\%$

Der Stichprobenumfang sei $n = 10$.
Wenn von den 10 geprüften Stücken höchstens zwei Ausschussstücke sind, entscheiden wir uns dafür, der Schachtel den Aufkleber „1. Wahl" zu geben, andernfalls entscheiden wir uns für „2. Wahl".

Entscheidungsregel: $X \leq 2$, dann Entscheidung für H_1
$X > 2$, dann Entscheidung für H_2

$A = \{0, 1, 2\}$ ist der ***Annahmebereich*** für H_1 und der ***Ablehnungsbereich*** für H_2

$\bar{A} = \{3, 4, \ldots, 10\}$ ist der ***Ablehnungsbereich*** für H_1 und der ***Annahmebereich*** für H_2

Es sind nun 4 Fälle möglich:

Testergebnis / Realität	$X \leq 2$ Entscheidung für H_1	$X > 2$ Entscheidung für H_2
1. Wahl liegt vor. H_1 ist wahr. $p_1 = 10\%$	***Sicherheit 1. Art*** Richtige Entscheidung	***Fehler 1. Art*** irrtümliche Ablehnung von H_1
2. Wahl liegt vor. H_2 ist wahr. $p_2 = 30\%$	***Fehler 2. Art*** irrtümliche Annahme von H_1	***Sicherheit 2. Art*** Richtige Entscheidung

Man nennt die Fehler 1. bzw. 2. Art auch ***α***- bzw. ***β-Fehler***.

Die Wahrscheinlichkeiten $p_1 = 10\%$ bzw. $p_2 = 30\%$ werden beim Ziehen der Stichprobe als konstant betrachtet, X wird also als binomialverteilt angenommen. Mit
$P_{n;p}(X = k) = B_{n;p}(k)$ gilt:

Sicherheit 1. Art:
$P_{10;0,1}(X \leq 2) =$
$\sum_{i=0}^{2} B_{10;0,1}(i) = 93{,}0\%$

Fehler 1. Art:
$\alpha = P_{10;0,1}(X > 2) =$
$1 - P_{10;0,1}(X \leq 2) = 7{,}0\%$

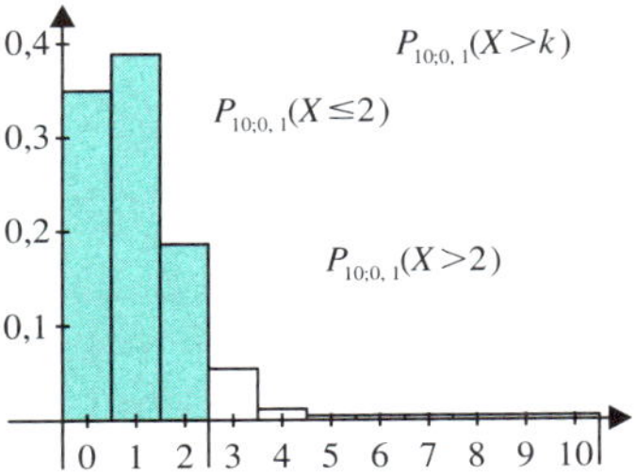

Fehler 2. Art:
$\beta = P_{10;0,3}(X \leq 2) =$
$\sum_{i=0}^{2} B_{10;0,3}(i) = 38{,}3\%$

Sicherheit 2. Art:
$P_{10;0,3}(X > 2) =$
$1 - P_{10;0,3}(X \leq 2) = 61{,}7\%$

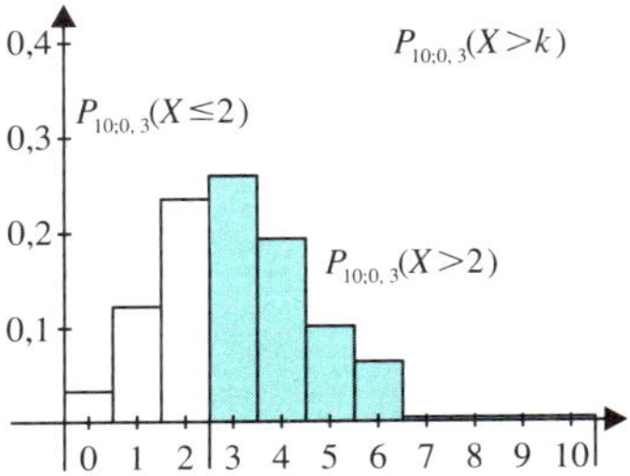

Beachte: Ändert man die Entscheidungsregel bei gleichem Stichprobenumfang, so geht mit der Verringerung der einen Fehlerwahrscheinlichkeit eine Vergrößerung der anderen Fehlerwahrscheinlichkeit einher.

Eine Standardaufgabe ist das Auffinden der Entscheidungsregel zu einem vorgegebenen Stichprobenumfang und einer vorgegebenen Fehlerwahrscheinlichkeit.

Beispiel: Es sei nun im vorherigen Beispiel $n = 20$. Die Wahrscheinlichkeit für den Fehler 1. Art soll höchstens 5% sein ($\alpha = 5\%$).

Hypothesen: H_1: Es liegt 1. Wahl vor. $p_1 = 10\%$
H_2: Es liegt 2. Wahl vor. $p_2 = 30\%$

Entscheidungsregel: $X \leq c$, dann Entscheidung für H_1
$X > c$, dann Entscheidung für H_2

Die gesuchte Grenze c muss hier mit der Wahrscheinlichkeit für den Fehler 1. Art bestimmt werden:

$P_{20;0,1}(X > c) \leq 5\% \Leftrightarrow P_{20;0,1}(X \leq c) \geq 95\% \Leftrightarrow$

$\sum_{i=0}^{c} B_{20;0,1}(i) \geq 95\% \Rightarrow c \geq 4$ (aus dem Tafelwerk)

Damit der Fehler 2. Art möglichst gering ist, wählt man $c = 4$ und erhält damit folgende Entscheidungsregel:

$X \leq 4$, dann Entscheidung für H_1
$X > 4$, dann Entscheidung für H_2

Ist der gesuchte Wert für die Binomialverteilung nicht tabelliert, so verwendet man die globale Näherungsformel von De Moivre-Laplace (↗ S. 215 f.). Mit ihrer Hilfe wird im folgenden Beispiel der Stichprobenumfang und die Entscheidungsregel zu vorgegebenen Wahrscheinlichkeiten für die Fehler 1. bzw. 2. Art bestimmt.

Beispiel: In unserem Beispiel sollen nun die beiden Fehlerwahrscheinlichkeiten höchstens 0,5% betragen. n und c sind gesucht.

Hypothesen: H_1: Es liegt 1. Wahl vor. $p_1 = 10\%$
H_2: Es liegt 2. Wahl vor. $p_2 = 30\%$

Entscheidungsregel: $X \leq c$, dann Entscheidung für H_1
$X > c$, dann Entscheidung für H_2

Für den α- bzw. β-Fehler soll gelten:

$\alpha = P_{n;0,1}(X > c) \leq 0,5\%$ und $\beta = P_{n;0,3}(X \leq c) \leq 0,5\%$.

Da $P_{n;0,1}(X > c) \leq 0,5\% \Leftrightarrow P_{n;0,1}(X \leq c) \geq 99,5\%$, folgt mit der globalen Näherungsformel (↗ S. 215):

$$P_{n;0,1}(X \leq c) \approx \Phi\left(\frac{c + 0,5 - n \cdot 0,1}{\sqrt{n \cdot 0,1 \cdot 0,9}}\right) \geq 0,995 \text{ und}$$

$$P_{n;0,3}(X \leq c) \approx \Phi\left(\frac{c + 0,5 - n \cdot 0,3}{\sqrt{n \cdot 0,3 \cdot 0,7}}\right) \leq 0,005.$$

Aus einer Tabelle entnimmt man: (Beachte ggf. S. 214!)

$$\frac{c+0{,}5-n\cdot 0{,}1}{\sqrt{n\cdot 0{,}1\cdot 0{,}9}} \geq 2{,}58 \text{ und } \frac{c+0{,}5-n\cdot 0{,}3}{\sqrt{n\cdot 0{,}3\cdot {,}7}} \leq -2{,}58.$$

$c+0{,}5 \geq 2{,}58\cdot\sqrt{n\cdot 0{,}1\cdot 0{,}9}+n\cdot 0{,}1$ und

$c+0{,}5 \leq -2{,}58\cdot\sqrt{n\cdot 0{,}3\cdot 0{,}7}+n\cdot 0{,}3$. Hieraus folgt:

$-2{,}58\cdot\sqrt{n\cdot 0{,}3\cdot 0{,}7}+n\cdot 0{,}3 \geq 2{,}58\cdot\sqrt{n\cdot 0{,}1\cdot 0{,}9}+n\cdot 0{,}1;$

$n\cdot 0{,}2 \geq 2{,}58\cdot\sqrt{n}\cdot(\sqrt{0{,}1\cdot 0{,}9}+\sqrt{0{,}3\cdot 0{,}7});$

$0{,}2\cdot n \geq 1{,}95\cdot\sqrt{n}$; $\sqrt{n} \geq 9{,}77$; $n \geq 95{,}45$; d. h. **n = 96**

Mit $n = 96$ erhält man aus einer der obigen Ungleichungen:

$c+0{,}5 \geq 2{,}58\cdot\sqrt{96\cdot 0{,}1\cdot 0{,}9}+96\cdot 0{,}1$; $c \geq 16{,}7$; d. h. **c = 17**

Ergebnis: Stichprobenumfang $n = 96$

Entscheidungsregel: $X \leq 17$, dann Entscheidung für H_1
$X > 17$, dann Entscheidung für H_2

6.3 Signifikanztest

Ziel eines Signifikanztests ist es, festzustellen, ob **eine** Hypothese, die ***Nullhypothese,*** mit gutem Grund abgelehnt werden kann. Dies ist der Fall, wenn überzufällige Abweichungen, sogenannte ***signifikante Abweichungen***, im Stichprobenergebnis auftreten. (Deshalb der Name ***Signifikanztest***.)

Beispiel: Ein Würfel zeigt beim Werfen auffällig oft eine Sechs. Es soll geprüft werden, ob er trotzdem ein Laplace-Würfel ist.

Nullhypothese: H_0: Es ist ein Laplace-Würfel. $p_0 = \frac{1}{6}$

H_0 heißt ***einfache Hypothese***, da ihr **genau ein** Wert für die Wahrscheinlichkeit zugeordnet ist.

Es wird 20-mal gewürfelt. X sei die Anzahl der gewürfelten Sechsen. Die Wahrscheinlichkeit für den Fehler 1. Art soll unter einer vorgegebenen Schranke (z. B. 5%), dem sogenannten ***Signifikanzniveau***, liegen.

Ansatz für die Entscheidungsregel:
$X \leq c$; H_0 kann nicht abgelehnt werden.
$X > c$; H_0 wird abgelehnt.

(Da die Sechs auffällig häufig fällt, prüfen wir nur auf zu häufiges Auftreten der Sechs, d. h. Abweichungen nach nur einer Seite. Der Test heißt deshalb ***einseitiger Test***.)

$$P_{20;\frac{1}{6}}(X > c) \leq 5\% \Leftrightarrow P_{20;\frac{1}{6}}(X \leq c) \geq 95\% \Leftrightarrow \sum_{i=0}^{c} B_{20;\frac{1}{6}}(i) \geq 0{,}95$$

Aus einer Tabelle für Binomialverteilungen entnimmt man $c \geq 6$. Man wählt $c = 6$, um den Fehler 2. Art klein zu halten. Die Nullhypothese, dass ein Laplace-Würfel vorliegt, kann also für $X > 6$ auf dem Signifikanzniveau von 5% abgelehnt werden. Die Wahrscheinlichkeit für den Fehler 1. Art liegt dabei sogar noch merklich unter dem Signifikanzniveau.

$$\alpha = P_{20;\frac{1}{6}}(X > 6) = 1 - P_{20;\frac{1}{6}}(X \leq 6) \approx 1 - 0{,}963 = 3{,}7\%$$

Vorgehensweise beim Signifikanztest:

1. Formulierung der Nullhypothese H_0.
2. Festlegung des Stichprobenumfangs n, der Testgröße X und des Signifikanzniveaus.
3. Bestimmung der Entscheidungsregel.
4. Testdurchführung und Entscheidung.

Im folgenden ***zweiseitigen Test*** werden Abweichungen nach beiden Seiten berücksichtigt.

Beispiel: Beim Roulett gewinnt bei Null meistens die Bank. Es soll mit 1000 Versuchen auf dem Signifikanzniveau von 1% geprüft werden, ob die Null eine vom Sollwert abweichende Wahrscheinlichkeit besitzt.

Nullhypothese: $H_0\colon p_0 = \frac{1}{37}$ (Keine Abweichung!)

$n = 1\,000$, $\alpha < 1\%$, X ist die Anzahl der Ergebnisse „Null“.
Ansatz für die Entscheidungsregel mit $c_1 < c_2$:
$c_1 \leq X \leq c_2$; H_0 kann nicht abgelehnt werden.
$X < c_1 \vee X > c_2$; H_0 wird abgelehnt.
$\alpha = P_{1000;\frac{1}{37}}(X < c_1 \vee X > c_2) \leq 0{,}01$

Beim zweiseitigen Test ist es üblich, das Risiko gleichmäßig auf beide Seiten aufzuteilen. Wegen des großen Stichprobenumfangs verwenden wir die globale Näherungsformel von De Moivre-Laplace (↗ S. 215):

$$P_{1000;\frac{1}{37}}(X < c_1) = P_{1000;\frac{1}{37}}(X \leq c_1 - 1) \approx$$

$$\Phi\left(\frac{c_1 - 1 + 0{,}5 - 1\,000 \cdot \frac{1}{37}}{\sqrt{1\,000 \cdot \frac{1}{37} \cdot \frac{36}{37}}}\right) \leq 0{,}005 \quad \text{und}$$

$$P_{1000;\frac{1}{37}}(X > c_2) = 1 - P_{1000;\frac{1}{37}}(X \leq c_2) \approx$$

$$1 - \Phi\left(\frac{c_2 + 0{,}5 - 1\,000 \cdot \frac{1}{37}}{\sqrt{1\,000 \cdot \frac{1}{37} \cdot \frac{36}{37}}}\right) \leq 0{,}005$$

Aus einer Tabelle für Normalverteilungen entnimmt man:

$$\frac{c_1 - 1 + 0{,}5 - 1\,000 \cdot \frac{1}{37}}{\sqrt{1\,000 \cdot \frac{1}{37} \cdot \frac{36}{37}}} \leq -2{,}58; \quad \frac{c_2 + 0{,}5 - 1\,000 \cdot \frac{1}{37}}{\sqrt{1\,000 \cdot \frac{1}{37} \cdot \frac{36}{37}}} \geq 2{,}58.$$

Daraus folgt: $c_1 \leq 14{,}3$; $c_2 \geq 39{,}8$. Also $c_1 = 14$ und $c_2 = 40$.

Kommt die Null bei 1 000 Versuchen weniger als 14-mal oder mehr als 40-mal vor, so kann die Nullhypothese, dass die Null keine vom Sollwert abweichende Wahrscheinlichkeit besitzt, auf dem Signifikanzniveau von 1% abgelehnt werden.

In der Praxis testet man häufiger Hypothesen über den Erwartungswert μ.
Es sei X eine Zufallsgröße, die in der Grundgesamtheit normalverteilt ist, $X_1, X_2, \ldots, X_n$ seien Stichprobenvariable zu X und $\bar{X}$ sei das Stichprobenmittel (↗ S. 218). Der Wert der Stichprobenvarianz S^2 sei ein hinreichend genauer Schätzwert für die Varianz σ^2 von X (↗ S. 219). Über den Erwartungswert μ der Zufallsgröße X liegt eine Hypothese H_0: $\mu = \mu_0$ vor.

Ist die Hypothese richtig, so ist das Stichprobenmittel $\bar{X}$ normalverteilt mit dem Erwartungswert $E(\bar{X}) = \mu$ und der Varianz $\sigma^2(\bar{X}) = \frac{1}{n} \cdot \sigma^2$ und es gilt mit der zu $\bar{X}$ standardisierten Zufallsgröße für den Fehler 1. Art:

$$\alpha = P\left(\left|\frac{\bar{X} - \mu_0}{\frac{s}{\sqrt{n}}}\right| > c\right) = 1 - P\left(\left|\frac{\bar{X} - \mu_0}{\frac{s}{\sqrt{n}}}\right| \leq c\right) =$$

$$1 - [\Phi(c) - \Phi(-c)] = 1 - [\Phi(c) - (1 - \Phi(c))] = 2 - 2 \cdot \Phi(c)$$

Vorgehen beim zweiseitigen Test:

1. Wähle ein Signifikanzniveau α.
2. Bestimme die Zahl c aus der Gleichung: $\alpha = 2 - 2 \cdot \Phi(c)$.
3. Berechne $\bar{x}$ und s aus einer Stichprobe vom Umfang n.
4. H_0 wird auf dem Signifikanzniveau α abgelehnt, wenn $|\bar{x} - \mu_0| > c \cdot \frac{s}{\sqrt{n}}$.

Stichwortverzeichnis